中國學術思想 研究輯刊

十四編

林慶彰 主編

第 20 冊

默識天人之際
——薛敬軒理學思想探微

吳孟謙 著

花木蘭文化出版社

國家圖書館出版品預行編目資料

默識天人之際——薛敬軒理學思想探微／吳孟謙 著 — 初版
— 新北市：花木蘭文化出版社，2012〔民101〕
目 4+194 面：19×26 公分
（中國學術思想研究輯刊 十四編；第 20 冊）
ISBN：978-986-322-030-5（精裝）
1.（明）薛瑄 2. 學術思想 3. 宋明理學
030.8   101015386

ISBN-978-986-322-030-5

9 789863 220305

中國學術思想研究輯刊
十四編 第二十冊   ISBN：978-986-322-030-5

默識天人之際——薛敬軒理學思想探微

作 者 吳孟謙
主主 編 林慶彰
總 編 輯 杜潔祥
出   版 花木蘭文化出版社
發 行 所 花木蘭文化出版社
發 行 人 高小娟
聯絡地址 新北市永和區中正路五九五號七樓
         電話：02-2923-1455／傳眞：02-2923-1452
網   址 http://www.huamulan.tw 信箱 sut81518@gmail.com
印   刷 普羅文化出版廣告事業
封面設計 劉開工作室
初   版 2012 年 9 月
定   價 十四編 34 冊（精裝）新台幣 56,000 元

默識天人之際
——薛敬軒理學思想探微

吳孟謙　著

作者簡介

吳孟謙，1982 年生於臺中，臺灣大學中國文學研究所碩士，現為臺大中文所博士候選人。嚮往中國傳統儒、釋、道生命之學，與民間講學因緣頗深。主要研究領域為宋明理學、中國佛學、儒釋關係。撰有〈從盡精微回向致廣大──論黃東發思想的特色與定位〉、〈對慧遠在《大乘大義章》中佛學立場的再檢討〉、〈辨志與欲根──試論王龍溪對羅念菴的影響〉、〈匡世有心培後進──論雪廬老人的中華文化觀及其教化理念〉等期刊與會議論文數篇。

提　要

　　薛敬軒（瑄，1389～1464）為明初著名的程朱學者之一，他的思想不僅較為完整地承繼了北宋五子與朱子的學脈，又因應著時代課題而體現出不同的風貌，其所開創的河東學派，也深深影響著明代前半期的學風。本論文試圖透過「生命型態的追尋」與「思維理路的探索」，以求把握薛敬軒為人為學的核心精神與運思方式；並藉由「哲學體系的開展」與「思想史脈絡的梳理」，一方面將敬軒思想的理論架構儘可能地勾勒出來，一方面在動態的思想史脈絡中，為其找到適當的定位，以突顯其學說的意義與價值。

目

次

第一章　緒　論

薛瑄（1389～1464），字德溫，號敬軒，諡文清，山西河津縣平原村（今萬榮縣）人，著有《讀書錄》、《讀書續錄》、《薛文清集》等書。平生尊奉程朱思想，開創河東學派，是明代初年著名的理學家，也是本論文的主角，其人格精神與思想體系，將會在底下的文字世界中逐步呈現出來。而在主角正式登場之前，應先對研究展開的緣起、方法與可能的限制等資訊，給予完整的交代和說明。做為緒論的本章，將依次展開為以下三節：「研究動機與題旨」、「研究心態與方法」、「研究架構與限制」。

第一節　研究動機與題旨

本節將先從研究動機談起，說明選擇薛敬軒理學思想為研究對象之所以然。其次回顧前人研究成果，評述其貢獻與不足。最後聚焦於本研究希望著力探究的主軸，並解釋題目的意義。

一、研究動機

肇興於宋代，影響近世東亞文化甚為深遠的理學，是以儒家道德價值為根本，復融會吸收佛道二家之精神意趣的哲學思想。〔註1〕理學承繼了先秦到

〔註1〕中國史學名家呂思勉先生即曾認為中國哲學有三大變：一、邃古幽深玄遠之學與神教相混，其宇宙人生觀為諸子百家所本，西漢魏晉有發揮而未有更易。二、佛教東來，帶入新的宇宙人生觀。三、理學代佛學而興，兼採佛學之長，而欲恢復古代哲學。見氏著：《理學綱要》（北京：東方出版社，1996），篇一〈緒論〉，頁2。

唐代的思想資源，對中國思想史上的眾多重要問題皆做了細密深微的探討，因此若能於宋明理學的領域中深造自得，在生命受用的層面上，固可做為成學立身之資糧；在學術研究的層面上，也能夠具備向中國思想史的其他領域開展的實力，甚至做為與其他文明思想深入對話的基礎。這是筆者以宋明理學為研究領域的主要原因。

在進行本研究之前，筆者曾撰有〈從「盡精微」回向「致廣大」——論黃東發思想的特色與定位〉一文，〔註2〕藉由對宋末朱學傳人黃東發（震，1213～1280）〔註3〕思想定位之探討，觀察有宋學術發展演變的情況。然而理學到了明代益入精微，〔註4〕若延續著上述的探索順流而下，就不能不將眼光轉移至明代。歷來有關明代理學的研究，關注點多集中在理論較具突破性的王陽明（守仁，1472～1528）及其後學，對於程朱學派在明代的演變與影響，相對地較為忽視。尤其在王學興起之前的明代初期，當時儒者對於宋代理學究竟做出了什麼樣的貢獻？僅是亦步亦趨地代代相承，抑或能因應時代需要而有所調整？若為後者，又做出了什麼樣的調整？薛敬軒是明代程朱學派極具代表性的儒者，他的思想具有理論上的特殊性、系統上的完整性以及思想史上的重要性，他所開創的河東學派更在明代前半期的學術界佔有極大的影響力。若要瞭解宋代理學在明初的發展，敬軒思想必然是個不可輕易略過的重鎮。

此外，筆者亦考慮到撰寫碩士論文的主要意義，一方面在於奠定基本的研究能力，以做為後續研究之準備；一方面則總結這一階段的學習心得，將自己的獨立思考做一呈現。因此在論題的擇取上，若選定過於冷僻狹窄的人物或主題為研究對象，對自身學養的提升與未來研究的拓展，幫助都極為有限；然而，若選擇歷來已有豐富討論的大人物、熟題目，恐又將使自己的思考淹沒在眾多的二手研究之中，造成觀點重複申說、資料再三堆砌的遺憾結果。較諸同時期的儒者，薛敬軒對朱子乃至北宋理學家的思想有較為全面的繼承，藉由研究其思想，可以對宋代理學的重要概念與論題做一回顧與統整；

〔註2〕 發表於《中國文學研究》第 21 期（2005 年 12 月），頁 1～38。
〔註3〕 本論文凡論及宋明理學家，皆沿古例稱其通行的字號，原名與生卒年則註於括號中。
〔註4〕 黃梨洲（宗羲，1610～1695）在〈明儒學案發凡〉中即曾提到「嘗謂有明文章事功，皆不及前代，獨於理學，前代之所不及也。」見《明儒學案》（杭州：浙江古籍出版社，1985 年，《黃宗羲全集》本），頁 5。

同時，學界對於敬軒的專門研究尚少，且許多觀點皆不無商榷的可能，頗有深入發掘的空間。因此選擇既不冷僻、卻又有待開發的薛敬軒思想爲研究對象，應可滿足上文所說的論文撰寫意義。以下，便進一步對學界現有的研究成果，做一番初步的檢視。

二、前人研究成果檢討

黃梨洲所著的《明儒學案》，對明代理學思想的保存與評介有絕大的貢獻，成爲後世學者勾勒明代思想圖像的重要依據，其觀點、立場與判語，對後世學者的影響自不容忽略。因此在檢討關於敬軒思想的研究成果之前，不能不自覺地對此書的見解加以審視。

首先，在理學思想方面，梨洲認爲敬軒主張「理氣無先後」，雖不同於朱子（熹，1130～1200）的「理先氣後」，卻仍有將理氣二分的傾向；又認爲敬軒「心清則見天理」之語，亦有將心與理二分的傾向，因此嘆道：「此是先生所言本領，安得起而質之乎？」〔註5〕語氣中隱隱透露出對敬軒思想的懷疑。其次，在敬軒的思想史地位方面，梨洲秉持著「有明之學，至白沙始入精微。……至陽明而後大」〔註6〕的思想史觀點，認爲敬軒之學「恂恂無華，恪守宋人矩矱」，〔註7〕並說：

> 有明學術，從前習熟先儒之成說，未嘗反身理會，推見至隱，所謂
> 「此亦一述朱，彼亦一述朱」耳。高忠憲云：「薛敬軒、呂涇野《語
> 錄》中，皆無甚透悟。」亦爲是也。〔註8〕

這是認爲，敬軒之學雖能恪守矩矱、篤行實踐，卻也只是熟習成說，沒有真正的自得之見。言下之意，遠不及陳白沙（獻章，1428～1500）、王陽明之學來得精微洞達。蓋梨洲站在王學理氣合一、心性不二的立場，對於敬軒的理學思想及其思想史地位皆不免或多或少地含藏貶意。換句話說，梨洲這些批評，延續了心學家──「朱子學是應被修正的」──此一預設立場，如此形成的評價，恐非公允之論。筆者並非主張朱子之學不應被修正，至少在白沙、陽明的理解中，朱子學有其根本上的缺陷，他們抱持著如何突破此一缺陷的問題意識，經歷了幾番刻苦工夫，終於發展出自己的學說；但是敬軒的爲學

〔註5〕 見《明儒學案》卷7〈河東學案〉，頁121。
〔註6〕 同上註，卷5〈白沙學案〉，頁78。
〔註7〕 同上註，卷7〈河東學案〉，頁117。
〔註8〕 同上註，卷10〈姚江學案〉，頁197。

目標、問題意識與對朱子學的理解，畢竟與白沙、陽明有相當的落差。朱子學對敬軒而言不僅不是「應被修正」的，反而是「應被闡明」的。如果不依循敬軒思想自身的脈絡，觀看他如何認識朱學、詮釋朱學，而僅以心學家對朱學一貫的批判眼光看待敬軒，將會落入「尋覓其人思想有無修正朱學的創新成分」的特定視野中，而無法看到敬軒思想的完整樣貌。理解了《明儒學案》的特定立場，則應在其評價之外，尋求對敬軒思想更深入的探究。

在近人研究之中，專門探討敬軒思想的論著並不多見。相較而言，中國大陸於八○年代後期因發揚「河東文化」的關係而開始重視敬軒，帶出一定數量的論文，因此其研究成果在數量上壓倒性地領先於台灣學界。然而大陸學者因為戴上唯物主義的有色眼鏡，預設了「氣本論」優於「理本論」的前提，所以在基本態度上亦不約而同地認為：「朱子學是應被修正的」。於是乎對於敬軒思想，遂往往特別重視其「批判改造」朱子學的部分。李元慶先生的《明代理學大師─薛瑄》（太原：山西高校聯合出版社，1993年），是唯一一本全面論述敬軒生平與學術的專書，可視為大陸學界研究敬軒思想的代表著作。此書共分七章，前四章對敬軒之生平事蹟（包括為學、從政、教育）與其所開創之河東學派的重要門人，都有頗為詳盡的介紹。然而後三章對敬軒理學思想的分析，仍舊擺脫不了唯物史觀的框架，無法真正切入理學的世界。書中雖能肯定敬軒躬行實踐、不尚空言的學風，但卻僅以一定義寬鬆空泛的「實學」概念評價其學問，無法凸顯敬軒思想的真正價值。作者又主張，「薛瑄是滙合關閩，修正朱學，並開始向張載氣學復歸的思想先驅。」〔註9〕其做此論斷的依據，似只是因敬軒重視「氣」的地位，以及明代關中學者宗尚敬軒而已，並未從思想內涵、學脈傳承上加以證明，說服力不免薄弱。此書甚至認為，敬軒雖「批判改造」朱子理學，卻依舊受到朱子思想中種種「內在矛盾」的制約，而帶有「嚴重侷限和不徹底性」。類似這樣的評語，皆從對朱子學的偏見與誤解而生，很難令人信服。蓋大陸學者對敬軒理學思想的研究，其觀點容或小有出入，然基本取向大抵皆與此書相去不遠。〔註10〕無可否認地，

〔註 9〕參見該書，頁118。

〔註10〕一般綜論性質的哲學史、理學史等著作，以及由趙北耀所主編，專門探討敬軒思想的《薛瑄學術思想研究論文集》（太原：山西古籍出版社，1997年），皆是如此。但其中也有例外。如張學智於近年出版的《明代哲學史》（北京：北京大學出版社，2000年11月），已能夠摒除意識型態，平心閱讀原典，對敬軒思想的詮釋亦較為中肯。可惜篇幅所限，所論尚非全面，還有待後起者繼續研究。參見該書第二章，頁12～25。

這些研究成果有其一定程度的貢獻，然而畢竟受到意識型態的干擾過多，故套用上述李氏之語，仍存在著「嚴重侷限和不徹底性」。

大陸學界以外的研究成果，數量雖然有限，但在文獻的解讀與義理的詮釋上皆較優。其中臺灣學界較重要的有錢穆、陳榮捷、古清美、祝平次等諸位先生的研究，以及三本以敬軒思想爲主題的碩士論文；歐美學界則有許齊雄先生的博士論文。以下分別加以評述。

錢穆先生的〈明初朱子學流衍考〉〔註 11〕一文，對明代初期四位程朱學者——南方的吳康齋（與弼，1391～1469）、胡敬齋（居仁，1434～1484）；北方的曹月川（端，1376～1434）、薛敬軒——之思想，都有簡要的論評。在敬軒思想方面，錢先生肯定他能承繼朱子學而有所見，不單是一位實踐之儒，並認爲黃梨洲在《明儒學案》中謂敬軒《讀書錄》僅爲宋儒《太極圖說》、《正蒙》的義疏，是「知其一未知其二」〔註 12〕，而梨洲對敬軒學說的種種質疑，則原於王學立場，亦非允當。錢先生這些意見，都能給後來研究者啓發，然而此文篇幅短小，對於敬軒思想未及深論，只能點到爲止，還有待於更進一步的闡析。

陳榮捷先生〈早期明代之程朱學派〉〔註 13〕一文，亦討論了月川、敬軒、康齋、敬齋四人的學術，陳先生從學術史的角度，主張明代初年這四位儒者雖信奉程朱思想，卻更偏向心地存養的功夫，這對程朱理學而言是一轉化，對後來大興的陽明心學而言，則恰是一肇端。換句話說，從明初程朱學者的身上，可以看到程朱理學向心學轉化的徵象。〔註 14〕陳先生此一觀點，使人注意到學術變化的微細軌跡，在思想史的研究上有很大的貢獻。然而若細讀敬軒的著作，將會發現其思維方式從未離開程朱理學的理氣論架構，其功夫修養的進路也與後來的心學大不相同，此與陳先生上述對明初程朱學者的描述並不十分密合。既是如此，敬軒之學的思想特質與思想史定位，就還需要

〔註11〕收入氏著：《中國學術思想史論叢》（合肥：安徽教育出版社，2004 年 7 月）第七卷，頁 1～33。

〔註12〕同上註，頁 25。

〔註13〕此文爲萬先法翻譯，收入陳榮捷：《朱學論集》（台北：台灣學生書局，1988 年 4 月）頁 331～351。

〔註14〕陳先生言：「此四儒正駕取程朱學說，駛往一新方向，預爲鋪設一種理智氣氛，以有助於陳獻章與王陽明思想之興起。」又謂：「若干極重要之論題，諸如太極、陰陽、以及理氣關係，在四儒講學討論中，即不重要或者已經消失。」同上註，頁 334。

更爲細緻的探討。

　　古清美先生在明代理學的研究領域內長期耕耘，對明初朱學亦頗爲留意。〈明代前半期理學的變化與發展〉〔註 15〕與〈明代朱子理學的演變〉〔註 16〕二文，是其重要的代表作。古先生認爲敬軒之學在論學旨趣上仍在伊川、朱子體系之內，而「生活見趣」上則頗受明道影響；又說他是學問風格與規模最接近朱子理學的明代儒者，且能在心性體驗上跨出一步，將涵養的境界實證出來，影響明代後來的程朱學者甚爲深遠。這些都是很中肯的評價。但是古先生認爲敬軒只重躬行，在思想理論上不成系統，因此這兩篇文章中對敬軒的著墨並不多，且只關注其人在心性涵養上的成就，對其理氣論不甚重視。〔註 17〕筆者以爲，朱子理學的工夫論基礎，實爲其做爲整體世界觀的理氣論，而承繼自朱子的敬軒思想，也明顯展現出這樣的特質。因此若對敬軒之理氣論略而不談，則其工夫論的眞正內涵亦將難以全面開顯。此點似是古先生之文所忽略之處。

　　祝平次先生於其專著《朱子學與明初理學的發展》（台北：台灣學生書局，1994 年 2 月）中，對朱子思想有不少獨到的闡析，並在此理解基礎上，對包括薛敬軒在內的幾位明初思想家作延伸討論。可惜相較於朱子思想的討論，後一主題的著力較輕，因而對敬軒思想較乏深刻的挖掘，並認爲敬軒之說「幾乎無所謂的體系可言」、「在繁複雜散的筆記裡也無任何精彩理論」〔註 18〕，又謂其傳承朱學落於支離，「枝、葉、根、幹似乎全具，然卻各各脫落，難成一樹」〔註 19〕。這樣的評價對敬軒而言似未公允，蓋著述體例有無體系，與思想自身成不成體系，畢竟無法劃上等號。〔註 20〕

〔註 15〕收入氏著：《明代理學論文集》（台北：大安出版社，1990 年 5 月），頁 1～42。

〔註 16〕收入氏著：《慧菴論學集》（台北：大安出版社，2004 年 7 月），頁 41～94。

〔註 17〕古先生在〈明代前半期理學的變化與發展〉中自言：「明初諸儒論理氣較多者唯有曹月川和薛敬軒。但促使心學的產生應屬心性論和工夫論具較大的影響力量，且亦爲明代學者討論的重心問題。本論文乃以明代理學與心學異同問題爲重點及範圍，故暫將理氣皆置而不論，故於薛敬軒亦只注重其心性論。」參見原書頁 5。而〈明代朱子理學的演變〉一文，對敬軒理氣論亦只略談，認爲其說宗信朱子，無甚重要發展。

〔註 18〕氏著：《朱子學與明初理學的發展》（台北：台灣學生書局，1994 年 2 月），頁 118。

〔註 19〕同上註，頁 179。

〔註 20〕馮友蘭先生曾謂哲學有「形式上的系統」與「實質上的系統」，而此兩者無連帶的關係。參見氏著：《中國哲學史》（台北：台灣商務印書館，1993 年）

在學位論文方面，新加坡許齊雄博士在哥倫比亞大學的博士論文，以《跨越黃河之東——薛瑄及河東學派研究》〔註21〕爲題，融合社會史、地方史、制度史等視野，對薛敬軒與河東學派的政治、社會、家族、教育等活動進行研究，突顯出有別於南方的北方儒學特色。其所使用的史料頗爲豐富紮實，議題與觀點亦屬新穎，但在敬軒思想上的討論比例較少，且偏重與政治社會等外部因素連結，關於義理觀念的闡發則非其勝場。

臺灣另有完成時間較早的三部碩士論文，首先是孫蓮玲的《薛瑄理學思想之研究》〔註22〕，針對敬軒理學思想的主要觀點及其思想史地位做了一番闡述；其次是侯婉如的《薛瑄復性思想研究》〔註23〕，性質上與前者大致相同，但是後出轉精，結構上較爲細密，連敬軒之文學與政治上的表現亦有所涉及；最後是史甄陶的《薛瑄之復性說及其影響》〔註24〕，此論文從史學的進路入手，除了論及敬軒的理學，亦詳論其從祀過程中的爭議，以及河東學派在明清的影響。這三本論文皆頗能持平踏實地面對原典、申述所見；所不足的是，三書在敬軒理學思想的幽微精要處，每有未見廟堂之憾，文獻的陳述與整理，往往多於義理的穿透與辨析，留給後來研究者繼續努力的空間。

三、本文題旨

綜合以上的討論可以發現，關於薛敬軒的研究，雖已有了相當的成果，但在理氣論、工夫論，或思想史定位等層面，都還存在著一些不足。敬軒雖「習熟先儒之成說」，卻未必不「反身理會、推見至隱」；他走的雖是「述朱」的路線，但述朱者既多，述得純不純粹，亦必有許多差別。他如何反身理會？如何述朱？如何討論宋儒傳統的重要論題？展現出怎樣的學說特色？有無完整的思想體系？與陽明思想以及其他明初程朱學者之間的異同爲何？面對這

上冊，頁13～14。蓋敬軒之學，雖無「形式上的系統」，卻並不缺少「實質上的系統」，有待研究者加以重建並釐清。

〔註21〕 Koh Khee Heong, *East of the River and Beyond: A Study of Xue Xuan（1389～1464）and the Hedong School*, Ph.D. diss., New York: Columbia University, 2006.

〔註22〕 孫蓮玲：《薛瑄理學思想之研究》（台北：中國文化大學中國文學研究所碩士論文，王俊彥先生指導，1995年）

〔註23〕 侯婉如：《薛瑄復性思想研究》（高雄：國立高雄師範大學國文研究所碩士論文，何淑貞先生指導，1996年）

〔註24〕 史甄陶：《薛瑄之復性說及其影響》（新竹：國立清華大學中國文學研究所碩士論文，林聰舜先生指導，1997年）

些環環相扣的問題，過去的研究，顯然尙無法予人以較圓滿的答案，於是，它們也就成爲本文嘗試處理的重要環節。

　　本論文預備以山西人民出版社所校定出版的《薛瑄全集》〔註 25〕做爲主要的文獻依據，對薛敬軒的理學思想做一更全面、更深刻的研究。所訂題名爲：「默識天人之際──薛敬軒理學思想探微」。「默識」一詞，爲敬軒工夫論的重要用語，其意同於默觀、默悟；〔註 26〕「天人之際」即天道與人道之交會，乃用以涵攝敬軒的天道論（天）與心性論（人）。合天道論、心性論、工夫論而言之，正包括了敬軒理學思想之全體。此外，敬軒臨終時曾自云：「此心唯覺性天通」（詳後文），而「默識」正相應於「心覺」，「天人之際」的通徹正相應於「性天通」，因此這一題目亦同時能呈現敬軒在修養境界上的體驗。竊謂以此爲題，相較於歷來研究所強調的「復性」之說，更能準確地把握到敬軒理學思想的總體精神。

第二節　研究心態與方法

　　研究目標既已確立，接下來自然必須選擇通往該目標的途徑與方式，此即研究進路或研究方法。然而研究的過程實爲研究者與研究對象的對話過程，因此必須力求對研究對象的學問性格有所把握，建立起相應的研究心態，方能入乎其內，也方能避免粗暴地將理論框架或意識型態強加於研究對象之上。故本節將首先對宋明理學的學問性格做出省思，其次分別從「入乎其內」與「出乎其外」兩個角度，說明所欲採取的研究方法。

一、學問性格的省思：敬畏精神與工夫傳統

　　眾所周知，研究西方哲學或科學，至少必須具備理性的態度與邏輯思維的訓練；要進入清代漢學的領域，則對於文字、聲韻、訓詁等小學知識的操

〔註 25〕明・薛瑄：《薛瑄全集》（太原：山西人民出版社，孫玄長等點校本，1990年 8 月）。此書在點校上雖有不少失誤，但收錄敬軒著作甚全，除《文集》、《讀書錄》、《讀書續錄》以外，另有《薛文清公理學粹言》、《薛文清公從政名言》、《薛文清公文章》、《薛文清公策問》、《薛文清公行實錄》、《薛文清公年譜》、《薛氏族譜》等，最便於參考。故本文所微引的敬軒著作皆據此本，除有疑義，方參校他本。斷句標點的差誤，將直接加以改正，不暇一一註明。

〔註 26〕詳見本文第五章，頁 132～136。

作方法，應有相當程度的認識；而若要悠遊於文學藝術的領域，審美、感受、
想像等能力的培養與激發，定然不可或缺。而理學的學問性格很顯然不同於
上述諸學門，當研究者準備涉足於理學世界時，應當自我探問：理學的學問
性格是什麼？研究理學的基本素養與配備又必須是什麼？一個真正對理學這
個具有獨立特色的學問傳統加以尊重的研究者，對這兩個問題皆不能不加以
深思。

　　宋明理學在性格上可說是「生命的學問」〔註27〕。此所謂生命，不是生
物學、心理學或醫學上的定義，而是生生不息、親切可感的全宇宙、全人生，
更指向了天地間的終極真實。從空間上說，是天地萬物共為一體的無限開放
性；從時間上說，更是流行變化、日新不已的無限實踐性。這樣一種哲學，
即是杜維明先生所說的「宗教性哲學」（religiophilosophy）。〔註28〕筆者以為，
宋明理學的這一屬性，使它蘊含了兩大特色：一是「敬畏精神」，二是「工夫
傳統」。

　　孔子言：「君子有三畏：畏天命，畏大人，畏聖人之言。」（《論語・季氏》）
對於天地鬼神、聖賢經典的敬畏，向來是儒者固有的特質，也是儒家最具宗
教性的一面。一個儒者對自己生命的定位，不是與物為對的，而是在歷史文
化之中、天地萬物之間去認識自己，認識到自身生命原來延續著文化傳統、
承載著天命天道，故而能夠自信自立、反求諸己，對此一尊貴的生命負責。
宋明儒者強調「繼天立極」、重視「為己之學」，即根源於此種自我認同。這
種近乎宗教的「敬畏精神」，乃引發出對現實世界的強大使命感，而此使命感
亦連帶發展出一「工夫傳統」——欲藉由人情的練達、修養的鍛鍊、秩序的
安頓等實踐工夫，來達到生命的圓滿。正因在儒者的眼中，生命不是感官私
欲的小生命，而是不與萬物相隔的大生命，所以生命的圓滿，亦即是現實世
界的圓滿，離開了現實世界而求一自我生命的圓滿，原只是自私自利。這種
「大生命的自覺與胸懷」，其實正是孔子思想的核心——「仁」。儒家固有的
忠、恕、禮、義、信、智、勇等德目，皆是「仁」這一最高生命境界在不同

〔註27〕 過去牟宗三先生即常以「生命的學問」稱中國哲學。見氏著：《生命的學問》
　　　　（台北：三民書局，1986年7月）。
〔註28〕 杜先生對此一術語的定義是：「經由訓練過的反省，探尋人類的洞識以達成精
　　　　神的自我轉化為主要目標。」並說：「這樣界定的宗教性哲學，描述了所有主
　　　　要的東方歷史傳統中哲學活動的性質及功能。」參見氏著：《人性與自我修養》
　　　　（台北：聯經出版社，1992年12月），頁115～116。

面向的展現，也是求「仁」過程中不可或缺的鍛鍊課題。宋明儒者吸收融化了佛老的修養工夫，更進一步豐富與開展了儒家的工夫傳統，而這些工夫，又並不離開對「天命、大人、聖人之言」的敬畏精神。

　　面對這一具有「敬畏精神」與「工夫傳統」之特色的生命之學，研究者欲獲得深刻的理解、做出如實的詮釋，其所須具備的基本素養，很顯然不能只是純智的組織與思辯，而必須有德性的企慕與感通。換句話說，在理學的研究領域中，「真誠面對生命的自覺」（此相應於敬畏精神）與「踏實體驗生命的經驗」（此相應於工夫傳統），皆是不可或缺的要素。這是筆者所自期的研究心態。

二、入乎其內：生命追尋與思維探索

　　在研究的方法上，本文將藉由「生命型態的追尋」與「思維理路的探索」，以求把握薛敬軒為人為學的核心精神與運思方式，這是「入乎其內」的部分；另將藉由「哲學體系的開展」與「思想史脈絡的梳理」，一方面將敬軒思想的理論架構儘可能地勾勒出來，一方面在動態的思想史脈絡中，為其找到適當的定位，以突顯其學說的意義與價值。這是「出乎其外」的部分。首先針對前者做一說明。

　　宋明理學家以「學為聖人」為己志，竭其一生都在不斷重新面對自我與世界，也即不斷透過工夫實踐，來解開一道又一道的生命問題，打開一重又一重的生命境界。其理論的建構、語詞的施設，是依附在這樣的過程中逐步完成的。於是做為一個後世的詮釋者，便不能只管理學家在哲學理論上「說什麼」或「如何說」（這只能構成皮肉表層的理解）；而必須探究理學家在思維理路上「如何想」、在生命型態上「如何活」（此方為血脈筋骨的把握）。也就是說，詮釋者不能空在哲學理論上推演分析，而應力求在思維理路與生命型態上與理學家產生一種「存在的呼應」〔註29〕。這種呼應的產生之所以可能，實需研究者將古人的言說在自身的生命中專注地思考、體驗且印證之，

〔註29〕此借用牟宗三先生語。牟先生曾云：「現代人對從前的學問……曉解與否的關鍵就在于是否有存在的呼應、有真實感。」參見氏著：《中國哲學十九講》（台北：台灣學生書局，1999 年 9 月），頁 226。又曾說：「中國人講自己的中國的學問當該有敬意，有真誠，講得很恰當才行。所以要了解自己的文化背景，把生命不要完全只限在橫切面的時空裡，要把自己的生命縱貫地通起來，這才是真正擴大自己的生命，這樣于古典才可有相應的了解。」參見前書，頁109。

方能逐步契入理學家豐富幽微的內心世界。

　　進一步說，人與人之間若要真正交心，所需者在於志趣上的相侔，以及經驗、體會、思維與關懷上的相通，方能夠彼此欣賞與理解。而理學思想的研究，亦屬一種「尚友古人」的過程，欲通達書中之義，亦必先透視古人之心。其不二法門，便是暫時拋開心中的成見，讓自己深深浸潤在理學的世界觀之中，使自己的志趣、經驗、體會、思維與關懷儘可能地貼近古人，甚至產生一定程度的內在轉換，如此才能夠真正與古人交心，也才能對其諸般理論概念，產生如實恰當的理解。〔註30〕上文所謂「生命型態的追尋」與「思維理路的探索」，指的正是這一番心路歷程。反之，如果一下手便從事概念的操作、理論的辨析，全無涵養體驗之功、尚友古人之情，在未能掌握古人心境的情況下，貿然以自身的思維方式與所掌握的理論架構，直接解剖其思想、評騭其價值，若非厚誣古人，至少也易流於浮淺。〔註31〕

　　綜上言之，本文「入乎其內」的研究進路，重點在於把握宋明儒家生命之學的特質，不僅真切認識到此一學問的型態是「面對生命」而非「面對知識」的，是「體驗生命」而非「操作概念」的；還能向前走一步，親身參與到其「生命型態」與「思維理路」之中。筆者認為，就宋明理學的研究領域而言，「面對生命」與「體驗生命」雖非唯一、卻是相當重要的逼近研究對象的方法。將此過程完全割離出去，而想做出如實的理解、恰當的詮釋，恐怕將如緣木求魚。〔註32〕

〔註30〕陳寅恪先生即曾認為，欲對古代哲學家的著述有真瞭解者，「必神遊冥想，與立說之古人，處於同一境界，而對於其持論所以不得不如是之苦心孤詣，表一種之同情，始能批評其學說之是非得失，而無隔閡膚廓之論。」見氏著：〈審查報告一〉，收入馮友蘭：《中國哲學史‧附錄》，下冊，頁1193。

〔註31〕林月惠先生所著《良知學的轉折：聶雙江與羅念菴思想之研究》（台北：國立台灣大學出版中心，2005年9月）一書中，亦曾提出類似的反省：「知解的分析對實踐的學問而言，是有本質上的弱點……吾人研究宋明儒學時，既難以『重演』儒者致力於性命之學的踐履歷程，而且常以抽象的概念或慣用的學術語言來構設宋明儒者的思想理論與體系。此方法雖澄清了我們的（或古人的）思維方式，但卻往往抽削掉儒者體驗、實踐層面的豐富意涵。簡言之，假使無真修實證的工夫，如何能默會而真實描述本體呢？」參見該書頁59，註126。

〔註32〕唐君毅先生對宋明理學所謂的「理」有一段中肯的論述：「伊川謂『此理為實理』，又謂『天下無實於理者』。…此理之為實，離開吾人自己之感其當實能實，而要去實現它之存心與行為，則無論從名理上講，從物理上講，文理或空理上講，即皆不能加以指證。故讀者如於此有疑，除切實勘驗一下自己在

三、出乎其外：體系開展與思想定位

在理學的研究過程中，研究者雖然應如上文所說，確切掌握理學研究「面對生命」的基本精神，以免落於單純的文獻考索或概念操作；但是從另一個方面來說，一個虔敬地面對生命的求道或修道者，卻不必然從事學術研究，也即他儘可以單純地浸潤在「生命的學問」之中，而未必然發展出獨立的「學問的生命」〔註 33〕。本論文既屬學術研究，理當有別於求道紀錄，因此也就不能只停留在追求生命體驗的階段，亦不能以類似語錄體、箚記體的零散方式來呈現研究成果；而仍必須以處理知識的態度，從「哲學體系的開展」與「思想史脈絡的梳理」這兩方面，嚴謹清晰地將論述逐步展開。在「哲學體系的開展」方面，筆者希望分別從「天道論」、「心性論」與「工夫論」這三大環節切入，將薛敬軒看似雜亂無章的讀書筆記做一統整，提要鉤玄地重建其心中的理論架構。而在「思想史脈絡的梳理」上，則希望藉由較大量的文本閱讀，觀察宋明理學的發展態勢，以看出敬軒和宋儒乃至後起的陽明思想之異同，並重視敬軒所身處的時代環境與學術風氣，使其思想的定位與價值較清楚地得到彰顯。

第三節　研究架構與限制

上文既已揭示出研究的心態與方法，接下來須對論文具體展開的次第與可能遭逢的限制略做交代。底下分為研究架構、研究限制兩段加以說明。

一、研究架構

朱子曾有一段著名的論學之語：「為學須是先立大本。其初甚約，中間一節甚廣大，到末梢又約。」〔註 34〕底下借用這個模型來展示本論文的論述架構。

首先，第一章「緒論」接櫫研究者的理念與整篇論文的大旨，第二章「薛

感當仁當義，而又真想行仁行義時，自己心境是何狀態，此仁義之理在自己心內發生如何作用，對我有何改變：則於宋明理學家所謂天理性理之為實理，亦永不能相契入也。」參見氏著：《中國哲學原論‧導論篇》（台北：台灣學生書局，1986 年），頁 74。唐先生這段話，與本文的論旨正可互相發明。

〔註33〕將「生命的學問」與「學問的生命」並提，出於傅偉勳先生。參見傅偉勳：《學問的生命與生命的學問》（台北：正中書局，1994 年 1 月）之〈自序〉。

〔註34〕《語類》卷 11，頁 188。

敬軒的爲人與爲學」則將研究對象在人格的展現、治學的規模、面對生命的態度等幾個重要層面加以闡明。這兩章屬於「立大本」、「其初甚約」的階段，以精神方向的掌握爲主。

其次，第三章「薛敬軒的天道論」、第四章「薛敬軒的天人思想與心性論」、第五章「薛敬軒的工夫論與工夫實踐」等各章，意圖打開敬軒理學思想的各個環節，對其思想體系與義理內涵做較爲細膩的爬梳。這是「中間一節甚廣大」的階段，以理論的分析與詮釋爲主。

最後，第六章「薛敬軒思想在理學史上的定位」，將以前幾章的論述成果爲依據，進一步從思想發展的時間軸線中，對敬軒學說在理學發展史上的意義與價值做出衡定。而第七章的結語，則簡要地總結全篇論旨，並提出個人研究心得。此部分爲「末梢又約」的階段，以思想的定位與評價爲主。

通過以上三大進程，應能較平穩周備地帶出敬軒理學思想的全貌。

二、研究限制

薛敬軒的理學思想，牽涉到大多數宋代理學中的重要論題，筆者雖於其中自信有所心得，然而畢竟學殖尚淺、視野有限，難免有疏漏之處，此是本文的必然限制之一。另外，本文既以義理的分析爲主，則心力自然聚焦在薛敬軒理學思想（包含見諸於文獻的理論與隱藏在理論背後的生命格局）之闡述，思想史脈絡的梳理亦較近於觀念史的性質，對於政治社會環境等歷史背景的交代僅能舉其大者，無暇多所著墨。此是本文的必然限制之二。

其實，任何的研究或理論，一旦落了文字相、系統相，就必然有其先天上的限制，包括；篇幅設定、進路擇取、段落安排、概念使用等。因此很難有任何研究能夠聲稱自己已將研究主題做了最完美的詮釋。但也正因一切詮釋都無法擺脫有限性，所以恰恰遺留給後繼者開創與發展的無限可能性。朱子曾言：「義理儘無窮，前人恁地說，亦未必盡。須是自把來橫看豎看，儘入深，儘有在。」〔註35〕薛敬軒亦言：「蓋理無窮盡，故聖賢之書亦無窮盡。雖先聖賢發揮此理極其詳盡，及後聖賢有作，亦必有繼往開來、垂世立教之書焉。是皆理之自然不能已也。」〔註36〕正明白顯示出此一道理。於是，做爲一個研究者，在研究之初應當建立信心，因自己可能即將開啓前人未曾碰觸的一扇窗；而在研究過程中以迄研究終了，則更應保持虛心，因在我之前與

〔註35〕《語類》卷9，頁157。
〔註36〕《薛瑄全集·讀書錄》卷6，頁1180～1181。

之後，有無數的門窗「已經」或「等待著」被他人所開啟。筆者所抱持的研究理念，正是如此。

　　本論文的構成要項與研究者的基本自覺，經過上文的表述之後，已大體明晰。接下來也應該讓本文的主角——薛敬軒及其理學思想——正式登場了。

第二章　薛敬軒的爲人與爲學

　　爲學與爲人一體，理論與實踐一貫，始終是宋明理學的重要特色。因此在對敬軒思想做細部論析之前，不能不對其人、其學的大體，做一番宏觀的鳥瞰。本章將從人格氣象、學脈傳承、治學理念與終極關懷等面向，逐步展開論述。而關於敬軒生平事蹟的詳細資料，具見於《薛瑄全集》所收的《薛文清公行實錄》與《薛文清公年譜》之中，歷來研究對此也已有周備的介紹，筆者不欲錦上添花地一一複述，僅擬以重點呈現的方式，在第一節中略做演示。

第一節　人格氣象

　　人格氣象是宋明理學家生命實踐的具體展現，也與其學問取向息息相關。本節擬從敬軒的家風、資稟、生活態度、教育實踐與政治風骨等五個面向，對其人格氣象做一觀察。

一、承繼家風，穩重篤實

　　薛敬軒於明太祖洪武二十二年（1389），出生於山西河津縣平原村的書香世家，家風樸實良善。祖父薛仲義爲「教授鄉里，不求仕進」〔註1〕的讀書人，對子孫的啓蒙教育甚爲重視，在兒子薛貞（即敬軒之父）年幼時便教以四書，〔註2〕於敬軒六、七歲時亦教以《小學》、四書，〔註3〕以收蒙以養正之效。而

〔註1〕 閻禹錫：〈禮部左侍郎兼翰林院學士薛先生行狀〉（以下簡稱〈行狀〉），收入《薛瑄全集·行實錄》卷1，頁1611。
〔註2〕 敬軒於〈汾陰阡表〉中提及：「先公生於元季，甫七歲，先太父即授以四書。」見《薛瑄全集·文集》卷22，頁912。

薛貞平生皆擔任儒學教諭的職位，在河北河南的各縣從事地方教化的工作。
敬軒描述其父道：

> 天資謹厚，簡淡寡欲，幼即不妄嬉戲。在庠序，端坐終日。出入造
> 次，以禮自持……爲學以仁義道德爲本，析經義以先儒氏説爲主，
> 爲文辭以理勝而不爲浮靡，論道以三綱五常爲大，而異端邪怪之説
> 無以干其思。〔註4〕

敬軒自出生到其父親去世（1425 年），三十七年間均常伴父側，因此父親謹恪
自守的君子風範，對他性情的發展與形塑，具有潛移默化的深遠影響。這一
段文字所勾勒出的儒者形象，其實也無異於敬軒自身的寫照。他在讀書筆記
中時常提醒自己：「欲深，欲厚，欲莊，欲簡。」〔註5〕「簡默凝重以持己。」
〔註6〕這都與其父「天資謹厚，簡淡寡欲」的形象相侔；敬軒又說：

> 斯須無序，即非禮；斯須不和，即非樂。然不和由於無序，是知禮
> 又樂之本也。如數人在坐，尊卑貴賤，各得其序，自無乖爭，失序
> 則爭矣。以是知禮先而樂後。〔註7〕

儒家的禮樂教化，前者代表的是秩序，後者代表的是和樂。敬軒強調「禮先
樂後」，表示他重視軌範過於境界，重視收斂過於發散，重視恭肅過於灑落。
在這種穩重篤實的爲學取向中，也同樣可以看到其父「不妄嬉戲」、「以禮自
持」的身影。這種來自家庭的影響，在敬軒的一生中，始終都是一股不可忽
視的力量。

二、資稟粹美，信而好古

敬軒的出生，頗有一段神異的記載。據說其母齊氏夢見一峨官紫衣之人
謁見，而後始生敬軒，初離母胎時，「肌膚如水晶瓶，五臟皆露，家人以爲怪，
欲棄之。祖仲義聞其啼聲洪大，力止之，曰：『體清而聲洪，必異人也。』」
此事不論是否經過誇飾，敬軒的資稟有異於常人應是事實。所以他自幼即端
重老成，讀書過目成誦，又善爲詩賦，獲得了「薛天才」的稱號。〔註8〕他有
一段關於幼年的自述云：

〔註3〕 〈行狀〉言敬軒「六、七歲時，祖教以《小學》、四書」。引同註1。
〔註4〕 皆見〈汾陰阡表〉，《薛瑄全集・文集》卷22，頁914～915。
〔註5〕 《薛瑄全集・讀書錄》卷1，頁1037。
〔註6〕 《薛瑄全集・讀書續錄》卷3，頁1363。
〔註7〕 《薛瑄全集・讀書錄》卷2，頁1068。
〔註8〕 〈行狀〉，《薛瑄全集・行實錄》卷1，頁1611。

　　瑄七八歲時，侍先君子左右，聞其稱古之人某爲大儒，今之人某爲
　　偉士，因竊自私記於心，曰：「彼亦人耳，人而學人，蓋無不可及之
　　理也。」……又六七年，先君子見可教，遂授以四書及他聖賢書，
　　曰：「此爲學之要也，汝其勉之！」瑄拜受教，遂發奮篤專於誦習，
　　晝不足則繼之以夜，夜坐倦則置書枕側，而臥閱之，或有達旦未已
　　者。至於行立出入、起居飲食，不諷諸口，則思諸心。雖人事膠擾，
　　未嘗一日而易其爲學之志也。〔註9〕

根據這一段文字可知，敬軒不僅年幼時即有慕古好善之心，且一旦接觸聖賢
之學，即能篤志不移、念茲在茲。此若非資材醇美、稟性明利，恐怕很難做
到。永樂七年（1409），敬軒二十一歲，其父調往河北薊州玉田縣擔任教諭，
敬軒亦隨行。此後數年之中，他與當地的元末耆儒（如王素亨、范汝舟、魏
希文、李大亨等）「講論經書子史，泛及天文、地理、二氏之談。諸老退謂
人曰：『此子聰明特異，力行可畏，聖門有人矣！』皆避師席，結爲友。」
〔註10〕一個二十初頭的青年，竟能讓年高德劭者退避師席，敬軒學行之精
純殆可想見。

　　敬軒信而好古、篤志力行的學習態度，在他的讀書筆記中表現得十分明
顯，如他說：

　　余每呼此心曰：主人翁在室否？至夕必自省曰：一日所爲之事合理
　　否？〔註11〕

　　嘗默念：爲此七尺之軀，費却聖賢多少言語！於此而尚不能修其身，
　　可謂自賊之甚矣！〔註12〕

他不僅白天如此精勤不懈，晚間亦每每夢見與先賢交流，諸如：

　　宣德六年十月七日夜，余在辰夢從二程夫子遊。小程夫子論朱文公
　　大程夫子贊曰：「『揚休山立』之語，不若『中和獨立』。」因記於此。
　　〔註13〕

　　余往年在中州，嘗夢一人，儒衣冠，其色暗然，謂是朱文公。告余
　　曰：「少嗜欲，多明理。」明發，遂書其言于壁。一日，在湖南靖州

〔註 9〕《薛瑄全集・文集》卷12，頁652。
〔註10〕《薛瑄全集・薛文清公年譜》，頁1701。
〔註11〕《薛瑄全集・讀書錄》卷4，頁1118。
〔註12〕《薛瑄全集・讀書錄》卷1，頁1025。
〔註13〕《薛瑄全集・讀書錄》卷7，頁1194。

讀《論語》，坐久假寐，既覺，神氣清甚，心體浩然若天地之廣大。

忽思前語，蓋欲少則氣定，心清理明，幾與天地同體，其妙難以語

人。〔註14〕

蓋敬軒之學最尊程朱，既讀其書，必定往往想見其人，而既日日思之，夜中遂亦不能不有所感應，這與孔子夢見周公之理相同，皆可反映出夢者心中之所嚮。敬軒資稟本佳，又如此夜以繼日地實踐古人之訓，故當時大臣文士，已有視其德學若古人者。〔註15〕足見敬軒之好古、學古，已如孟子所說：「睟然見於面、盎於背。施於四體，四體不言而喻」（《孟子·盡心上》）矣！

三、忠恕之道，一以貫之

不僅個人篤於自修，在應事與待人上，敬軒亦皆處處措心，以求合符於儒家的忠恕之道。他曾說：

孔子曰：「不患無位，患所以立。」惟親歷者知其味。余忝清要，日

夜思念於職事，萬無一盡。況敢恣肆於禮法之外乎？〔註16〕

事親奉祭未盡孝，為臣奉職未盡敬，宗族疏戚未盡仁，交友接人未

盡忠，讀書行己未盡誠。此吾自少至老，恆念有未盡也。〔註17〕

素位而行、反躬自省，自少至老，恆念一事一物未盡其分。此一精神，正遙契於孔子「庸德之行，庸言之謹，有所不足，不敢不勉」（《禮記·中庸》）的「忠」道。他又說：

處鄉黨尤宜謹其所為，道無不在故也。

於人之微賤，皆當以誠敬待之，不可忽慢。

處鄉人皆當敬而愛之，雖三尺童子，亦當以誠心愛之，不可侮慢也。

〔註18〕

敬軒以平等心看待一切人，不因其身份微賤或年齡幼小而生輕慢。這種赤誠無偽之心，也與孔子的「恕」道相應，並因此感動了許多鄉人。〔註19〕他又說：

〔註14〕《薛瑄全集·讀書錄》卷1，頁1028。

〔註15〕《薛瑄全集·薛文清公年譜》「三年，壬申」條載：「時刑部尚書張寧、少卿廖莊，皆以文名相尚，見先生，嘆曰：『先生當於古人中求之，豈敢與之輩行耶？』」頁1720。

〔註16〕《薛瑄全集·讀書錄》卷1，頁1021。

〔註17〕《薛瑄全集·讀書續錄》卷4，頁1398。

〔註18〕《薛瑄全集·讀書續錄》卷3，頁1373。

〔註19〕敬軒在其為官生涯中，曾經因得罪太監王振而下獄，王振本欲將之處死，然

> 人亦有此理，我亦有此理，人不能全，而我能之，視不能全者憫憐
> 之可也，鄙笑之不可也；引掖之可也，棄絕之不可也。〔註20〕

敬軒此種「己欲立而立人」的悲懷，顯露出他溫和可親的長者風範與仁者胸次，學孔孟程朱至此，亦可謂善學矣。清儒戴東原（震，1723～1777）曾將「尊者以理責卑，長者以理責幼，貴者以理責賤」的社會現象，悉數歸罪於理學家，謂其「以理殺人」〔註21〕；然而學程朱者，果能如敬軒般得其真精神，則「憐憫」、「引掖」他人尚且不及，又豈會有東原所說的流弊？

四、化育英才，不遺餘力

　　上述的長者風範若展現在教育上，即成爲師道精神。敬軒之父薛貞終身從事教育工作，故敬軒亦有克紹箕裘的志向。他在明宣宗宣德三年（1428）被任命爲廣東道監察御史時，就已「上章願就教職」〔註22〕；到了英宗正統元年（1436），吏部尚書郭進推薦他擔任山東提學僉事，負責一省的教化，乃遂其夙願，故敬軒「欣然曰：『此吾事也』」〔註23〕。〈行狀〉對他到任以後的種種作爲有著清楚的記載：

> 首以朱子〈白鹿洞規〉開示學者，俾先致知而後力行，居敬以窮理，
> 由經以求道。按臨所至，必先詢其力行，而後及於文藝。親爲諸生
> 講解，懇懇告以爲人爲己之學。誨人必隨其才器成就之，或以行步、
> 或以字畫、或以講誦，各因其所長取之，不求全而責備……諸生感
> 慕不已，至今談及，輒皆下泣。無老少賢愚，皆以道學薛夫子目之。
> 〔註24〕

敬軒依據朱子的學規誘導後進，不僅爲之確立爲學大本，更能循循善誘、隨才成就。因此他擔任山東提學的時間雖僅五載，受教的諸生皆念念不忘其恩澤。

「振有老僕者，山西人也，泣於下，振怪問之，曰：『聞薛夫子將刑，故泣耳。』振問：『若何以知有薛夫子？』曰：『鄉人也。』具言其平生狀。振惘然，立傳旨戍邊，尋放還家。」由此可看出敬軒極受鄉人的愛戴。見《明儒學案》，卷7〈河東學案〉，頁120。

〔註20〕《薛瑄全集・讀書錄》卷3，頁1089。
〔註21〕參見戴震：《孟子字義疏證》，《戴震全書》（合肥：黃山書社，1995年）第六冊，頁161。
〔註22〕《薛瑄全集・薛文清公年譜》，頁1704。
〔註23〕同上註，頁1710。
〔註24〕〈行狀〉，《薛瑄全集・行實錄》卷1，頁1613。

敬軒一生中多次入朝爲官,但只要回到鄉里,亦從事講學以化導學子。英宗正統八年到十四年(1443~1449),是他家居講學的第一段時期,據〈行狀〉記載:「江西、陝西諸省弟子來學者百有餘人。」〔註25〕而第二段時期則在敬軒的晚年,〈年譜〉載:「先生七十歲,在里。自是家居不出,四方從學者日眾,至市館不能容。」〔註26〕由此可以看出,當時景仰敬軒德學之人甚多,分別從不同的地方來向他求道。後來這些門人陸續將其學傳播到江西、河南、關隴等地,於是在明朝中葉王學興起以前,敬軒的河東學派便成爲影響力最廣泛的學派。〔註27〕

敬軒的門人對其恩師曾有以下的形容:

門人李昶曰:「先生之怒也,如雷迅風烈;其過也,如雲消霧釋。剛毅絕肖伊川,其氣象亦類之。」〔註28〕

門人王復曰:「先生氣貌莊嚴,鬚甚修美,望之儼然可畏,及聽其言,溫然可挹。侍坐其旁,不覺邪念之屏伏。」〔註29〕

門人張鼎曰:「言動舉止,悉合規度,可爲人法,辭受取予,一決於義。終日衣冠危坐,望之儼然可畏,雖燕閒亦然。居家孝弟忠信,對妻子如嚴賓,及至接人,和氣可掬。」〔註30〕

綜合這些形容來看,敬軒所展現出的人師氣象,既有類乎伊川的剛毅嚴肅,也有近於明道的溫煦和氣,〔註31〕而事實上不僅人格氣象如此,敬軒理學思想的風格也兼具二程的特色。此點在本文接下來的幾章中將會陸續得到印證。

五、出處進退,必以其道

在教育上敬軒是位良師,而在官場上,他則是個剛正不阿、有爲有守的

〔註25〕 同上註,頁 1614。

〔註26〕 《薛瑄全集·薛文清公年譜》,頁 1726。

〔註27〕 李心莊重編《明儒學案》云:「明朝學術……前一百年河東實爲盟主,三原其附庸而已。後一百年姚江實執大纛,甘泉其異幟而已。」見〈重編明儒學案導言〉,《重編明儒學案》(台北:正中書局,1979 年),頁 2。

〔註28〕 〈門人敘述文〉,《薛瑄全集·行實錄》卷 5,頁 1684。

〔註29〕 同上註,頁 1685。

〔註30〕 張鼎:〈敬軒薛先生文集序〉,《薛瑄全集·行實錄》卷 4,頁 1669。

〔註31〕 明道之弟子記載其風範云:「明道終日坐,如泥塑人,然接人渾是一團和氣,所謂『望之儼然,即之也溫』。」此一特質與上文王復、張鼎對敬軒的描述頗爲相近。引文參見清·黃宗羲、全祖望等:《宋元學案》(杭州:浙江古籍出版社,1985 年,《黃宗羲全集》第 3~6 冊)卷 14〈明道學案〉,頁 693。

大臣。宣宗宣德三年（1428），敬軒被任命爲廣東道監察御史，這是他的第一個官職，當時在朝廷中最具權勢的三楊（楊士奇、楊榮、楊溥）聞其聲名，曾欲一見，結果遭到敬軒的回絕，其理由是「某忝糾劾，無相識之理。」三楊知道了以後讚歎道：「薛公見且不可得，況得而屈乎？」〔註32〕

英宗正統六年（1441），敬軒在京師受命擔任大理寺左少卿，專門復審重大刑獄案件。在這之前，當權的太監王振聞其名，欲「謬以桑梓之好，邀先生爲重」，遂派人送禮給敬軒，而敬軒不願夤緣小人以得權貴，因此並未接受。其後因何文淵與三楊的推薦，敬軒被任命爲大理寺左少卿，當時王振權傾朝野，敬軒之任用亦與王振有關，三楊希望敬軒能私下向王振謝恩，以化解兩人先前的嫌隙，而敬軒毅然曰：「安有受爵公朝，拜恩私室耶？」〔註33〕時人雖有因此譏嘲敬軒泥古不知變通者，卻正可以看出他耿介剛毅的性格與素位而行的堅持。

擔任左少卿之後，敬軒數月之內便「辨錦衣衛十大獄案」，相繼得罪王振之姪王山、都御史王文、錦衣衛指揮馬順等，遂於正統八年（1443）遭陷害而下錦衣衛獄。〈年譜〉記載：

> 先是，學士劉球上章忤振，下錦衣衛獄。振使人縛至暗壁中，斧鑽暴下，支解其體。先生繼至，人皆危之。先生怡然曰：「死生命也！」讀《易》不輟。通政李錫聞之，嘆曰：「眞鐵漢也！」〔註34〕

後來他因鄉里老僕在王振跟前哭訴，終於幸免於大難，只被削籍爲民，放還故鄉（已見註19）。他在應和朝中友人的詩作中，表露了當時的心境：

> 宦達子應思致澤，退閒我亦樂藏修。卻憐出處千年事，惟有儒門道德優。〔註35〕

敬軒勉勵仍在朝爲官的友人應努力致澤百姓；而他自己既被革職，也正好藏修息遊於聖賢經典中。此一出處原則，正體現了孔孟「用之則行，舍之則藏」（《論語・述而》）、「得志，澤加於民；不得志，修身見於世」（《孟子・盡心上》）的儒者風骨，絲毫不以現實得失盈於懷。到了景帝景泰年間（1450～1457），敬軒又受朝廷重用，擔任北京大理寺卿。他曾向當時告病辭職的同僚說：

〔註32〕　〈行狀〉，《薛瑄全集・行實錄》卷1，頁1613。
〔註33〕　《薛瑄全集・薛文清公年譜》，頁1714。
〔註34〕　《薛瑄全集・薛文清公年譜》，頁1715。
〔註35〕　〈次林文載參運〉，《薛瑄全集・文集》卷9，頁554。

> 今之去也，尚當以古大臣自期，雖養疴丘園，其必旦夕拳拳，以眷
> 慕關廷爲心，以思濟生民爲念；不可以山水之佳爲可樂，不可以休
> 退之節爲可高，而遂相忘於斯世也。〔註36〕

蓋敬軒前番既勉勵在朝者「應思致澤」，此時又期望下野者「思濟生民」，這種關懷天下、心繫烝黎的胸懷，與明代理學家普遍注重個人修養的傾向不同，而仍保有宋儒的風範。〔註37〕

在擔任北京大理寺卿的期間，敬軒仍秉持應有的原則辦事，力抗當時的太子太保王文。「文謂人曰：『薛某舊性不改，當有以報之。』先生聞而笑曰：『辨冤獲咎，死何憾焉！』辨之愈力。」〔註38〕於是「多洗冤抑，所平反全活無數，人有錄之成牒者。」〔註39〕英宗天順元年（1457），他因衡量局勢漸不可爲，於是當機立斷地辭官，在返鄉途中，「風雨大作，舟不能行，糇粮俱乏，日終猶未食。先生方賦詩吟嘯不輟。子淳慍，見出怨言。先生以杖擊之曰：『我身雖困，而道則亨也。』」〔註40〕從這些例子之中，在在可以看出敬軒自少至老，始終貫徹著「富貴不能淫，貧賤不能移，威武不能屈」（《孟子・滕文公下》）的大丈夫氣魄。

敬軒對元代兩位大儒許魯齋（衡，1209〜1281）與劉靜修（因，1249〜1293）的處世立身皆頗欽敬，他說：

〔註36〕〈送蕭都憲公賜誥序〉，《薛瑄全集・文集》卷17，頁794。

〔註37〕余英時先生在其〈明代理學與政治文化發微〉一文中，舉出明代儒者受朝廷屈辱、政治生態遠較宋代惡劣的史料，解釋明代理學較宋代更偏向「內聖」的歷史因由。並直接指出明儒康齋、敬軒的理學「只問『內聖』，而且是專從個人受用的觀點追求『內聖』，與『外王』已徹底分家了。」余先生這一主張自有其根據，也道出了明代儒者普遍不求仕宦的背後原因。但是就康齋和敬軒來說，前者固如余先生所言，「欲保性命」而堅決不受官，其弟子胡敬齋、陳白沙等人亦受康齋影響而皆絕意科舉；但敬軒是否也「只問內聖」，余先生卻未舉出例子來。依據上文所論，敬軒雖被權閹陷害屈辱，幾至喪命，卻依然存有「思濟生民」之念，實未嘗「相忘於斯世」。再者，其河東學派的弟子走向仕途者亦多，正與康齋師弟的在野傾向相反。因此若謂敬軒僅從「個人受用」的觀點追求內聖，而與外王「徹底分家」，恐怕不是十分妥切的評斷。余氏之文參見《宋明理學與政治文化》（桂林：廣西師範大學出版社，2006年5月，《余英時文集》第10卷），頁10〜60。另許齊雄的博士論文：*East of the River and Beyond: A Study of Xue Xuan （1389〜1464） and the Hedong School* 亦透過豐富的材料，論證南北學風的差異，可以參看。

〔註38〕〈行狀〉，《薛瑄全集・行實錄》卷1，頁1616。

〔註39〕《薛瑄全集・薛文清公年譜》，頁1721。

〔註40〕同上註，頁1726。

許魯齋自謂學孔子。觀其去就從容而無所係累，眞「仕止久速」之
氣象也。〔註41〕

魯齋以王道望其君，不合則去，未嘗少貶以徇世，眞聖人之學也。

〔註42〕

靜修高士也，百世之下聞其風者莫不爲之興起，誠足以廉頑立懦。

劉靜修有鳳凰翔於千仭之氣。〔註43〕

魯齋受元世祖重用，官至大學士兼國子祭酒，靜修則抗拒異族政權，終身不
仕，兩人在出處上本屬於相當不同的典型。但敬軒之所重，並不在兩人面對
元代政府的態度差異上，而在於其道德學問皆同樣能夠自立立人。詳觀敬軒
一生之出處，其所謂「去就從容而無所係累」、「未嘗少貶以徇世」、「鳳凰翔
於千仭之氣」等語，若用在自家身上，應也可以當之無愧了。

明末大儒劉蕺山（宗周，1578～1645）曾在評價吳康齋時提到：「薛文清
多困於流俗，陳白沙猶激於聲名，惟先生醇乎醇。」〔註44〕然而康齋之所以
醇，固出於涵養功深，也因其始終不涉世事，與權力鬥爭場相隔離的緣故；
敬軒則用行舍藏，涉世較深，兩人的處境頗爲不同，實不可同日而語。更何
況敬軒雖身在流俗之中，卻並不妨礙其心超乎流俗之上。蕺山以一「困」此
字加諸其身，終非公道之論。

上文介紹敬軒的人格氣象已竟，接下來可進一步討論其學脈傳承的問題。

第二節　學脈傳承

本節將從薛敬軒的「道統觀」、「學問觀」與「爲學規模」三方面，梳理
其學脈傳承。

一、道統觀

古人爲學俱有脈絡，漢儒之學重在解經，故講「師法」、「家法」；宋儒之
學重在求道，故尙言「道統」。朱子集北宋理學之大成，爲道學確立了完整的
相承統系，其嫡傳弟子黃勉齋（榦，1152～1221）繼而發揚之，其文云：

〔註41〕《薛瑄全集・讀書錄》卷1，頁1026。
〔註42〕《薛瑄全集・讀書錄》卷2，頁1066。
〔註43〕《薛瑄全集・讀書錄》卷9，頁1248。
〔註44〕《明儒學案・師說》，頁11。

> 道原於天，具於人心，著於事物，載於方策。明而行之，存乎其人……
> 堯、舜、禹、湯、文、武、周公生而道始行；孔子、孟子生而道始
> 明。孔孟之道，周、程、張子繼之；周、程、張子之道，文公朱先
> 生又繼之。此道統之傳歷萬世而可考也。〔註45〕

這一道統觀，大致成爲宋末以降程朱學者的定論，無所改易。上節既已言敬
軒自幼秉承孔孟宋儒之教，躬身力行、日以繼夜，甚至夢中亦常出現先儒音
容，那麼他對這樣的道統論述，自然深信不疑。敬軒基本認爲宋儒之學足以
邁越漢唐而直接聖人，〔註46〕而宋儒之中的周、程、張、朱之說，乃是道統
正傳所在。〔註47〕於周、程、張、朱之中，敬軒特重程朱，〔註48〕於程朱之
中，又特重朱子，他讚嘆朱子云：

> 堯舜之道，非孔子無以明；濂洛之道，非朱子無以發。周子、程子、
> 張子之學，非得朱子爲之發明，後世紛紛莫知所定論矣！〔註49〕

敬軒顯然認爲周、張、二程的思想，朱子皆能加以發揚光大。這一觀念其實
也暗示著一個事實：敬軒自身在理解周、張、二程的思想時，皆是以朱子的
闡說爲基準點而加以融會的。

理學到了朱子，既已集其大成，宋末、金、元以來諸儒，能夠眞正繼承
朱學而延續道統者爲誰？在敬軒的心目中，似僅有許魯齋符合此條件。《讀書
錄》與《讀書續錄》中言及魯齋處不少，且皆爲揄揚之詞，例如：

> 尊程朱之學者，許文正也。〔註50〕

> 眞知力行，元有許魯齋。〔註51〕

〔註45〕 〈徽州朱文公祠堂記〉，《勉齋集》（台北：台灣商務印書館，1983年，景印文
淵閣四庫全書，第1168冊）卷19，總頁215。

〔註46〕 敬軒云：「漢儒讖緯九流之雜，唐士釋老辭章之支，至宋儒出而道術定於一。」
（《薛瑄全集・讀書錄》卷3，頁1094）

〔註47〕 敬軒云：「聖人之道蔽昧不明者，千五六百年，至周、程、張、朱而始明。」
（《薛瑄全集・讀書續錄》卷5，頁1412）又云：「四書、五經、周、程、張、
朱之書，道統正傳；舍此而他學，非學也。」（《薛瑄全集・讀書錄》卷5，頁
1143。）

〔註48〕 敬軒云：「程朱之書，吾寤寐敬畏之不敢慢也。」（《薛瑄全集・讀書續錄》卷
9，頁1465）又云：「程朱接孟氏之統，有功於萬世。」（《薛瑄全集・讀書續
錄》卷2，頁1342）

〔註49〕 《薛瑄全集・讀書錄》卷9，頁1250。

〔註50〕 《薛瑄全集・讀書續錄》卷2，頁1342。

〔註51〕 同上註，頁1343。

自朱子沒，而道之所寄不越乎言語文辭之間。能因文辭而得朱子之心學者，許魯齋一人而已。〔註52〕

許魯齋余誠實仰慕，竊不自揆，妄爲之言曰：其質粹，其識高，其學純，其行篤，其教人有序，其條理精密，其規模廣大，其胸次洒落，其志量弘毅，又不爲浮靡無益之言，而有厭文弊、從先進之意，朱子之後一人而已。〔註53〕

敬軒對魯齋雖讚美如斯，但他幾乎很少直接引用或發揮魯齋的思想言論，這透露出，敬軒標舉魯齋之學，固然是出於對他的仰慕之意，但其實際目的是在告訴世人：朱子之學具有哪些特質、應該如何地被繼承。換句話說，魯齋之學對敬軒的重要性，並不在於其本身具體的義理內容，而是他的學問風格能夠作爲敬軒理想中的「述朱典範」。因此其所謂「眞知力行」、「得朱子之心學」、「條理精密」、「規模廣大」、「厭文弊、從先進」等讚語，我們與其僅將之視爲敬軒對先儒的表彰，無寧應看做是他畢生紹述朱學的主要努力方向。

敬軒有一段文字，非常詳盡地將其心目中的聖學傳遞圖像描繪出來，足可總攝上文之意，今不避文長，徵引如下：

嘗觀周子、二程子、張子、邵子，皆與斯道之傳者也。而朱子作《大學》、《中庸》序，惟以二程子繼孟氏之統，而不及三子，何邪？蓋三子各自爲書，或詳於性命道德象數之微，有非後學造次所能窺測；二程則表章《大學》、《中庸》、《語》、《孟》，述孔門教人之法，使皆由此而進，自洒掃應對、孝弟忠信之常，以漸及乎精義入神之妙，循循有序，人得而依據。此朱子以二程子上繼孔孟之統，而不及三子歟？然朱子於《太極圖》、《通書》則尊周子；於《西銘》、《正蒙》則述張子；於《易》則主邵子。又豈不以進修之序，當謹守二程之法；博學之功，又當兼考三子之書邪？及朱子又集《小學》之書以爲《大學》之基本，註釋四書，以發聖賢之淵微。是則繼二程之統者，朱子也。至許魯齋專以《小學》、四書爲修己教人之法，不尚文辭，務敦實行，是則繼朱子之統者，魯齋也。〔註54〕

準此可知，敬軒所取於二程者，在其下學（「洒掃應對、孝弟忠信之常」）與

〔註52〕《薛瑄全集・讀書錄》卷8，頁1222。

〔註53〕《薛瑄全集・讀書錄》卷1，頁1025。

〔註54〕同上註，頁1027。

上達（「精義入神之妙」）兼備的學問體統與工夫次第；所取於濂溪、橫渠、康節者，在其闡發幽微而各有自得的理學論述；所取於朱子者，在其集大成的學問規模與經典詮釋；所取於魯齋者，則在其篤信先儒、平實踐履的爲學風範。我們不妨把這一段引文再簡化爲下表：

孔、孟 ⟶ 二程（循循有序） ⟶ 朱子（集成總攝） ⟶ 魯 齋（務敦實行）
　　　　周、張、邵（各造精微）

在敬軒心中，孔孟、二程、朱子是一脈相承的聖學之統；濂溪、橫渠、康節雖於「進修之序」上不夠全面，卻應當兼取其深奧精微；而魯齋，敬軒雖說他能繼朱子之統，但卻又同時說他的爲學重點專在《小學》與四書，而並未說他能兼考濂溪、橫渠、康節的精微之學。據此我們可以初步推論，敬軒個人頗有繼承此道統之志，魯齋的「務敦實行」，在敬軒看來是繼承朱學的重要精神，但他並不只是要上接魯齋，而是欲全面承繼朱子所集成的理學體系。換句話說，敬軒蓋欲以同於魯齋的篤行態度，吸收融化並落實體現北宋五子與朱子的思想資源與學問光輝。此意他雖未明言，但是細玩深察上述的道統論述，就可知敬軒絕非平鋪地在陳述某種客觀事實，而是隱含其個人對道的嚮往與抱負在其中。

　　錢穆先生曾認爲，敬軒對濂溪、橫渠、康節之學的用心與曹月川相近，故學脈承自月川，風格亦近於濂溪、康節、橫渠，而與程朱正傳較不相似。〔註55〕然錢先生並未舉出敬軒推尊月川學術的相關證據，況且用心於濂溪、橫渠、康節之學，本亦始自朱子，並不能以此證明敬軒與月川的關係。今考敬軒曾爲月川之居室做〈拙巢記〉一文，認爲月川之學「即關洛以上遡濂溪」〔註56〕；而依據上文的論述，敬軒本人乃是以朱子爲本以上探二程、旁參於周邵張，與月川終究有別。至於朱子以下能承繼此學統者，亦唯有許魯齋一人得到敬軒的印可，未嘗提及月川。因此，若說敬軒對月川之人格學問有所景仰則可；〔註57〕謂其學脈從月川來，恐並非實情。

〔註55〕參見錢穆：〈明初朱子學流衍考〉，《中國學術思想史論叢》第七卷，頁23～29。其實明代儒者已有類似的說法。楊廉曾爲敬軒作贊云：「本朝理學，實始於公。求之於宋，若濂溪翁。」即將敬軒比配濂溪。參見清・沈佳：《明儒言行錄》（台北市：明文書局，1991年，《明代傳記叢刊》第3冊）卷2，頁133。
〔註56〕《薛瑄全集・文集》卷18，頁800。
〔註57〕《曹端集》載李禎語：「曹先生產伊洛之鄉，篤信好學，力行不息……故薛河東先生雅服其人。」集中又收敬軒所作〈月川先生像贊〉云：「質純氣清，理

　　除了承繼朱子學的道統觀而寄寓個人的學問取向與理想以外，敬軒亦對「道學相傳」這一相沿成習的觀念做了內涵上的後設反省，他說：

> 道學相傳，非有物以相授也。蓋「性者萬物之一原」，而天下古今公共之理，即所謂道也。但先覺能明是道、行是道，得其人而有以覺之，使之明是道、行是道，則道得其傳。無其人，則道失其傳矣。〔註58〕

道乃「天下古今公共之理」，而其實現則在乎人。因此道學的相傳不是私人意見的授受，或是故弄玄虛的花樣，而只是「先覺覺後覺」（《孟子・萬章下》）地使來者不斷開顯生命的光輝而已。在先秦儒家經典，類似的開示很多，所謂：「人能弘道，非道弘人」（《論語・衛靈公》）、「苟不至德，至道不凝」（《禮記・中庸》）、「苟非其人，道不虛行」（《周易・繫辭下傳》）。道本常在，只待人自覺地肯認此道、實現此道與弘傳此道。因此欲判斷一個學者傳道與否，觀其生命能否「明是道、行是道」地體現此一貫之道即可知。敬軒看待宋儒的道統說，乃是從這樣一種對道的肯認、實現與弘傳的自覺出發，於是道統說之於敬軒，就非朱子學派中口耳相傳、自抬身價的理論建構；而是對千載以來生命智慧的踵繼、追尋與相互映照的事實描述。根據此點，敬軒自然要同意宋儒所言，道自孟子以下失傳，至周程始追其緒的說法，畢竟在他看來，漢唐儒者的學養，並未深刻地在生命型態上與孔孟相應。此種道統思維，自有其一定的主觀性，亦可能因此導致門戶之見，然而觀過知仁，此種對道統的信仰，也正是敬軒乃至眾多理學家得以挺立生命、安立價值的基礎。

　　看待理學家的道統相傳觀念，乃至孔孟對唐虞盛世的緬懷稱頌時，應當放在生命之學的視域中理解；史學、辨僞學、考古學在此則很難使得上力。蓋先秦儒家對堯、舜、禹、湯、文、武、周公的仰慕，彰顯的是中國上古文化中粹美博大的人格典型與政治風範，後人對上古聖王與治世的存在與否儘可以給予合理的懷疑，但這卻全然無礙於此種人格典型與政治風範，眞眞實實地在孔孟生命中發揮崇高且深刻的影響力量。理學家心目中的道統之傳亦復如是。上自孔孟，下迄理學家，皆是以全生命投入到傳統文化中而與之對話者。敬軒言：「『見而知之』者，『聞而知之』者，自堯、舜至孟子其人可考。

明心定。篤信好古，距邪崇正。有德有言，以淑後人。美哉君子，光輝日新。」分見《曹端集》（北京：中華書局，2003年10月），頁338與340。由此可以看出敬軒對月川篤信力行之學風的讚賞。

〔註58〕《薛瑄全集・讀書續錄》卷5，頁1429。

周、程、朱子，蓋亦神會心得，『聞而知之』者。」〔註59〕他所謂的「神會心得」，指的就是一種生命感應。於是道統說的眞實，乃非「科學性的歷史考證」之眞實，而是「人文性的生命感應」之眞實，兩者實屬不同的範疇，若以前者的態度來批判後者是虛構、是玄想，則失之遠矣。〔註60〕

二、學問觀

敬軒特定的道統觀，成爲他在治學過程中對不同典籍與學問的取捨標準。他認爲「舍五經、四書與周、程、張、朱之書不讀而讀他書者，是猶惡覩泰山而喜丘垤也。」〔註61〕以下略就五經、四書、宋儒著述與其餘典籍四部分來探究敬軒的學問觀。

（一）對五經的看法

敬軒總論各經要旨云：

> 《書》求精一之旨；《詩》求思無邪之旨；《禮》求敬；《樂》求和；《春
> 秋》求是非；《易》求象占。義理皆體於身心，則有實用矣。〔註62〕

重視「體於身心」而有實用，本就是理學對待經典的基本態度，敬軒對此點尤爲強調。而宋代理學家在諸經之中，極爲重視哲學性最高的《易經》，往往順著大《易》之道，建立其宇宙人生觀。此點亦爲敬軒所承。他說：

> 天地之一陰一陽、一闔一闢、一晝一夜、一寒一暑、一暘一雨；人
> 之一動一靜、一語一默、一作一止、一寤一寐、一呼一吸，皆易道
> 也。〔註63〕

> 聖人言天地之造化，莫備於易。論天地之造化而不本於易，皆妄也。
> 〔註64〕

〔註59〕《薛瑄全集‧讀書續錄》卷4，頁1393。

〔註60〕關於此問題，劉述先先生有一段話可與本文所論相發明。劉先生認爲道統之說的建立，所牽涉的「根本是儒家終極信仰的問題，非知識所行境……我們的見聞之知，只能夠用來發現現象世界內部的關連，而不能夠處理有關我們的終極託付的問題。……在這樣的有關生命的終極意義的追求之中，所牽涉的是根本的慧識，吾人所積累的經驗知識於此至多只不過有一種參考的價值而已。」參見氏著：《朱子哲學思想的發展與完成》增訂本（台北：台灣學生書局，1995年8月），頁426～427。

〔註61〕《薛瑄全集‧讀書錄》卷9，頁1245。

〔註62〕《薛瑄全集‧讀書錄》卷5，頁1143。

〔註63〕《薛瑄全集‧讀書續錄》卷9，頁1466。

〔註64〕《薛瑄全集‧讀書續錄》卷10，頁1477。

此外，《書經》做爲後世性理之學各種概念的文本源頭，〔註65〕又屢言敬的工夫，〔註66〕亦甚受敬軒所重視。大抵而言，敬軒看待五經義理，是從宋儒性理之學的角度切入的。

（二）對四書的看法

朱子以四書取代了五經的權威地位，並用心良苦地完成《四書章句集注》與《四書或問》等書，以作爲學者入道的津梁。敬軒對朱子此一貢獻極爲推崇，他認爲：

> 四書與朱子《集註》，萬世聖賢之書無過於此。爲聖爲賢、治心修身、齊家治國平天下之道，無所不載，學貫天人而一之者也。〔註67〕

其中，《大學》是朱子安排工夫系統最主要的文本依據，此一觀念敬軒亦完全接收。從其所謂「修己治人、始終條理詳備者，無如《大學》」；「《大學》三綱領、八條目，於千聖之書無不括盡」；「《大學》乃諸書之括例」〔註68〕等語，已可初步看出敬軒在工夫次第上，亦以《大學》爲藍本、爲骨幹。然而相較於朱子用畢生心力在闡發《大學》義理，〔註69〕敬軒對北宋周、張等理學家所重視的《中庸》似乎更感興趣，他認爲「太極之理，《中庸》備之」〔註70〕、「道體至《中庸》，發明顯著矣」〔註71〕。由此可知，就著對精微道體的探求這一點上說，敬軒確有從朱子上溯濂溪、橫渠的傾向。

（三）對宋儒性理著述的看法

在宋儒的性理著作上，敬軒最推崇者厥爲濂溪《太極圖說》與橫渠《西銘》。他認爲：「五經、四書之外，義理之精妙者無過《太極圖》，切要者無過

〔註65〕 敬軒云：「《易》雖古於《書》，然伏羲時但有卦畫而無文辭，文辭實始於《書》。故凡言德、言聖、言神、言心、言道、言中、言性、言天、言命、言誠、言善、言一之類，諸性理之名，多見於《書》。《書》之後乃有《易》之辭及諸經書。聖賢發明性理之名，雖有淺深不同，實皆原於《書》也。」（《薛瑄全集·讀書續錄》卷12，頁1490。）

〔註66〕 敬軒云：「言敬莫詳於《書》，但挈出其要以示學者，則自宋儒始。」（《薛瑄全集·讀書錄》卷6，頁1174～1175。）

〔註67〕 《薛瑄全集·讀書續錄》卷3，頁1367。

〔註68〕 《薛瑄全集·讀書錄》卷4，頁1128～1129。

〔註69〕 《朱子語類》載：「一日，教看《大學》，（朱子）曰：我平生精力盡在此書。先須通此，方可讀書。」見卷14，頁258。

〔註70〕 《薛瑄全集·讀書錄》卷11，頁1273。

〔註71〕 同上註，頁1276。

《西銘》。」〔註72〕當然，正如上文曾經提過的，他對《太極圖說》與《西銘》的理解基礎，乃是從朱子而來。其言：

> 朱子解剝《太極圖》，括盡周子《圖說》，至爲精密。〔註73〕

> 當即朱子之《解》以求周子之《說》。〔註74〕

> 朱子《太極》、《西銘解》至矣盡矣。〔註75〕

朱子以「理」來詮釋濂溪的「太極」概念，而敬軒尤其重視思維體驗《太極圖》中所蘊含的天地萬物之理。他說：

> 六經、四書之理，不出太極。〔註76〕

> 《太極圖》，天地、古今、陰陽、寒暑、晝夜、死生、剛柔、動靜，
> 無不括盡。〔註77〕

對敬軒而言，太極之理便在天地之間，六經四書、萬事萬物皆不能外。而歷來經典中各個重要的核心概念，包括誠、天命、性、道、仁義中正、帝、神、天、一、中、心、衷、善等，亦無不可收攝到「太極」一詞之內。〔註78〕如果說《大學》爲朱子平生精力之所聚，則《太極圖》實可視爲敬軒理學思想之核心，正所謂「一貫之妙，於《太極圖》見之」也。〔註79〕

　　另外，敬軒既於五經之中最重《易經》，則宋儒對《易經》的理解與詮釋，亦成爲他鑽研的重點。他說：「自孔子後，知《易》者周子、程子、邵子、朱子也。」〔註80〕而在周、程、邵、朱之中，復獨尊集前儒之大成的朱子，所謂「千載之下，得《易》之本義者，朱子一人而已！」〔註81〕蓋朱子《周易本義》的易學詮釋特色，乃是在義理之外兼取象數，合兩者爲一，〔註82〕敬

〔註72〕《薛瑄全集·讀書錄》卷5，頁1147～1148。
〔註73〕《薛瑄全集·讀書續錄》卷1，頁1315。
〔註74〕《薛瑄全集·讀書續錄》卷5，頁1410。
〔註75〕同上註，頁1425。
〔註76〕《薛瑄全集·讀書錄》卷11，頁1273。
〔註77〕《薛瑄全集·讀書錄》卷5，頁1147～1148。
〔註78〕詳見《薛瑄全集·讀書續錄》卷1，頁1303。
〔註79〕《薛瑄全集·讀書續錄》卷1，頁1300。敬軒門人白良輔曾謂敬軒：「太極之實，不過乎中正仁義而已。欲知先生之道，當觀之太極可也。」此亦可看出敬軒已將《太極圖》之義理融合到自己的生命中。參見〈門人敍述文〉，《薛瑄全集·行實錄》卷5，頁1684。
〔註80〕《薛瑄全集·讀書續錄》卷9，頁1465。
〔註81〕《薛瑄全集·讀書續錄》卷7，頁1444。
〔註82〕關於朱子易學的此一特色，可參考朱伯崑：《易學哲學史》（北京：崑崙出版

軒秉承此教，一方面吸納伊川的義理易學，一方面對《河圖》、《洛書》以及邵康節的先天易學皆有所涉獵，如他說：

> 程子《易傳》有無窮之義理，知者鮮矣！〔註83〕

又說：

> 自孔子後數千年，《易》只《周經》:「乾，元、亨、利、貞」以下，
> 而伏羲《先天四圖》隱而不傳……至邵子傳《先天圖》自陳希夷，
> 於是以繫辭説卦之言證《圖》，一一相合，而伏羲作《易》本原復明。
> 〔註84〕

凡此皆可看出敬軒循朱子《本義》而廣攝北宋《易》學的立場。

（四）對其他學術的看法

敬軒雖以理學爲學問之大本，但他亦能師法朱子廣學博覽的治學態度來讀書，不致落於孤陋。對於歷代儒者之言、諸子百家之說，敬軒的看法是：「聖賢之書，統體純粹而不雜；諸子之言，雜駁中亦有純粹者，節取焉可也。」〔註85〕故其讀書筆記中對董仲舒、賈誼、韓愈、柳宗元、王通等前儒皆有所取；對《老子》、《莊子》、《陰符經》、《列子》等書，亦加引用，足可展現敬軒開放宏通的一面。

然而，敬軒一旦面對佛學，就立刻展現出嚴立疆界、闢而不取的態度。其闢佛之言，亦大抵不出「聖人順天理而盡人倫，釋氏逆天理而滅人倫」〔註86〕這類只從儒家倫理價值出發的粗疏方式，可以看出，敬軒不但未有宋儒出入佛老的經驗，他對佛學也根本無涉獵的興趣。敬軒言：

> 性理自宋道學諸君子反覆辯論，發揮蘊奧之後，粲然如星日麗天；
> 而異學曲說，真如區區之爝火，自不得亂其明也。〔註87〕

這裡牽涉到一個思想史的問題，值得加以思考。在宋儒眼中，勢力最強大、最具威脅性的「異端」向來是佛教，〔註88〕敬軒這裡的「異學曲說」，主要亦

社，2005 年 4 月）第二卷，頁 461～467。

〔註83〕《薛瑄全集·讀書錄》卷10，頁1181。

〔註84〕《薛瑄全集·讀書續錄》卷10，頁1475。

〔註85〕《薛瑄全集·讀書錄》卷4，頁1122。

〔註86〕《薛瑄全集·讀書錄》卷7，頁1211。

〔註87〕《薛瑄全集·讀書錄》卷3，頁1085。

〔註88〕如朱子曾言：「老氏之學淺於佛，而其失亦淺；正如申韓之學淺於楊墨，而其害亦淺。」（宋·朱熹：〈答李伯諫〉，《朱文公文集》（台北：台灣商務印書館，1980 年，據上海涵芬樓影印明嘉靖本影印）卷43，總頁663）

仍是指佛教。自宋儒將儒學的天道論、心性論做了深刻的發展，相較於六朝以迄隋唐之時，儒學確實擁有了更多與佛教相抗的資源，在這一點上，敬軒上述之語亦道出了部分事實。但是敬軒也許沒有意識到，儒學在當時的地位之所以不為佛法所撼動，更重要的原因在於程朱之學成了官方學術，為朝廷所推尊。換句話說，儒學並不是真的在義理上征服了佛老，其闢佛之言，固然較前儒為精深，但儒釋之辨的問題，在宋儒那裡並沒有得到很好的解決。〔註89〕對敬奉程朱之學甚篤的敬軒而言，固然可以畢生浸潤在理學的體系內，不必理會佛法；但是對於那些質疑程朱思想卻依然想要學做聖人的學者而言，轉由佛道思想尋覓啟發就是很自然的事情。王陽明及其後學的成學過程，即幾乎無不有出入三教的經驗。在此一情況下，儒學依舊要面對敬軒所謂的「異學曲說」的挑戰，而像敬軒這種一味嚴守門戶的闢佛方式，便不足以饜足人心。

　　進一步說，朱子雖闢禪學最力，然亦肯定其論有高超之處，朱子後學則只一味闢禪謗佛，並且大力排擠風格意趣（非價值取向）頗為「近禪」的陸象山（九淵，1139～1193）心學，未能欣賞其長處、吸收其資源，只謹守朱學體系。在元代雖有吳草廬（澄，1249～1333）、鄭師山（玉，1298～1358）等人試圖做朱陸調和，但並未在深刻的哲學意義上加以會通，且兩人終皆以朱學為定向，喪失了朱陸會通的絕佳機會。〔註90〕至明代初年，朱學勢力更強，陸學漸趨衰歇，朱陸會通更無可能矣！敬軒即言：

　　象山謂人讀書為「義外工夫」，必欲人靜坐先得此心。若如其說，未有不流於禪者。〔註91〕

　　朱子論陸象山之學，具有定論，臨川吳氏猶左右之，何也？〔註92〕

其實象山以靜坐為入道之方便，猶如朱子以讀書窮理為入道之方便，各有勝場，亦各有流弊。靜坐之跡似禪，窮理之跡則似義外，故學朱陸而僅得其跡，自然危險，但若深得其本，又何嘗有礙？因跡而廢本，或指人病為法病，都只會造成門戶的對立。敬軒只謹守朱子對象山之學的看法，且不滿於元代吳草廬折衷朱陸之說，不免過於保守。朱門後學以此種近乎頑固的保守性闢佛、

〔註89〕黃梨洲云：「程朱之闢釋氏，其說雖繁，總是在跡上；其彌近理而亂真者，終是指他不出。」（《明儒學案‧發凡》，頁5～6）
〔註90〕可參看陳榮捷著、萬先法譯：〈元代之朱子學〉，《朱學論集》，頁315～317。
〔註91〕《薛瑄全集‧讀書錄》卷5，頁1144。
〔註92〕《薛瑄全集‧讀書續錄》卷6，頁1438。

關象山心學，無形中造成了理論突破上的一大侷限，即使是學問觀較爲開闊
的敬軒亦不可免。傳承其學術的河東學派，後來無法與新興的陽明心學抗衡，
原因固然不是一言可盡，但是其中很重要的一點在於，當陽明心學突破程朱
道統後，儒者在生命修養問題的思考上更趨多元開放，三教在義理交涉的需
求上亦與日俱增，一旦採取拒絕對話的態度，必將缺乏對應此一時代風潮的
思想資源，因此縱使河東門徒篤實踐履、罕有流弊，明代中期以後卻仍不免
於衰落的命運。這一思想史上的轉折演變，從敬軒對待佛教的態度上，已可
略見端倪矣！

　　綜合以上四點可以看出，敬軒治學的大本乃是四書五經與宋儒著述，其中
又對闡發天人一貫精微之理的《易》、《庸》、《太極圖說》、《西銘》諸書最爲重
視，這使他的學問風格頗與濂溪、橫渠相近。但須注意的是，敬軒對這些典籍
的理解與詮釋，皆依循朱子之脈絡進入，皆是站在朱子學的豐碩學術成果上來
吸收融化古代經典與北宋理學，因此其所直接承繼者厥在朱子。此外，除了佛
教與心學，敬軒對不同的學術也頗能採取博學廣攝的開放態度，這一點也與朱
子一脈相承。底下將進一步討論敬軒的爲學規模，以見其學問之整體。

三、爲學規模

　　在《薛瑄全集》中，收有《薛文清公策題》五十八道〔註 93〕，應是敬軒
出任山東學政之時，爲考核諸生之學問與見識所擬。這五十八道題目各有主
題，敬軒皆首先點出題旨，略論其要點，而後舉出一連串的重要問題讓諸生
思考。這些主題涵蓋面廣泛，合而觀之，儼然可以成爲一個完整的系統，從
中將可清楚地看出敬軒爲學與教人的整體規模與本末先後，是很值得重視的
文獻，然而歷來研究者皆未嘗注意之，殊爲可惜。以下將此五十八道策題略
分成五大項，簡要論列其內容宗旨。

　　（一）問一～問十二（共 12 道）：屬性理之學的範疇。

　　包含太極圖、理氣、天地日月、性、道、仁、誠、中和等主題。敬軒以
宋儒性理之學爲「學問之大根大本」，因此對其中的重要概念與思維，皆希望
諸生能準確把握。茲舉第二問爲例，以見一斑：

　　　　造化不過一理，陰陽五行化生萬物而已，即周子《太極圖》觀之可
　　　　見矣。所謂一理者，何所寓歟？陰陽者，何所運歟？五行者，何所

〔註93〕見《薛瑄全集·策問》，頁 1571～1598。

布歟？萬物者，何所生歟？一理，理也；陰陽五行，氣也。理與氣果析而爲二歟？其化生萬物也，理歟？氣歟？化生萬物之后，理與氣俱往歟？亦恆存而不易歟？窮理爲學之首事，試詳陳造化之秘。〔註94〕

（二）問十三～問二十六（共 14 道）：屬經學義理的範疇。

包含《易》、《書》、《詩》、三《禮》、樂律、《春秋》以及四書。敬軒於各經皆希望諸生領略宗旨大意、以致實用，並注意到諸經間的會通。茲舉第十七問爲例，以見一斑：

《書》載帝王治天下之道，堯、舜之前豈無書可考？而孔子刪之，斷自唐、虞，何歟？又終於《秦誓》，何歟？其堯、舜、禹、湯、文、武爲治之道，何者爲大綱？何者爲眾目？何者爲所當急？何者爲所當后？試詳言之。〔註95〕

（三）問二十七、二十八（共 2 道）：屬工夫次第的範疇。

重點落在從小學到大學的爲學次序在實踐上的運用。茲節引第二十八問爲例，以見一斑：

小學、大學，固爲學之序也。古者八歲入小學，而教以灑掃應對進退之節，禮樂射御書數之文。然一曰節，一曰文，何以言之不同歟？其所謂節與文，又可考其條目之詳歟？十五入大學，教之窮理、正心、修己、治人之道，以格物、致知、誠意、正心、修身、齊家、治國、平天下八條目言之，何者爲窮理正心之事？何者爲修己治人之事歟？……今欲復古者教人之法，使皆由小學、大學而進，又有其要歟？〔註96〕

（四）問二十九～三十三（共 5 道）：屬辨明正學的範疇。

教人辨明德行與詞章之本末關係，以及在此標準下，歷代儒者的偏正得失。茲舉第三十問爲例，以見一斑：

德行，本也；文藝，末也。欲先德行必自何者爲始？欲習文藝又以何事爲末？後世學者……雖熟習於記誦詞章之末，德有不修，行有

〔註94〕同上註，頁 1572。
〔註95〕同上註，頁 1579。
〔註96〕同上註，頁 1583。

不立，卒流於小人之歸矣。伊欲先德行而後文藝，事親必孝、事長必弟，與凡日用人倫，無一不俯焉以盡其實。又若何修而可以近於此歟？試詳陳之，以觀務本之學。〔註97〕

（五）問三十四～五十八（共 25 道）：屬致用之學的範疇。

包含軍事、教育、考試、禮樂、政治、正朔、官制、銓敍、課察、疆理、水利、賑濟、漕運等治平之術。敬軒以經史之學爲依據，要求諸生能夠對實際問題表達看法。茲節引第五十五問爲例，以見一斑：

水利之有益於民，尚矣。《周禮》水政，稻人、遂人掌之。及井田廢而阡陌開，戰國以來，魏、鄭、漢文翁至晉、唐，皆興水利以灌溉民田，其所以疏導川流，而變荒爲熟之法，亦可考歟？今蘇、松、嘉、湖，皆賴水利而倍有所入，然或一有旱暵，而不足救乾槁；倘遇水溢，遂至於淹沒滔禾，又何法可以使無旱澇之患，而歲有常登歟？……試陳其策，以觀用世之學。〔註98〕

由以上各項的宗旨與內容，即可窺見敬軒平素所留心、所教人者爲何事。蓋上自性理之奧、經書之義，下至人倫之本、致用之事，莫不包羅該備，成爲一套修己治人、體用本末具足的學問體系，甚有宋儒遺風。宋學從理學先驅胡安定（瑗，993～1059）始，即以「明體達用」之學著稱於世；而理學的典範人物程明道，不僅心性之學精微，亦極留心於時務；〔註99〕集理學大成的朱子，學問體系更是致廣大而盡精微。從敬軒的爲學規模看來，說他能完整承繼宋儒開闊的治學精神，與體用本末分明的治學次第，應不爲過。今之研究者有的只看到敬軒重視道德修養、躬行踐履的一面，就認爲他無法承繼程朱之學的博學精神；〔註100〕又有的只看到敬軒讀書廣泛、且對各種書籍抱持著開放精神的一面，便認爲他很難稱爲純儒。〔註101〕這些評論皆不免落於一偏，未有當於敬軒思想的本來面目。

〔註97〕同上註，頁 1584。

〔註98〕同上註，頁 1597。

〔註99〕張橫渠曾稱歎明道曰：「救世之志甚誠切，亦於今日天下之事儘記得熟。」宋・程顥、程頤：《二程集・河南程氏遺書》（北京：中華書局，2004 年 2 月）卷10，頁 115。以下簡稱《二程集・遺書》。

〔註100〕如容肇祖先生認爲敬軒把朱子的持敬與窮理歸併爲「復性」，而喪失了博學致知的精神，是程朱思想的「退化」。參見氏著：《明代思想史》（台北：開明書局，1982 年）頁 13～18。

〔註101〕參見祝平次：《朱子學與明初理學的發展》，頁 139。

第三節　治學理念與終極關懷

透過上節的學脈追溯，已對敬軒的學問宗主與規模有一初步的認識。本節將進一步討論他的治學理念與終極關懷，以求更深刻地彰顯其學問的總體風格。

一、爲學態度：面向生命本身

上文曾經說過，敬軒標舉許魯齋做爲朱學傳人，極爲關鍵的著眼點即在於魯齋「不爲浮靡無益之言」的篤實踐履之風，而這一點，同時也是敬軒畢生治學的核心理念。敬軒對此理念的凸顯與強調，實與朱門後學日漸喪失理學的原初精神有關。元儒吳草廬曾論朱門流弊道：

> 夫既以世儒記誦辭章爲俗學矣，而其爲學，亦未離乎言語文字之末，
> 此則嘉定（按：嘉定爲宋寧宗之年號，1208～1224）以後，朱門末
> 學之弊，而未有能救之者也。〔註102〕

程朱理學對於經典所持的態度，大抵是「我不離經，經不離我」；而陸王心學則偏向「我即是經，經即是我」。前者對經典知識的重視雖強於後者，但畢竟都將重點放在自我生命與經典的交融上。此與世儒辭章記誦之學的「經是經，我是我」，有著根本上的不同。然而自宋理宗淳祐元年（1241），朝廷以周、張、二程、朱子祀孔廟，伊洛之學正式成爲官方學術以來，朱子思想的影響力固然日益擴大，然而「知識性的傳播」卻遠大於「實踐性的傳播」（詳本文第六章第三節），遂有草廬「未離乎言語文字之末」的批評。而敬軒所處的明初，程朱著述已是科舉考試的範本，思想精神偏離本旨的情況不免更爲嚴重。這大抵可從「口耳之學」、「支離之學」、「功利之學」這三方面來檢討：

（一）口耳之學

所謂口耳之學，即是入乎耳而出乎口，未曾經過自心涵泳體會的空虛學問。對於時儒此弊，敬軒批評道：

> 今之學者有開口即論太極者，不知果識否？不然，吾恐徒得其名，
> 而不得其所以名也。〔註103〕

〔註102〕〈尊德性道問學齋記〉，《吳文正集》（台北：台灣商務印書館，1983 年，景印文淵閣四庫全書，第 1197 冊）卷 40，頁 421～422。

〔註103〕《薛瑄全集・讀書錄》卷 3，頁 1097。

將聖賢言語作一場話説，學者之通患。〔註104〕

讀聖賢之書，句句字字見有的實用處，方爲實學；若徒取以爲口耳文詞之資，非實學也。〔註105〕

讀書當因其言以求其所言之實理於吾身心，可也；不然，則滯於言語而不能有以自覺矣。〔註106〕

上述所說「得其所以名」、「句句字字見有的實用處」、「求其所言之實理於吾身心」，都揭示出學問不離生命的爲學態度。蓋朱子編輯周、張、二程之語爲《近思錄》以便學者，既名之爲「近思」，又豈欲學者徒務空虛邈遠之談？敬軒言：「學須切問近思，方可見道不遠人。」〔註107〕可謂善繼朱子之志矣！

（二）支離之學

朱子重讀書博學、註解經典的學風，知識性格本較強，故生前已啓象山「易簡工夫終久大，支離事業竟浮沈」〔註108〕之譏。此風至後學而愈形支離瑣碎，註解愈轉愈繁，而終遠離了身心性命之學。敬軒云：

支流多則迷本源，雜說多則亂本旨。今五經、四書傳註之外，增錄後儒之說日益多，學者至白首不能遍讀，吾恐本源本旨迷而亂也。〔註109〕

各經、四書註脚之註脚太繁多。竊謂不若專讀各經、四書正文、傳、註，熟之又熟，以待自得之可也。小註脚太繁多，不惟有與經註矛盾處，亦以起學者望洋之歎。〔註110〕

敬軒很清楚一味的博學廣識，未必眞有益於對經書之本源、本旨的把握，若欲自得於心、實有諸己，還需返歸個人的眞實生命，所以他說：

讀書不體貼向自家身心上做工夫，雖盡讀古今天下之書，猶無益也。〔註111〕

〔註104〕《薛瑄全集·讀書錄》卷2，頁1055。
〔註105〕《薛瑄全集·讀書續錄》卷3，頁1364。
〔註106〕《薛瑄全集·讀書錄》卷1，頁1031。
〔註107〕《薛瑄全集·讀書錄》卷11，頁1275。
〔註108〕清·黃宗羲、全祖望等：《宋元學案》（杭州：浙江古籍出版社，1985年，《黃宗羲全集》本）卷57〈梭山復齋學案〉，頁262。
〔註109〕《薛瑄全集·讀書錄》卷5，頁1416。
〔註110〕《薛瑄全集·讀書錄》卷4，頁1123。
〔註111〕《薛瑄全集·讀書錄》卷2，頁1055。

理學本爲刊落漢唐章句注疏之繁，發明爲人爲學之要而興。敬軒此言，正可
說是對此一宗旨的重新宣示。

（三）功利之學

相較於口耳、支離之學，敬軒對於時儒將聖賢典籍當做利祿之階、晉身
之具的偏差最爲感慨。他斥責道：

> 科目進身者有一第之後，四書本經悉置而不觀，則身心事業從可知
> 矣！〔註112〕

> 朱子註四書，明聖賢之道，正欲學者務爲己之學。後世皆藉此以爲
> 進身之階梯，夫豈朱子註書之初意哉？〔註113〕

> 學舉業者，讀諸般經書只安排作時文材料用，於己全無干涉。故其
> 一時所資以進身者，皆古人之糟粕；終身所得以行事者，皆生來之
> 氣習。誠所謂書自書、我自我，與不學者何以異？〔註114〕

見到畢生所最尊崇的學問被時人輕忽淺化至此，敬軒心中的沈痛可知。然而
相較而言，敬軒對當時學風的這些批判還比較婉轉；到了陽明「拔功利之本、
塞功利之源」的〈拔本塞源論〉〔註115〕，語氣之激進則又倍之。蓋敬軒與陽
明雖一人尊崇朱學、一人批判朱學，其力反功利俗學以還聖賢學問眞貌的苦
心，卻是先後相映的。

綜合以上三點觀之，敬軒的爲學重點就很明顯了，在他的體認之中，承
繼聖賢道統學脈的朱子之學，其原貌絕非讀朱子之書、道朱子之言的時儒所
展現的口耳、支離與功利之習。時儒雖無不學朱子，卻並不能得其眞精神，
亦不能依循朱子乃至宋代理學家篤實涵養的工夫進路，上探聖賢之道。因此
敬軒之自學與教人，乃特別強調以躬行實踐的態度來顯發經典之實義，在這
之中，經典注疏所扮演的只是引導者的角色，學者的眞正目標應放在探求生
命的至理，而不應只拘泥於書本上的文字知識。正所謂：「經書，形而下之
器也；其理，形而上之道也。滯於言詞之間，而不會於言詞之表者，章句之
徒也。」〔註116〕又說：「直是要求實理，實理之名雖在書，而實理之理則在

〔註112〕《薛瑄全集‧讀書錄》卷2，頁1049。
〔註113〕《薛瑄全集‧讀書錄》卷8，頁1227。
〔註114〕《薛瑄全集‧讀書錄》卷1，頁1040。
〔註115〕詳見明‧王守仁：〈答顧東橋書〉，《王陽明全集》（上海：上海古籍出版
社，2006年4月）卷2，頁53～57。
〔註116〕《薛瑄全集‧讀書錄》卷1，頁1025。

理。」〔註117〕這種不廢經書卻又不泥於經書，必以實理的開顯爲第一要義，力圖扭轉時儒之陷溺的爲學態度，可說是一種「面向生命本身」的爲學態度。進一步說，對敬軒而言，應該被修正的對象絕非朱子之學，而是空洞化、庸俗化了朱子之學的俗儒習氣。也因此，他始終抱持著「篤志講明正學而無怠」〔註118〕的使命感，相信透過躬行實踐，便能「神而明之」〔註119〕地使聖賢之道重新展現出固有的生命力。於是乎「面向生命本身」，便不僅僅是他個人的爲學態度，也同時成了他承繼程朱道統的時代使命。

二、讀書筆記：生命實踐的眞實記錄

由於敬軒抱持著「面向生命本身」的爲學態度，因此他雖然承繼朱子體用本末兼備的爲學規模，卻並不認爲應當仿效朱子在知識學問上做大量的開展；恰恰相反，正因性理之學日漸湮沒於支離注疏之中，故反躬實踐方爲當務之急。他曾言：「自考亭以還斯道已大明，無煩著作，直須躬行耳。」〔註120〕又說：「爲學不在多言，亦顧力行何如耳」〔註121〕這不僅道出了他對朱子的尊信，也說明了他不再如朱子般從事於知識性的著述工作的原因。敬軒有關現實政治事務的「用世之學」，今已無文獻依據；〔註122〕在其少數流傳的著作中，最重要者厥爲《讀書錄》與《讀書續錄》。關於這兩本讀書筆記的性質，可以從敬軒《讀書續錄》的自序中看出：

> 往年因讀張子「心中有所開，即便箚記，不思則還塞之矣」之言，遂於讀書心中有所開時，隨即箚記。有一條一、二句者，有一條三、五句者，有一條數十句者，積二十餘年乃成一集，名曰《讀書錄》，蓋以備不思還塞如張子所云者。近年又於讀書時日記所得者，積久復成一集，名曰《讀書續錄》，但有得即錄，不覺重複者多，欲皆刪

〔註117〕《薛瑄全集・讀書錄》卷4，頁1110。

〔註118〕〈平陽府儒學重修記〉，《薛瑄全集・文集》卷19，頁854。此本敬軒用以勉勵後學之語，亦可看做是他的夫子自道。

〔註119〕敬軒云：「書能神而明之，則活潑潑地。」（《薛瑄全集・讀書續錄》卷5，頁1416）又云：「凡聖賢之書，無非度天下之理。必神而明之，則人與理爲一，不然，則書自書、人自人耳！」（《薛瑄全集・讀書續錄》卷1，頁1303）

〔註120〕清・張廷玉：《明史》（北京：中華書局，1974年）卷282〈列傳第一百七十〉，頁7230。

〔註121〕《薛瑄全集・讀書錄》卷2，頁1056。

〔註122〕《薛瑄全集・年譜》載：「先生平日削所奏疏稿，皆不存。」頁1729。敬軒何以不保留任何奏疏稿？是值得玩味的問題，但在有相關證據之前，亦無從推斷。

去，而意謂既亦以備不思還塞，則辭雖重複，亦可爲屢省之助云。

河東薛瑄謹識。〔註123〕

從這段文字我們可以掌握兩個重點。其一、既是「心有所開」方札記，可見書中所論皆從日用體驗而來，而「積二十餘年乃成一集」，更可證明這些文字並非博考泛覽中隨手抄錄的筆記，而必是遵照朱子所說的「緩視微吟、虛心涵泳，切己省察」〔註124〕的讀書法，日積月累而得。否則也不致費時如是之久始集成一書了。其二、從「但有得即錄，不覺重複者多」一語，可知其書中不斷重複的思想觀念，正是其畢生學問的用力處與得力處，值得研究者特別重視。

據上可知，《讀書錄》與《讀書續錄》並非知識性質的筆記，而是體驗性質的筆記，梨洲謂其「蓋惟體驗身心，非欲成書也。」〔註125〕確爲事實。敬軒曾言：「聖人作經，皆寫其身心之實耳。使非寫其身心之實，則人作一書，皆可謂之經矣。」〔註126〕他自己的讀書二錄固然非經，但「寫其身心之實」這樣的的描述，同樣可以用在二錄之上，〔註127〕更明白地說，此二書實爲敬軒「生命實踐的眞實記錄」。這與同爲明初大儒的吳康齋所著的《日錄》，在性質上頗爲相似，而與清代儒者的學術筆記迥異。然若細辨之，敬軒二錄與康齋之錄又微有不同，後者的內容大抵皆爲康齋個人日常生活的感受、體會之描寫，正所謂「《日錄》爲一人之史，皆自言己事」〔註128〕；而敬軒二錄，則緊扣著宋儒的學問體統，而欲以自身體驗發明之。換句話說，康齋《日錄》重在反求己心日用所得；敬軒《讀書錄》則重在印證宋儒思想，有承繼學脈之志。相較起來，康齋顯然較敬軒富於心學的自由色彩，而敬軒則較諸康齋

〔註123〕《薛瑄全集·讀書續錄》卷1，頁1283。

〔註124〕朱子云：「學者讀書，須要斂身正坐，緩視微吟，虛心涵泳，切己省察。」又云：「讀一句書，須體察這一句，我將來甚處用得。」又云：「文字是底固當看，不是底也當看：精底固當看，粗底也當看。」見《朱子語類》卷11，頁179。

〔註125〕《明儒學案》卷7〈河東學案上〉，頁121。

〔註126〕《薛瑄全集·讀書錄》卷1，頁1028。

〔註127〕明末東林學者顧涇陽（憲成，1550～1612）即曾言：「薛文清《讀書錄》似乎句句是現成的，不曾使自家些子意思；只句句從躬行心得中拈出來，便句句是文清的。」清儒熊敬修（賜履，1635～1709）亦謂敬軒二錄「都從心髓中流出，都從更嘗閱歷中來。」其說皆不虛。分見《明儒言行錄》卷2，頁135；以及清·熊賜履：《學統》（台北：廣文書局，1975年）卷30，頁508。

〔註128〕參見《明儒學案》卷1〈崇仁學案一〉，頁5。

更欲全面性地承繼宋代理學的思想體系。這一點從〈薛文清公年譜〉敘述敬軒用功過程的一段文字中，可進一步得到印證：

> 日夕精研理學，寤寐聖賢，手錄《性理大全》，潛心玩誦，夜分乃罷。深冬盛寒，雪飄盈几，唔咿不輟。或思有所得，即起燃燈記之；或通宵不寐，味而樂之，有不知手足之舞蹈者。遂積為《讀書錄》。〔註 129〕

《性理大全》為胡廣等人於明成祖永樂年間奉敕編纂，以朱子所建立的理學道統為本，廣泛裒集兩宋理學家之著述、語錄而成書。〔註 130〕敬軒日夕手錄此書而體之於身心，不偏於一家之言，則其上接朱子乃至北宋理學之志亦可知矣！

本於切實篤行的理念，敬軒平日甚反對人放言高論、信口虛談，他說：

> 知道則言自簡，是何也？以非道不敢言也。

> 謹言是為學第一工夫，能謹言，則句句是實理，不能謹言，則句句是虛談。言是實理，則能實其行矣；言是虛談，則必不能踐其言矣。

> 信口亂談妄道，真猶病風狂而不自覺也。〔註 131〕

由這些務實的言論益可知，讀書二錄的文字，無一不是其自身經歷存養之功而體認親切者，影響之談、蹈虛之論，敬軒斷不肯言。他自認為這樣的治學理念亦本自程朱，所謂「立言不在乎艱深奇古，貴乎明理而已。如程朱之言，平易簡質而理自明矣。」〔註 132〕這「平易簡直」四字，實可做為讀書二錄之風格的最佳註腳。雖然二錄因出自隨手札記，看似無一定的系統性與連貫性，但由於筆記的分量不少，苟能逐條體會之，也未嘗不能看出隱藏於其中的完整脈絡。此則有待研究者之自明了。

〔註 129〕《薛瑄全集・年譜》，頁 1708。
〔註 130〕《四庫提要》載：「廣等所採宋儒之說，凡一百二十家，其中自為卷帙者，為周子《太極圖說》一卷，《通書》二卷，張子《西銘》一卷，《正蒙》二卷，邵子《皇極經世書》七卷，朱子《易學啟蒙》四卷，《家禮》四卷，蔡元定《律呂新書》二卷，蔡沈《洪範皇極內篇》二卷，共二十六卷。自二十七卷以下，捃拾群言，分為十三目：曰『理氣』，曰『鬼神』，曰『性理』，曰『道統』，曰『聖賢』，曰『諸儒』，曰『學』，曰『諸子』，曰『歷代』，曰『君道』，曰『治道』，曰『詩』，曰『文』。」可見此書內容之大要。參見《四庫全書總目》（北京：中華書局，2003 年 8 月）卷 93〈子部三〉，頁 790。
〔註 131〕以上二則皆出《薛瑄全集・讀書續錄》卷 2，頁 1335。
〔註 132〕《薛瑄全集・讀書續錄》卷 4，頁 1396。

三、終極關懷：知性與復性

宋明理學作為一種生命之學或宗教性哲學，對於生命的終極真實，始終抱有深切的關懷，薛敬軒的思想亦不例外。蓋敬軒既認為自己承繼的是孔、孟、程、朱的道統，我們不妨循此學脈，一窺其人其學的終極關懷。

孔子曰：「君子喻於義，小人喻於利。」（《論語‧里仁》）又曰：「飯疏食、飲水，曲肱而枕之，樂亦在其中矣！不義而富且貴，於我如浮雲。」（《論語‧述而》）富貴，本是大多數的世間人汲汲一生之所追求，孔子則視富貴名利的追求如浮雲，而重視超乎其外的倫理價值（義）。他雖曾說「富而可求也，雖執鞭之士，吾亦為之」，但這段話只是個引子，重點在帶出「如不可求，從吾所好」（《論語‧述而》）。在孔子看來，富貴終究不可必得，即使得之亦只如過眼雲煙，生命的目標應該放在普遍恆久、反求即至的事物上，所謂「我欲仁，斯仁至矣！」（《論語‧述而》）仁與義之價值，正是孔子之所好、之所樂。到了孟子，進一步闡述此意云：

> 「求則得之，舍則失之」，是求有益於得也，求在我者也。「求之有道，得之有命」，是求無益於得也，求在外者也。（《孟子‧盡心上》）

富貴名利的世俗追求，都是求在外者，都是求之無益於得者。這與孔子的浮雲之喻相同，皆顯示出儒家的一種超世精神。那麼何者才是「求則得之」者呢？孟子曰：

> 廣土眾民，君子欲之，所樂不存焉。中天下而立，定四海之民，君子樂之，所性不存焉。……君子所性，仁義禮智根於心。雖大行不加焉，雖窮居不損焉，分定故也。（《孟子‧盡心上》）

廣土眾民代表著權力與財富，人皆欲之，而君子不樂於此；平定天下的外王理想，雖是君子之所樂，然而這一理想仍有待於天命、時勢等外在條件，連堯、舜都未必做得到，〔註133〕自然也不是求之必可得者；只有根植於心、本分具足的仁義禮智之性，才是一個儒者生命的最終安住處。孟子把孔子所講的仁義禮智等價值追求，皆收歸在既超越又內在的「性」之中，在其「性善」

〔註133〕這可從《論語》以下兩段對話中看出：
> 子貢曰：「如有博施於民而能濟眾，何如？可謂仁乎？」子曰：「何事於仁，必也聖乎！堯、舜其猶病諸！夫仁者，己欲立而立人，己欲達而達人。能近取譬，可謂仁之方也已。」（《論語‧雍也》）
> 子路問君子。子曰：「修己以敬。」曰：「如斯而已乎？」曰：「修己以安人。」曰：「如斯而已乎？」曰：「修己以安百姓。修己以安百姓，堯、舜其猶病諸！」（《論語‧憲問》）

說的發揮下，儒家的終極關懷更加明朗地被揭示出來。

而自周濂溪教導二程超越漢唐經學以尋「孔顏樂處」〔註134〕，直接反省儒學的核心精神以來，宋明理學家對於孔孟的終極關懷皆有著深切的把握。明道提出「天理」以表顯最高價值，伊川則直言「性即理」，將此「天理」上接於孟子所說的至善之「性」。而朱子更說：「看得道理熟後，只除了這道理是眞實法外，見世間萬事，顛倒迷妄，耽嗜戀著，無一不是戲劇，眞不堪著眼也。」〔註135〕這無疑是將「理」做爲一種超越在世間萬般追求之上的終極眞實。敬軒在上述這些思想的基礎上說：

> 自古以來，汲汲於外物之求者，併與外物漠然無存矣！外物果何益哉？〔註136〕

> 天地萬物皆虛，惟理最實。〔註137〕

> 朱子曰：「知其性分之所固有，職分之所當爲，而各俛焉，以盡其力。」千古聖賢之學，只是學於此而已，舍此皆是俗學。〔註138〕

> 爲學只是要知性、復性而已。朱子所謂「知其性之所有而全之」也。
> 〔註139〕

敬軒徹底看透貫徹宇宙人生的唯一眞實只是此理此性，於是「知性」、「復性」乃成爲其爲人爲學的終極關懷，一切的學問與事功，都不離開對「性」或「理」的追求，也即不離開生命的向上超越、復歸本然，正所謂「學以復性爲本，言以明性爲先」〔註140〕也。

余英時先生《朱熹的歷史世界》一書，從政治文化的角度切入，將理學家重新放入當時的歷史脈絡中，提出了對於理學思想之建構與發展的新解讀。他說：

> 理學家上承宋初儒學的主流，要求改變現實，重建一個合理的人間
> 秩序；整頓「治道」則構成了秩序重建的始點……我並不否認理學

〔註134〕明道云：「昔受學於周茂叔，每令尋顏子、仲尼樂處，所樂何事。」《二程集·遺書》卷2上，頁16。
〔註135〕《語類》卷8，頁147。
〔註136〕《薛瑄全集·讀書續錄》卷1，頁1292。
〔註137〕《薛瑄全集·讀書錄》卷10，頁1263。
〔註138〕《薛瑄全集·讀書續錄》卷1，頁1299～1300。
〔註139〕《薛瑄全集·讀書續錄》卷2，頁1334。
〔註140〕語出敬軒高弟閻禹錫所作〈薛文清讀書錄序〉，收入《薛瑄全集·讀書錄讀書續錄·附錄一》，頁1498。

家曾認真探求原始經典的「本義」，以期「上接孔、孟」，我也不否認他們曾同樣認真地試建形上系統。但分析到最後，無論「上接孔、孟」，或形上系統都不是理學家追求的終點，二者同是為秩序重建這一終極目的服務的。前者為這一秩序所提供的是經典根據，後者則是超越而永恆的保證。一言以蔽之，「上接孔、孟」和建立形上世界雖然重要，但在整個理學系統中卻祇能居於第二序（second order）的位置；第一序的身分仍非秩序重建莫屬。〔註141〕

余先生以「重建合理的人間秩序」做為理學家為學的終極目的，彌補了純粹從哲學思辯的角度出發的理學研究之不足，其苦心孤詣值得讚佩。然而對理學家人生目標的闡述，或許還可商榷。蓋理學家所欲學習的最高典範是孔子，而孔子自言平生之志乃是「老者安之，朋友信之，少者懷之」（《論語·公冶長》），亦確實表現出一種重建人間秩序的宏願，此點確無可疑；但是深一層來看，先秦的諸子百家，其著書立說的終極目的，又何嘗不是懷抱著救世的熱誠，想要建立起各自心目中的政治社會秩序？那麼，理學家心目中的孔子，其所以殊勝於諸子百家之處為何？即以儒家本身而言，被理學家視為孔子傳人的孟子，其所以殊勝於同樣想要「建立人間秩序」的荀子之處又為何？對理學家而言，答案恐怕在於是否掌握了「道」。孔子講「志於道」（《論語·述而》）、「朝聞道夕死可矣」（《論語·里仁》）；孟子講「禹、稷、顏回同道」（《孟子·離婁下》）「得志與民由之，不得志，獨行其道」（《孟子·滕文公下》），其所謂「道」，當然不是一個抽象思辯的形上本體，不僅包含理想的現實秩序，更包含著對天命的信仰與對人生的洞見，是一種關乎全生命的智慧，深意無窮。於是，在理學家的為學過程中，「探求經典本義」便非文獻考證意義的探求；「建立形上世界」也非邏輯思辯意義的建立，他們從事這些經典探求與理論建構的終極目的，與其說是對現實秩序的改變與安排，更本源且深層地說，應在於「追求生命意義與世間價值的根本解答」，簡而言之，即是「求道」。〔註142〕一切遠離於求道自覺的經典講說，只是玩

〔註141〕 氏著：《朱熹的歷史世界》上冊，頁251。

〔註142〕 朱子曾屢次引用佛家的「一大事」之說，解釋儒家聖人著書立說皆是為了彰明亙古長存的大道。他說：「佛經云：『我佛為一大事因緣出現於世。』聖人亦是為一大事出現於世。上至天，下至地，中間是人。塞於兩間者，無非此理。須是聖人出來，左提右挈，原始要終，無非欲人有以全此理，而不失其本然之性。」（《語類》卷13，頁231）「佛家說，『為此一大事因緣出見於世』，

物喪志；一切遠離於求道自覺的形上玄言，只是簸弄精神；一切遠離於求道自覺的秩序重建，只是功利俗學。這就是理學之所以又名爲「道學」的原因。敬軒即曾言：

> 道從天出，是有本之學。文章俗學所以淺者，由不知大本大原自天
> 出而賦於人物，故雖博極群書、識達古今、馳騁文章、建立事功，
> 終爲無本原而淺。故君子貴乎知道。〔註143〕

由此可知，「知道」、「求道」，才是理學家學問系統中名副其實的「第一序」，無論是上探經典本義或提出形上系統，都是爲此終極目的而服務。而道既是參前倚衡、不可須臾離的終極價值；得君行道以建立秩序，並使此道在現實世界普遍地得到實現，當然也是理學家的願望，故敬軒言：「道學、治道不可歧而爲二，道學正所以推而爲治道。」〔註144〕但話又說回來，得君與不得君、治平與不治平，畢竟自有天命，並不全然是「求在我者」，故又言：

> 古來治亂盛衰，固有因人事得失所致，然所以或生賢哲而人事修，
> 或生昏暴而人道乖，亦莫非氣運之自然，有非人力所能與也。〔註145〕

正因理學家所思考的不只是人間秩序，尚有一套天命思維貫徹在其中，所以政治理想只是理學家推行至道的一個通孔，而不會是形塑其理學思想的主因。在理學家全生命的實踐中，政治文化活動也只是其中的一個層次，不僅很難躍升爲終極目的，更無法說其理學思想的提出，都是爲此目的而服務。〔註146〕朱子在他所編纂的十四卷《近思錄》中，不避高虛之譏，將「道體」

此亦是聖人一大事也。千言萬語，只是說這箇道理。若還一日不扶持，便倒了。聖人只是常欲扶持這箇道理，教他撐天柱地。」（《語類》卷17，頁379）「佛氏云：『如來爲一大事因緣故出現於世。』某嘗說，古之諸聖人亦是爲此一大事也。前聖後聖，心心一符，如印記相合，無纖毫不似處。」（《語類》卷18，頁410～411）由這些話語都可以看出朱子具有近乎宗教的情操與信仰，若僅以重建政治社會秩序的角度來說明朱子的終極關懷，實難深刻地揭露古人之心跡。

〔註143〕《薛瑄全集·讀書續錄》卷9，頁1466。
〔註144〕《薛瑄全集·讀書續錄》卷4，頁1399。
〔註145〕《薛瑄全集·讀書錄》卷2，頁1064。
〔註146〕傅偉勳先生曾提出「生命十大層面與價值取向模型」，包括了：(1)身體活動層面(2)心理活動層面(3)政治社會層面(4)歷史文化層面(5)知性探索層面(6)美感經驗層面(7)人倫道德層面(8)實存主體層面(9)終極關懷層面(10)終極眞實層面。參見氏著：《生命的學問與學問的生命》，頁261~281。我們可以不全然贊同這樣的分法，但是它能提供我們較全面的生命思考。就此模型而言，宗教感強烈、志於探求宇宙人生第一義的理學家，

提至一切內聖外王工夫之前，列爲首卷，即無異於宣示了道學以此爲終極關懷的宗旨。〔註147〕薛敬軒，正是深明箇中要義，而能辨清「道學」與「俗學」之別的朱學繼承者。

第四節　小　結

　　薛敬軒在淳篤樸實的家風中成長，受父祖身教與言教的薰陶，自幼即養成莊簡持重的性格，以及希慕聖賢的志向。他信而好古，自聞宋儒性理之學以來，即發憤爲學、一意向道，終食之間，未肯稍懈，不論自修或教人，立朝或在野，皆隨時隨地克盡己分、無愧己心。在他的切身體會中，「濂、洛、關、閩諸儒之書，皆根據至理，而切於人生日用之實。」〔註148〕因此在學脈的傳承上，敬軒尊信周、張、程、朱一貫直下的道統，以師法朱子而綜羅北宋理學爲己任，尤重《易》、《庸》、《太極圖說》、《西銘》諸書，而悉以朱子之詮釋爲理解依據，他讀書範圍的廣博，爲學規模上的體用本末兼備，悉皆本自朱子。而對於元儒許魯齋的務敦實行、挽救文弊，他亦極力推崇，以爲最能發揚朱學的原初精神。此外，敬軒面對明初學子口耳相襲、支離瑣碎、急功近利等惡習，力主反歸自家身心以求實理，也因秉持此種「面向生命本身」的爲學態度，他不欲在知識層面上建構開展，而希望藉由生命實踐來體現理學的光輝與價值。而對於孔孟以至程朱思想中以「求道」爲第一優位的終極關懷，敬軒亦能夠精確把握，並以「知性」、「復性」之說承接此意，令「道學」不同於「俗學」的殊勝處得到了表彰與顯揚。

　　薛敬軒德行踐履上的醇厚篤實，雖爲古今學者之所欽敬；但由於其學問系統師法朱子，許多研究者遂因此對其思想較爲輕忽，以爲僅是宋儒理論的

　　　其生命實踐的最終指歸，未必僅限於政治社會、歷史文化等層面，而可能指向最後的幾層。

〔註147〕與朱子合編此書的呂東萊（祖謙，1137～1181）在《近思錄》的序文中云：「《近思錄》既成，或疑首卷陰陽變化性命之說，大抵非始學者之事。祖謙竊嘗與聞次緝之意：後出晚進於義理之本原，雖未容驟語，苟茫然不識其梗概，則亦何所底止？列之篇端，特使之知其名義，有所向望而已。」其實東萊自己本亦懷疑「道體」非始學之事，不應置於卷首，然朱子則認爲此乃「義理之本原」，亦爲一切學問之「底止」，故堅持列於篇端。由此觀之，何者爲朱子之終極關懷亦已明矣！引文見古清美註譯：《近思錄今註今譯・原序》（台北：台灣商務印書館，2000年5月），頁9。

〔註148〕《薛瑄全集・讀書續錄》卷4，頁1391。

再現而已。然而古代的求道者並非如現今的學術專家般以知識的大量產出爲治學目標；恰恰相反，道的追求與實踐，相對於新概念、新宗旨等理論的創新而言，在其人心目中永遠保有優位性。換句話說，理論的創新，是當求道之路發生阻塞時所不得不爲之事，若是既有的經籍與詮釋能夠充分地助成或滿足此一求道活動時，就沒有另立新說的必要性。在敬軒看來，周、張、程、朱已將聖學的義蘊做了精切且系統性的闡發，而時儒卻往往陷於支離之蔽或利欲之誘，對於先儒所接麇的求道路徑罕能契入，於是其爲學重點，乃落在對宋代理學的通盤承繼、準確理解與親體力行上。因此，對宋儒理論的再現，在敬軒而言就不是人云亦云、口耳相習之事，而是其人重要的生命課題與時代使命。敬軒說：「天地不以萬物已生而不生，聖賢不以往哲已言而不言。」〔註149〕天地生物無有止息，哲人對於眞理的開闡亦應無有止息。天地之生化萬物，每一物雖同樣稟賦著生生之理，卻都是獨一無二的新生命。同理，哲人之開闡眞理，雖於先儒無所違背，卻無礙於從其個人的生命體驗中流出，而亦具有獨一無二的新生命。唯有掌握住此點，我們才能正視薛敬軒思想的價值，不會因「恪守宋人矩矱」一語便草草略過。

〔註149〕《薛瑄全集・讀書錄》卷6，頁1181。

第三章　薛敬軒的天道論

　　北宋理學家如濂溪、橫渠、康節等人，皆頗致力於天道論的闡發，而朱子則在前儒基礎上提出完整的「理氣論」架構，做為全面解釋宇宙人生之道的重要理論依據。朱子又表彰濂溪之學，以其《太極圖說》中的「太極」言理，而以「陰陽」言氣，故太極與陰陽在朱子系統中遂成為理、氣之別名。薛敬軒的天道思想，大體承繼朱子的理氣論而來，亦以太極為「性理之尊號」〔註1〕，且從上章的討論中可知，敬軒於宋儒性理著述中，特重《太極圖說》，故讀書二錄之中論及太極與陰陽之處不勝枚舉，其凡言及太極與陰陽者，皆與理、氣同義，以下不再別做說明。本章分為「基本論述」、「理氣關係」、「理一分殊」、「體用顯微」四節，詳細分析敬軒的天道思想，藉以此看出他對朱子學的補充與貢獻。

第一節　基本論述

　　本節將首先闡明敬軒天道論中的兩個關鍵概念：「理」與「氣」。

一、理的定義

　　敬軒對於理的定義，從以下一段文字可以很清楚的看出來：

> 天地之間，物各有理。理者，其中脈絡條理合當是如此者是也。大而天之所以健而不息，地之所以順而有常，皆理之合當如此也。若天有息而地不寧，即非天地合當之理矣。以萬物觀之，如花木之生，

〔註1〕《薛瑄全集・讀書續錄》卷1，頁1290。

> 春夏秋冬之各有其時，青黃赤白之各有其色，萬古常然不易，此花
> 木合當之理也。……以人言之，自一心之所存，以至一身之所具，
> 皆有降衷秉彝之性而不可易者，乃合當如是之理也。〔註2〕

天地間的萬事萬物，在深具天道信仰的敬軒看來，都有個「合當如是」的脈
絡條理，包括天地的變化、四時的遞嬗、花木的枯榮，無不具有自然恰好的
運作節度，而人做為此宇宙大生命的一員，也同樣有個不可易的「降衷秉彝
之性」。因此所謂理，就是普遍貫徹在天人萬物之中的恰好條理，也可說是天
人萬物「本然順適的存在方式」。今人所區分的「人文之理」與「自然之理」，
在古人這種特殊的視域下皆統一於「天命化育之理」中，不相衝突。敬軒云：

> 元、亨、利、貞、仁、義、禮、知，只八箇字包括盡天地萬物之理，
> 其旨深矣！〔註3〕

> 元來只一理貫徹天地萬物，分之不為少，合之不為多也。〔註4〕

元、亨、利、貞代表天地運化之道，仁、義、禮、智代表人心應事之則，析
而言之可有此八者，合而言之便只是一理之貫徹。所以敬軒又云：

> 理極難說，大抵神妙不測，不問遠近、幽深、大小、精粗，無乎不
> 在。〔註5〕

蓋理學家之所謂理，本非形式化的道德教條，必須透過生命的體貼印證，因
此「極難說」。對於敬軒而言，理雖極難說，卻又極具體、極親切而遍在萬物，
在聖人身上尤其可以看出，他說：

> 朱子曰：「聖人，太極之全體。一動一靜無適而非中正仁義之極。」
> 蓋太極動而為中與仁，靜而為正與義，即太極之全體也。〔註6〕

> 顏子仰彌高、鑽彌堅、在前在後，皆指此理而言。……理者何？即
> 天命之性具於聖人之心，率性之道由於聖人之身者也。〔註7〕

聖人是將前述所說的「降衷秉彝之性」發揮到極致者，因此做為生命之本然
狀態的太極之理，在聖人的動靜語默上，便展現為一種實然的生命境界，是
眾人所效法的典範。

〔註2〕《薛瑄全集・讀書錄》卷1，頁1022。
〔註3〕《薛瑄全集・讀書續錄》卷3，頁1368。
〔註4〕《薛瑄全集・讀書錄》卷1，頁1030。
〔註5〕《薛瑄全集・讀書錄》卷4，頁1130。
〔註6〕《薛瑄全集・讀書續錄》卷1，頁1295。
〔註7〕《薛瑄全集・讀書錄》卷6，頁1169。

敬軒這種看待理的方式，自是本於宋儒，而宋儒這種觀念，又可上溯於先秦儒學循環周流的時序性思維。孔子主張治國者應「使民以時」（《論語‧學而》）；孟子主張「斧斤以時入山林」（《孟子‧梁惠王上》），又以「聖之時者」（《孟子‧萬章下》）讚歎孔子；《中庸》言「君子之中庸也，君子而時中」；《易傳》則謂「時止則止，時行則行，動靜不失其時，其道光明。」（《艮卦‧象辭》）「時」的概念，在儒家思想中極為重要，人生的修養課題，就是不斷地「時習之」，在待人應事的過程中，掌握到事事物物最恰當的節度，不因私欲而忘卻之、助長之，如此乃能成就人生之美善、天地之和諧，一個儒者從始學以至於聖人，即是學此習此而已。進一步說，任何生物的生長運作皆有其一定的節律，即以人的一身而言，七情六欲若不能協調，將會導致許多生理、心理的疾病產生；推之於天地萬物無不皆然。由此可知，理學家所謂理，即是普遍貫徹於天人萬物的運行節度。敬軒言：「物之觸目觸耳者，皆活潑潑地之理」〔註8〕，正因理是「活潑潑地」，所以理學家對理的追求，其初衷乃是對「生命的動態平衡」的追求，而非死板板地去界定某些道德教條，迫人遵守。〔註9〕

二、氣的定義

早在《周易》，中國人面對宇宙萬有，就不採取二元對立、靜態分析的觀看角度，而總認為世界是動態變化、周流不斷的。《易傳》云：「《易》，窮則變，變則通，通則久。」又云：「《易》之為書也不可遠，為道也屢遷。變動不居，周流六虛，上下無常，剛柔相易，不可為典要，唯變所適。」（《周易‧繫辭下》）「氣」，這一中國哲學中極為基本且特殊的概念，便是上述這種世界觀之下的產物。

簡單來說，氣指的是「天地間變化不斷的能量」。從氣的角度看世界，萬物即是活潑流動、變化不斷的，如敬軒云：

> 氣機無須臾之止息，如雲在空中飛揚，上下浮游往來，萬起萬滅，頃刻不暫停止，亦可見其一端。〔註10〕

〔註8〕　《薛瑄全集‧讀書錄》卷8，頁1235。
〔註9〕　此點早在二程即已明示。其云：「命之曰易，便有理。（原注：一本無此七字，但云「道理皆自然。」）若安排定，則更有甚理？」見《二程集‧遺書》卷2上，頁32。此語極堪玩味。
〔註10〕　《薛瑄全集‧讀書錄》卷7，頁1188。

> 天地之化，無一息之間。如人之自少而老，物之自盛而衰，無須臾
> 之不變，但人自不察耳。〔註11〕

而萬物既是一氣之活潑流動、變化不斷，那麼就同時是互相關連、彼此感應
的。敬軒以寒暑為例云：

> 暑為感，感得寒來則寒為應；寒復為感，感得暑來則暑為應。應又
> 為感，感又為應，於是見感應之無端。

這與《易傳》所說的「日往則月來，月往則日來，日月相推而明生焉。寒往
則暑來，暑往則寒來，寒暑相推而歲成焉。往者屈也，來者信也，屈信相感
而利生焉。」（《周易‧繫辭下》）正出自同一思維。

在宋儒，論氣最詳者莫過於張橫渠，他曾以氣的屈伸感應來解釋「鬼神」
的概念，而謂：

> 物之初生，氣日至而滋息；物生既盈，氣日反而游散。至之謂神，
> 以其伸也；反之為鬼，以其歸也。〔註12〕

橫渠認為氣做為一種變化的能量，當其聚時則物生，故名為神；當其散時則
物滅，故名為鬼。朱子頗為讚嘆橫渠的鬼神論，曾言：

> 伊川謂「鬼神者，造化之迹」，卻不如橫渠所謂「二氣之良能」。……
> 程子之說固好，但渾淪在這裏。張子之說分明，便見有箇陰陽在。
>
> 〔註13〕

朱子之意是說，伊川「造化之迹」的說法雖是講天地變化的能量，但畢竟較
為籠統，橫渠「二氣之良能」一語，則將陰陽兩儀屈伸感應的能動性形容得
極為貼切，故勝於伊川。但這裡牽涉到不同思想家的理論歧異，須加以注意。
蓋橫渠之氣論與伊川、朱子並不全同，在橫渠的體系中，氣是第一義概念，
是萬物創生之源，而不在氣中另外指出個「理」。他所謂「二氣之良能」的「良」
字，已點出萬物創生的價值依據，而「能」字，則點出屈伸感應不已的創造
活動。進一步說，氣做為一種「良能」，本身就已經同時兼具了程朱思想中理
與氣的意義。依橫渠此意，若放在朱子理氣論的系統中，「鬼神」應當是一個
理氣合一的概念；而伊川所謂造化之迹，卻顯然只是形而下的氣。朱子與弟
子的一段問答可以為證：

〔註11〕 同上註。
〔註12〕 宋‧張載：《張載集‧正蒙‧動物篇第五》（台北：漢京文化，1983 年 9 月），
　　　　頁 19。
〔註13〕 《語類》卷 63，頁 1548。

（弟子）問：「『鬼神者，造化之迹也。』此莫是造化不可見，唯於
其氣之屈伸往來而見之，故曰迹？『鬼神者，二氣之良能。』此莫
是言理之自然，不待安排？」（朱子）曰：「只是如此。」〔註14〕

蓋伊川將造化之理與造化之氣迹分別說，而將鬼神歸於後者；橫渠則直接將
「理之自然」納入了氣的屈伸往來中，故鬼神便同時具有理的價值義與氣的
變化義。朱子雖較讚賞橫渠之說，但他重視區別理氣的思路實同於伊川而異
於橫渠，故其鬼神義基本仍承自伊川，較偏向以形下之氣說鬼神，試看以下
三則引文：

鬼神只是氣之屈伸，其德則天命之實理，所謂誠也。〔註15〕

鬼神主乎氣而言，只是形而下者……蓋鬼神是氣之精英。〔註16〕

問：「鬼神便只是此氣否？」曰：「又是這氣裡面神靈相似。」〔註17〕

由此可知，朱子雖謂鬼神是氣中之「精英」、「神靈」，但無論如何都屬形下，
其中含具的「天命之實理」方爲形上。而在敬軒，雖亦承繼朱子而說：「鬼神
者，天地陰陽之靈」〔註18〕，將鬼神歸屬於形而下的陰陽之氣；卻也曾明白
地指出：「鬼神是合太極、陰陽而言」〔註19〕，以理氣融貫義來詮釋鬼神的概
念，而近於橫渠原意。從這裡可以約略看出，相較於伊川、朱子之分析理氣，
敬軒更有將理與氣融貫而說的傾向。下一節將正式探討此一問題。

第二節　理氣關係

本節探討薛敬軒對理氣關係的梳理。根據其所討論的問題性質，可分爲
「理氣分合問題」、「理氣先後問題」、「氣無間斷問題」、「理之動靜問題」四
個子項目加以分析。

一、理氣分合問題

敬軒對理與氣或太極與陰陽，皆承襲朱子而加以判別，他說：

〔註14〕同上註。
〔註15〕〈答呂子約〉，《朱文公文集》卷47，總頁750。
〔註16〕《語類》卷63，頁1544。
〔註17〕《語類》卷3，頁34。
〔註18〕《薛瑄全集·讀書續錄》卷12，頁1492。
〔註19〕《薛瑄全集·讀書續錄》卷3，頁1365。

朱子曰：「天地之間只有動靜兩端循環不已，此之謂易；而其動其靜
必有所以動靜之理，乃所謂太極也。」愚竊謂人日用之間，亦只有
動靜兩端，循環不已，亦所謂易也；而其所以動靜之合乎道者，亦
所謂太極也。〔註20〕

動靜之循環，即是陰陽之氣的開闔變化，而此開闔變化的恰好處，則是所謂
太極。若說得明確些，陰陽之氣指的是「天地萬物生長變化的能量」；而太極
之理則是「此能量運作的依據與節度」。此可見陰陽與太極所指實不相同。但
敬軒又說：

太極，理也，生物之本；陰陽五行，氣也，生物之具。男女萬物皆
自此出，而理氣則渾融無間也。〔註21〕

凡可見者，皆形而下之器；其不可見者，皆形而上之道。然器即圍乎
道之中，道不離乎器之外。故曰：「道亦器也，器亦道也。」〔註22〕

太極是理、是道、是形而上者；陰陽是氣、是器、是形而下者。此分別雖然
必須明確，但是氣既然是變化不斷的能量，而理又是此能量變化的依據與節
度，那麼理與氣顯然就不是互不相入的兩個實體概念，而是渾融的生命整體。
進一步說，理與氣的關係，可以同時涵納兩層意思：其一、理既恆為氣之所
依所據，顯然與氣共為一體，故「理氣不離」；其二、理與氣之間既有後者依
據前者的關係，可見兩者亦不可混為一談，故「理氣不雜」。敬軒云：「可見
者是氣，氣之所以然便是理。理雖不離氣而獨立，亦不雜氣而無別。」〔註23〕
這正是貫串朱子理氣論的「不離不雜」說。對敬軒而言，朱子雖強調理氣之
分，卻也從未將理氣截然視為二物，兩者始終是渾合無間的。〔註24〕那麼，
敬軒之論與朱子有何不同呢？筆者以為，兩人在基本體認上固無不同，但在
言說重點上則有差異。遍覽《讀書錄》與《讀書續錄》，敬軒對於「理氣不離」
義的強調，明顯地多過「理氣不雜」義。茲略舉數條為例：

聖人言太極，就陰陽中指出此理以示人，元不曾離陰陽而言。〔註25〕

〔註20〕 《薛瑄全集‧讀書續錄》卷2，頁1351。
〔註21〕 《薛瑄全集‧讀書錄》卷3，頁1099。
〔註22〕 《薛瑄全集‧讀書錄》卷1，頁1020。
〔註23〕 《薛瑄全集‧讀書錄》卷4，頁1130。
〔註24〕 敬軒云：「朱子曰：『精粗本末無彼此也』。是理氣未嘗有間。」《薛瑄全集‧
讀書續錄》卷3，頁1363。
〔註25〕 《薛瑄全集‧讀書錄》卷4，頁1190。

陰陽之外無一物。〔註26〕

五行之質、之氣、之理，渾合無間。〔註27〕

五行之外無陰陽，陰陽之外無太極，太極之外無性與天道，精粗本
末渾然一致也。〔註28〕

敬軒之所以如此不厭其煩地發明此義，恐怕與當時朱子後學懸空談理、不切
實行的流弊有莫大的關係。宋末朱學後勁黃東發（震，1213～1280）即曾言：

文公既沒，其學雖盛行，學者乃不於其切實而獨於其高遠。講學捨
《論語》不言，而必先《大易》；説《論語》捨孝弟忠信不言，而獨
講一貫。〔註29〕

又敬軒的弟子閻禹錫在〈薛文清公讀書錄序〉中亦提到：

程子未遠，而有淫於佛、老之説；朱子未遠，而有易爲無極之論。
是蓋不待七十子喪，而大義已乖矣！〔註30〕

蓋朱子綜合北宋理學家的思想而提出理氣論，並非是爲了個人的思辯興趣，
或只爲了建立一套完整的形上學、宇宙論來對抗佛老。其終極關懷在於使學
者更透徹明白地掌握萬事萬物生成變化的現象與原理，以從事修己安人的實
踐。因此理做爲宇宙人生常然不變的最高價值，固然超越於生滅變化的氣，
但卻也隨時流行體現在形下世界中，不是一超然孤立的實體。當理一旦離開
了氣，則失去了它在現實世界中流行不斷、「不可須臾離」的特質，而成了「人
之爲道而遠人」（《禮記・中庸》）的無用教條，這與朱子思想本來的實踐導向
是相違離的。敬軒非常清楚此點，故他常說：「工夫切要，在夙夜、飲食、男
女、衣服、動靜、語默、應事接物之間，於此事事皆合天則，則道不外是矣。」
〔註31〕這就顯現出氣上見理、器中求道的思考方式，以及篤實踐履的學問風
格。由此可知，敬軒在理氣「不離不雜」二義中，特重「不離」義的顯發，
除了顯示出他較重融貫的思維習慣以外，背後亦應有其補偏救弊的一番苦心。

　　明中葉的程朱學者羅整庵（欽順，1465～1547）對於理氣論也頗有闡說，

〔註26〕《薛瑄全集・讀書錄》卷10，頁1259。

〔註27〕《薛瑄全集・讀書續錄》卷4，頁1391。

〔註28〕《薛瑄全集・讀書續錄》卷5，頁1422。

〔註29〕參見宋・黃震：〈撫州辛未冬至講義〉，《黃氏日抄》（臺北：大化書局，據日
　　　　本立命館大學圖書館藏書影印，1984年，乾隆33年刊本），卷82，總頁851。

〔註30〕參見《薛瑄全集・讀書錄讀書續錄・附錄一》，頁1494。

〔註31〕《薛瑄全集・讀書錄》卷2，頁1048。

但與敬軒不同的是，他於朱子之說不甚滿意，而力主理氣為一、不可二分，並因此批評敬軒道：

> 薛文清《讀書錄》甚有體認工夫，然亦有未合處。所云「理氣無縫隙，故曰器亦道，道亦器」，其言當矣。至於反覆證明氣有聚散，理無聚散之說，愚則不能無疑。夫一有一無，其為縫隙也大矣，安得謂之器亦道，道亦器耶？蓋文清之於理氣，亦始終認為二物，故其言未免時有窒礙也。〔註32〕

關於「氣有聚散，理無聚散」之說，在下一節會有詳細論述。此處所要討論的是，敬軒是否真如整庵所說，始終將理氣「認為二物」？蓋整庵的理氣論，最大的意圖在於說明理與氣渾一，非別為一物，其立意本甚善，就此層加以發明，不僅可以解除理氣截然為二的誤解，亦可避免此理離開具體事物而失去生命力的弊端。然而此乃朱子理氣論本有且當有之義，而除了此義以外，理與氣在程朱體系中尚有其不可相雜之處。《詩經》「天生烝民，有物有則」之語，即可做為朱子理氣論的文本依據。蓋「物」本氣之所成，其生長運行之「則」乃是理。言「則」在「物」中，不脫離「物」而獨立固可，卻不能說「則」就是「物」、「物」就是「則」，此兩者必有所分。〔註33〕所以敬軒說「舉天地萬物皆物也，天地萬物之理其則也。」〔註34〕又說「以氣中有太極，則可；以氣即太極，則不可」〔註35〕，故必堅持理氣不離不雜之說。而整庵雖力求理氣為一，批評敬軒理氣間仍有罅隙，但仍不能不有「理須就氣上認取，然認氣為理便不是」〔註36〕之語，而違離於他自己理氣渾為一物的立場。顯見整庵不留餘地的將理氣說成是一物，用心雖苦，卻不免在言語上拘執太過、不若敬軒融通。

　　進一步說，理與氣既然成為兩個語詞，則自然有其指涉層次上的不同，

〔註32〕《明儒學案》卷47〈諸儒學案中一〉，頁421～422。
〔註33〕唐君毅先生對此問題亦曾舉例說明道：「謂此理終只是氣之理，非離氣之理，亦有內在於氣之義，此不成問題。然此並不礙於此氣之理，同時為具超越於氣之超越義者。如謂小孩具能成大人之理。吾人於此固可說此『能成大人』，為小孩之理。然此固無礙於此『大人』、或其『能成大人之理』、或『能再生長理』為超越於小孩之現狀者。故言理之內在義，而否認其超越義，乃決不可能之事。」參見氏著：《中國哲學原論・導論篇》，頁492～493。
〔註34〕《薛瑄全集・讀書錄》卷9，頁1241。
〔註35〕《薛瑄全集・讀書續錄》卷11，頁1479。
〔註36〕《明儒學案》下冊，卷47〈諸儒學案中一〉，頁425。

〔註 37〕而層次的分析並不代表就把理與氣視為截然的二物。譬如描述一棵樹，可以分別從其根本與枝葉上說，然而本與末的分析並不妨礙描述對象是同樣一棵樹。同樣地，就天地萬物的構成而言，可以從氣上論其實然的形質與變化，也可以從理上論其本然的稟賦與規律，如此之分析只是為了使對一切存有的說明更為縝密完整，而非從一切存有中切割出兩個獨立的實體。如果一見到此種分析式的說明，就立刻排斥之，而定要說理氣只是一物，那麼在語詞的使用上，就乾脆只說理或只說氣即可，何必理氣二字兼而用之？〔註 38〕但實際上如果真的這麼做，恐怕只會導致兩個結果：一是詮解上的偏頗與不完備；二是學說宗旨上的變易。就整庵而言，他並未想要另創一套學說，其思維也依然延續朱子理氣論的思維，而同時使用理與氣兩個概念。但他過度強調理氣非二物的說法，反不如「理氣不離不雜」之論來得圓融無偏。蓋「不離」與「不雜」兩者之間本是合作的關係，如同畫圓，單說不離與不雜都只是畫了半圓，必待兼說，理氣的分合關係始能完備明白。敬軒對「不離不雜」說的掌握甚為確當，既能承繼朱子而兼說二義，又能因應時人之偏而對「不離」義做重點上的強化，且不因強化此一面，便否定了另一面。由此可知，在理氣分合的問題上，敬軒對朱學實有弘護闡明之功。

二、理氣先後問題

「理先氣後」，是朱子理氣論最為後儒所詬病之處，因為若以理在氣先，則理氣必然分離為二物，而與上述「理氣不離」之義相違背。朱子明言理在氣先之語不少，如：

> 或問：「必有是理，然後有是氣，如何？」曰：「此本無先後之可言。然必欲推其所從來，則須說先有是理。然理又非別為一物，即存乎是氣之中；無是氣，則是理亦無掛搭處。」
>
> 未有天地之先，畢竟是先有此理。
>
> 問：「有是理便有是氣，似不可分先後？」曰：「要之，也先有理。

〔註 37〕如敬軒言：「先儒曰：『凡有形者皆為氣，無形者皆為密。』而密即理也。」又言：「凡涉於有為者皆氣，其無為者道體也。」見《薛瑄全集‧讀書續錄》卷 1，頁 1310。蓋形上形下、有為無為本就不同，自不能含混籠統、全不分別。

〔註 38〕錢穆先生已曾論及此義，見氏著：《朱子新學案》（台北市：聯經出版社，1995年）第 1 冊，頁 319。

只不可說是今日有是理，明日卻有是氣；也須有先後。萬一山河大地都陷了，畢竟理卻只在這裡。」〔註39〕

朱子這些話，乍看或有將理氣割裂為二物的傾向，他一方面說理「非別為一物」，不能離氣而存；另一方面卻又反覆強調理氣「須有先後」，似乎相當矛盾。然而以朱子立說之詳審謹慎，恐不致犯下如此明顯的錯誤以致落人口實，因此朱子之本意如何，恐需再做一番辨析。

佛家云：「以有空義故，一切法得成。若無空義者，一切則不成。」〔註40〕意思是說，一切諸法皆因緣所生，因緣生即顯空性，正因具此緣生性空之理，一切諸法方能成立，若此性空之理不存，則亦不會有因緣所生的一切法。若比照此語而代替理學家立言，則可說：「以有生意故，一切物得成。若無生意者，一切則不成。」意即正因有一生生不已的天道之理，萬物方能不斷生發；設若無此周流貫徹的生理，則莫說萬物，即令天地亦將不存。故朱子言：「若無太極，便不翻了天地。」〔註41〕由此可知，對朱子而言，說理在氣先或天地之先，很顯然是為了要突出理做為萬物成立依據的殊勝地位，而並非真有一理在時序上先於氣；〔註42〕就如同佛家以空為第一義，卻非認為有一先於因緣法而獨在的空理一般。朱子上文所謂「不可說是今日有是理，明日卻有是氣」，即已否定了時序先後的分別。換言之，「理在氣先」之於朱子，不是時序先後的陳述語，而是地位表彰的強調語。〔註43〕至於所謂「理又非別為一物，即存乎是氣之中；無是氣，則是理亦無掛搭處」，則是就生生不息的天地萬物中，指出此一周流貫徹的生理，強調此生理要在萬物中認取，而不是一個虛掛的存在。（蓋若為虛掛而不生物，生理亦不成其為生理矣！）這兩種層次的說法，理論重點

〔註39〕以上三則，分見《語類》卷1，頁1～4。
〔註40〕印·龍樹造，姚秦·鳩摩羅什譯：《中論》，《大正藏》第30冊，卷4，頁33a。
〔註41〕《語類》卷1，頁2。
〔註42〕朱子云「理與氣本無先後之可言，但推上去時，卻如理在先，氣在後相似。」「理形而上者，氣形而下者，自形而上下言，豈無先後！」（《語類》卷1，頁3）很顯然，朱子所謂「推上去」而說先後，並非在時間上推，而是從本體論上推。故唐君毅先生曾謂理之先乃是「形而上」的先，此說最善。參見氏著：《中國哲學原論·導論篇》（台北：台灣學生書局，1986年），頁484。
〔註43〕此可再舉二例以證。朱子云：「天道流行，發育萬物，有理而後有氣。雖是一時都有，畢竟以理為主。」（《語類》卷3，頁36～37）根據「一時都有」之語，則「有理而後有氣」的「而後」，並非時序上的先後可知。再根據「理為主」之語，則可看出將理氣分先後，是特就理之於氣的殊勝地位而言。又如朱子云：「有是理便有是氣，但理是本。」（《語類》卷1，頁2）亦同此意。

不同，但正如理氣不離與理氣不雜一般，可以相互補充而不相衝突。

敬軒對朱子「理先氣後」之說體認得深刻，故言：

> 理氣本不可分先後，但語其微顯，則若理在氣先。其實有則俱有，
> 不可以先後論也。〔註44〕

敬軒認爲先後之說乃是從精微與粗顯的比較而來，精微者具有殊勝地位，故判其在先，非眞有時序先後。又說：

> 理氣雖不可分先後，然氣之所以如是者，則理之所爲也。〔註45〕

這也是說理氣不能在時序上分先後，但是理做爲氣生化消長的依據，自有其殊勝地位。這些說明，皆能切中朱子本意。又說：

> 或言：「未有天地之先，畢竟先有此理，有此理便有此氣。」竊謂理
> 氣不可分先後。蓋未有天地之先，天地之形雖未成，而所以爲天地
> 之氣，則渾渾乎未嘗間斷止息，而理涵乎氣之中也。……理氣二者，
> 蓋無須臾之相離也，又安可分孰先孰後哉？〔註46〕

這裡的「或言」其實出自朱子，〔註47〕而爲後學口耳相承。敬軒謂「或言」而不說「朱子言」，顯見其並非反對朱子。蓋朱子之本意，本不欲將理氣分先後，此點敬軒很清楚；但說「畢竟先有此理」，確易使後學產生時序上理在氣先的錯解，甚至因此以理氣爲二物。若要徹底解消此一誤會，便需對「氣無間斷」之義做一番說明，若是氣無間斷、無始無終，理先於氣而存的觀感也就不至於產生。敬軒這段文字已略及此義，以下再特就此問題詳加論述。

三、氣無間斷問題

《朱子語類》載有以下問答：

> 問：「『太極動而生陽，靜而生陰』，見得理先而氣後。」曰：「雖是
> 如此，然亦不須如此理會，二者有則皆有。」〔註48〕

朱子雖說理氣「有則皆有」，但「太極動而生陽」以前是如何？是否有理而無氣？朱子此處並未加以解釋。然濂溪《太極圖說》言：「一動一靜，互爲

〔註44〕《薛瑄全集・讀書錄》卷1，頁1070。
〔註45〕《薛瑄全集・讀書錄》卷4，頁1119。
〔註46〕《薛瑄全集・讀書錄》卷3，頁1073。
〔註47〕原文爲：「未有天地之先，畢竟也只是理。有此理，便有此天地；若無此理，便亦無天地，無人無物，都無該載了！有理，便有氣流行，發育萬物。」見《語類》卷1，頁1。
〔註48〕《語類》卷94，頁2372。

其根；分陰分陽，兩儀立焉。」〔註49〕伊川亦有「動靜無端、陰陽無始」之說，〔註50〕而朱子悉承之。據此，陰陽當非後於太極而生，而是無所間斷。《語類》又載：

> 問：「天地會壞否？」曰：「不會壞。只是相將人無道極了，便一齊打合，混沌一番，人物都盡，又重新起。」〔註51〕

這裡「人物都盡」的混沌時期，應即是陰陽、五行、萬物未生之時。類似佛家「成、住、壞、空」四劫中的「空」劫。而混沌並不會永遠混沌，正如空亦不會永遠空，必再有「重新起」（成）之時。而在這混沌狀態中，既說天地未壞，則可推知理與氣皆無所間斷，此時理仍是理，氣則只是一團混沌之氣。〔註52〕若就動靜互根、陰陽無始之義說，此混沌之氣既在下一期生命世界出現之前，則不妨說是陽氣初動前的陰氣，但因此時天地只是一片寂寞，並無二氣交互之感盪，故亦可說陰陽未生，而如此說時，並不代表天地間有理無氣，亦不與氣無間斷之說相矛盾。朱子對此意並未真正講明，敬軒則明白地說：

> 「太極動而生陽」，但就動之端說起，其實動之前又是靜也。天地一終，翕寂之餘，「太極動而生陽」而天復開；「動極而靜，靜而生陰」而地復成。「一動一靜，互為其根」，天命流行無窮，而萬物生生不息焉。其天地翕寂之前，如是之「動而生陽，靜而生陰」；如是之「一動一靜互為其根」；如是之「天命流行」、「化生萬物」者，蓋不可勝窮也。斯所謂「動靜無端，陰陽無始」也歟！〔註53〕

敬軒所說的「天地翕寂」，即是朱子所說的混沌時期，屬於動前之靜。至太極動而生陽，靜而生陰，方有二氣感盪、化生萬物。而「天地翕寂」之前，亦仍有如是的生命循環，上徹無始、下推無終。其宇宙觀若與佛家的「成、住、壞、空」相配，即如下圖所示；

〔註49〕宋·周敦頤撰、清·董榕輯：《周子全書》（台北：廣學社，1975年）卷1，頁6。

〔註50〕見《二程集·河南程氏經說》卷1，頁1029。另橫渠亦有相似之說，詳見《張載集·正蒙·參兩篇》，頁12。

〔註51〕《語類》卷1，頁7。

〔註52〕祝平次先生在解釋此段時，把「混沌」當做是對理的描述，而以為朱子的思想中，存在一個「有理無氣」的階段。然而朱子應不致以「混沌」來形容做為萬古常然之價值的理。祝氏在此似對朱子之意有所誤解，而這一誤解，亦使其文無法真正釐清朱子理氣先後說的真正面目。參見氏著：《朱子學與明初理學的發展》，頁12～17。

〔註53〕《薛瑄全集·讀書錄》卷3，頁1073。

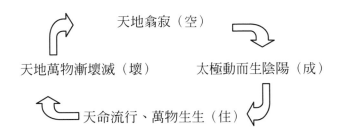

在這樣的循環過程中，氣是動靜交感、無有間斷的。敬軒下文所說更爲明白：

> 今天地之始，即前天地之終。其終也，雖天地混合爲一，而氣則未嘗有息。但翕寂之餘，猶四時之貞，乃靜之極耳。至靜之中，而動之端已萌，即所謂「太極動而生陽」也，「動極而靜，靜而生陰，靜極復動。一動一靜，互爲其根，分陰分陽，兩儀立焉。」原夫前天地之終，靜而太極已具；今天地之始，動而太極已行。是則太極或在靜中，或在動中，雖不雜乎氣，亦不離乎氣也。若以太極在氣先，則是氣有斷絕，而太極別爲一懸空之物，而能生夫氣矣。是豈「動靜無端，陰陽無始」之謂乎？以是知前天地之終，今天地之始，氣雖有動靜之殊，實未嘗有一息之斷絕，而太極乃所以主宰流行乎其中也。〔註54〕

敬軒此文發揮理氣無先後、無間斷之意最爲詳明，不僅說明了氣無間斷之義，亦連帶將理氣不離不雜、理氣先後等問題一併釐清。蓋氣既然常在，那麼就不會有「氣爲理之所生」的誤會。所謂「太極生陰陽」或「理生氣」，本不等於「氣生物」。氣之生物，是氣凝聚成萬物，故氣必在物先；理之生氣，卻非理凝聚成氣，而是理始終爲氣提供「變化的依據」，既是依據，則理必爲氣之所依所據而不與之相離，因此理恆在氣中。〔註55〕試想：理本非實體之物，如何有可能如母生子般地生出氣來？此乃將理想像爲「一懸空之物」所產生的假問題而已。經過敬軒這一番說明，疑於朱子之說者殆可釋然矣！

〔註54〕《薛瑄全集・讀書錄》卷3，頁1073～1074。

〔註55〕朱子曾言：「天道流行，發育萬物，其所以爲造化者，陰陽五形而已。而所謂陰陽五行者，又必有是理而後有是氣，及其生物，則又必因是氣之聚而後有是形。」這段文字表明氣因理而生，物之形又因氣而生。若不細辨，很容易將這兩種不同的「生」劃上等號。引文參見《四書或問・大學或問上》（上海：上海古籍出版社；合肥：安徽教育出版社，2001年12月），頁3。

　　總上而言，朱子言理先氣後，重在說明理不雜於氣的殊勝地位；薛敬軒屢言理氣無先後或氣無間斷，則重在凸顯理不離於氣而獨自成立。相較於朱子，敬軒總是力圖避免單提一理，而往往理氣並提，如他說：

> 上下四方，理氣充塞，無窮盡、無方體。〔註56〕

> 實氣、實理，充塞而無窮盡，流行而無止息。

> 大無外、小無內，一實理實氣貫之。〔註57〕

由此可以看出，敬軒雖承朱子而肯定理的殊勝性、超越性，但更時時不忘並提理氣，使理不致成為落空之理。敬軒之說，應可說是對朱子學的一種「重點上的補充」，而非「內容上的修正」。敬軒之意，亦始終在發揮闡明朱子學，而非批判或修正朱子學。他針對朱子極易引起誤會與爭議的「理先氣後」、「理生氣」等問題，以「氣無間斷」之義恰當地做出了宇宙論上的補充說明，可說是對朱子學的一大貢獻。〔註58〕

四、理之動靜問題

　　朱子論理氣關係的另一爭議，乃是理（太極）能否動靜的問題。朱子云：

> 太極者，本然之妙也；動靜者，所乘之機也。〔註59〕

> 太極理也，動靜氣也。氣行則理亦行，二者常相依而未嘗相離也。

> 太極猶人，動靜猶馬；馬所以載人，人所以乘馬。馬之一出一入，
> 人亦與之一出一入。蓋一動一靜，而太極之妙未嘗不在焉。〔註60〕

朱子將太極之理與能動能靜的氣分別說，認為兩者常相依而不相離；又以人喻太極、馬喻動靜之氣，謂太極隨在氣中，猶如人乘於馬上。這一段文字若不深入分析，很容易使人產生一印象：即太極只是依附在動靜之氣上，本身不能動靜。曹月川在其〈辨戾〉（或作〈辨戾序〉）一文中，即批評朱子此喻是使「人為死人」、「理為死理」，故另倡能主宰氣的「活理」。〔註61〕

〔註56〕《薛瑄全集・讀書錄》卷10，頁1266。

〔註57〕皆出《薛瑄全集・讀書續錄》卷2，頁1334。

〔註58〕同為明初程朱學派大儒的胡敬齋，在闡發朱子理氣論之時，往往在用語上展現出較朱子更強的「理在氣先」的理氣二分傾向。相較於敬齋，敬軒對朱子理氣論的解釋，顯得更加準確且無弊。關於敬齋的理氣論思想，可參考呂妙芬：《胡居仁與陳獻章》（台北：文津出版社，1996年）一書的說明。

〔註59〕語出朱熹《太極圖解》。引自《周子全書》卷1，頁7。

〔註60〕《語類》卷94，頁2376。

〔註61〕參見《曹端集》，頁23。

多數研究者遂認爲這是月川對朱子理氣論的修正。其實朱子的本意並非如
月川所見，其人與馬的比喻，是就著氣之動靜而指出理隨在其中而不離；
但強調不離，並不妨礙理做爲「本然之妙」而爲氣所依據的主宰性。換言
之，說人恆不離於馬而與之一出一入，並不妨礙人是馬之所以能一出一入
的駕馭者。〔註 62〕否則若理只是一僵固的死體，一向下字嚴謹的朱子，如
何能以「妙」字言理？黃勉齋曾發揮朱子之意云：

> 先生《太極圖解》云：「動靜者，所乘之機也」。蔡季通聰明，看得
> 這般處出，謂先生下此語最精。蓋太極是理，形而上者，陰陽是氣，
> 形而下者。然理無形，而氣卻有形。氣既有動靜，則所載之理亦安
> 得謂之無動靜？〔註63〕

蓋朱子所說的「機」，可以解釋爲「趨向性」，理便是此「趨向性」的本然依
據。氣之所以有由靜而動、由動而靜的運行趨向，是因爲其中有理。如四季
之所以有春夏秋冬之循環往復的規律，是因其中有元亨利貞的太極之理。此
形而上的太極之理不是一物，並不展現爲形象化的動靜，但既做爲氣之所以
有如此趨向性的依據，自具妙萬物之大用，豈能說它是一死物？由此知月川
的批評，實源自於對朱子設喻本意的誤解。

　　敬軒對此問題的意見承自朱子。他說：

> 動靜者，陰陽也；所以動靜者，太極也。蓋太極有動之理，故動而
> 生陽；太極有靜之理，故靜而生陰。〔註64〕

〔註62〕 須注意的是，這裡所說的主宰性、駕馭者，乃特就太極能爲萬物生化的依據
　　　　與節度而言，而非謂太極能夠控制陰陽之氣的一切變化，使其恰好。蓋太極
　　　　乃是氣之變化的恰好條理，而氣既有所謂恰好，亦必有過與不及，若太極能
　　　　控制氣的一切變化，天地萬物的種種不合理處又豈能解釋得通？故朱子有所
　　　　謂「氣強理弱」之說，謂「理固無不善，纔賦於氣質，便有清濁、偏正、剛
　　　　柔、緩急之不同。蓋氣強而理弱，理管攝他不得。」（《語類》卷4）朱子此說
　　　　意在指出天地萬物的過與不及並非至善之本然，也即理不能保證天地萬物在
　　　　實然上一定是至善。但話說回來，理雖不能做此保證而看似氣主動、理被動；
　　　　卻無礙於理依然是氣之生發變化的依據，也即氣必須依此生生之理，始能生
　　　　化天地萬物，從這個方面說來，便是理主動而氣被動了。這是兩個不同脈絡
　　　　下的說法，應予分別。以人馬之喻言之，馬之出入動靜，由乘馬者爲之主，
　　　　此見「太極之妙無不在」之義；但是馬或懶散、或癲狂，其出入動靜，有種
　　　　種過與不及，則有非主人所能控制者，此即見「氣強理弱」之義。

〔註63〕 《語類》卷5，頁84。

〔註64〕 《薛瑄全集・讀書錄》卷9，頁 1244。

形而下的陰陽之氣，之所以如是動靜、如是屈伸、如是生發萬物，即因有太極這一能生能化、周流貫徹的形上之理爲依據。無太極，則陰陽亦將不能動靜屈伸、萬物亦將不能生生化化，天地亦將不存矣！這與朱子所謂：「太極無方所，無形體，無地位可頓放。……動亦太極之動，靜亦太極之靜，但動靜非太極耳」〔註65〕之語，正可相互發明。在此脈絡下說「動靜非太極」，只是單純說明理氣不雜之義，絲毫沒有「太極是無法動靜之死理」的意思；恰恰相反，所謂「大氣發生一切有形之物，而太極爲之主。」〔註66〕太極主宰天地萬物之功能大矣！敬軒又詳爲發明此意云：

> 臨川吳氏曰：「太極無動靜，故朱子釋《太極圖》曰：『太極之有動靜，是天命之流行也。』此是爲周子分解太極不當言動靜，以天命有流行故，只得以動靜言。」竊謂天命即天道也，天道非太極乎？天命既有流行，太極豈無動靜乎？朱子曰：「太極，本然之妙也；動靜，所乘之機也。」是則動靜雖屬陰陽，而所以能動靜者實太極爲之也。使太極無動靜，則爲枯寂無用之物，又焉能爲「造化之樞紐，品彙之根柢」（按：此本朱子語）乎？以是而觀，則太極能爲動靜也明矣！〔註67〕

上文曾經提過，敬軒對於學者離形下之氣而空談太極，始終存有很高的戒心，而這一段引文中，元儒吳草廬將「太極」與「天命流行」分而爲二的說法，也讓他頗感不安。敬軒心目中的太極不是一死理，而是做爲「造化樞紐」、「品彙根柢」的活理，故天命之流行實即是太極之流行，若將太極與天命流行分開，則太極將會墮爲「枯寂無用」之物，與朱子所說的「本然之妙」相睽隔。因此他認爲「動靜」一詞，固然是專指形下的陰陽之氣的運作狀態，非用以形容形上的太極之理；但是若從天命天道生發萬物的功用來看，則太極之理確實「能爲動靜」。換句話說，敬軒認爲朱子說太極「有動靜」，乃是「能爲動靜」之意。如此，動靜對太極而言就不是「現象的形容詞」，而是「功能的形容詞」。舉例來說：我們會以明暗來形容電燈的狀態，卻不會直接說電的本身是明是暗，但當我們看到電燈有明暗的變化，亦能推知其能爲明暗的依據是電。因此，當我們說「電無明暗」的時候，指的是明暗的「現象」在電燈

〔註65〕《語類》卷94，頁2369。
〔註66〕《薛瑄全集・讀書錄》卷8，頁1233。
〔註67〕《薛瑄全集・讀書錄》卷9，頁1252。

而不在電；說「電有明暗」的時候，指的則是「能爲明暗」的「功能」在於電。不論怎麼說，電都不會是個架空的概念，而是能具體展現、流行於電燈之明暗上。太極之理的動靜問題，亦可以做如是觀。由此觀之，太極既不會與形下之氣混雜而被執著爲一具象之物，也不會與形下之氣脫離而成爲一無用之理。敬軒下面這段話可以更清楚地印證此義：

> 駸駸而明者，日之爲乎？曰：日特陽之一物耳，非能爲明也；駸駸而暗者，月之爲乎？曰：月亦陰之一物耳，非能爲暗也。然則明暗孰爲之哉？曰：氣機一動而羣陽闢，晝之明從焉；氣機一靜而羣陰翕，夜之暗隨之。動靜翕闢皆機之所爲，而實未嘗有爲也。是皆循環相推而不得已焉爾。〔註68〕

這裡所謂「循環相推而不得已焉」者即是指理，〔註69〕而「機之所爲」，其實也就是指理之所爲，若無此理乘此機而動靜，則陰陽之氣亦將不能如是周流往復地運作，而呈現出日與月的明暗狀態。因此「能爲明」、「能爲暗」者，不是羣陰羣陽，而是理。〔註70〕

　　總而言之，凡言理有動靜，皆是扣緊氣之動靜，看出理做爲其依據而無時不在之意；若純就理之無形象、無方所而言，自然也不能說有動靜。此所謂「太極不可以動靜言，然舍動靜便無太極。」〔註71〕這兩種詮釋角度敬軒將之分別得很清楚，故能準確地將朱子之意闡析明白。

　　既然論及理之動靜，則可附帶討論一個問題。牟宗三先生曾主張伊川、朱子所言之理，乃是「客觀地平置于彼而爲心之所對」的「靜態的存有之理」。〔註72〕易言之，牟先生認爲朱子之理是「只存有而不活動」的死理；無有明道、象山等人「即存有即活動」的創化妙運之義。〔註73〕筆者同意伊川、朱

〔註68〕　《薛瑄全集・讀書錄》卷3，頁1099。

〔註69〕　朱子曾謂即物窮理的工夫，是要「自其一物之中，莫不有以見其所當然而不容已，與其所以然而不可易者。」（《四書或問・大學或問下》，頁24）其所謂「不容已」、「不可易」者，即是敬軒所說的「循環相推而不得已焉」者，皆指理而言。

〔註70〕　伊川亦曾云：「屈伸往來只是理，不必將既屈之氣，復爲方伸之氣。生生之理，自然不息。」（《二程集・遺書》卷15，頁167）可見天地之氣所以能生生不窮者，實賴此理爲之。而既然以「屈伸往來」形容理，則理又豈是不能動靜的死理？

〔註71〕　《薛瑄全集・讀書錄》卷6，頁1164。

〔註72〕　見氏著：《心體與性體》，第一冊，頁80～81。

〔註73〕　同上註，頁61～75。

子確實缺乏一種本覺的、心即理的心體觀念；然而一口咬定其理爲死理，甚至指責其說爲「偏差與迷失」，〔註74〕對伊川、朱子而言也並不公道。上文曾經提過，理學家對理的覺知與體驗，始終是在動態的生命世界中通過物我交融的感受而獲得，而非靜態地對客觀現象做存有論的分析，去追究一個支撐在現象界背後的實體。雖然伊川、朱子較明道、象山更喜抽象的名義分析，而不總是把理放在實踐者身上或具體的實踐活動中談；然而其基本世界觀依舊是變化流行，不分天人內外的。因此其所體認的理，當非只是「靜態的存有之理」。舉例而言，伊川說：「蓋仁是性（原註：一作本）也，孝弟是用也。性中只有仁義禮智四者，幾曾有孝弟來？」〔註75〕在此處，仁是經過抽象化的普遍理則，孝弟則是具體事用。理則當然必須於事用中顯，因此我們儘可以就著仁者之心不斷創造的事用表現，直下認取一個活動的理，此時仁者之心即是此理；但卻也不妨暫退一步，離開孝弟等實踐情境與具體事用，爲人標立出一個應當被體現的、貫徹一切事爲的理則，此時的理看似是超越而不活動的概念，但當實踐者能感應到此貫徹不變的理，也即其心契會於此理之時，亦將能隨著各種不同的具體情境，表現出恰當的行爲。譬如單講仁的名義，便只是一抽象的「愛之理」〔註76〕，而不是「即存有即活動」的仁者心體；但此「愛之理」一旦爲實踐者所感應契會，其人之心亦必充滿著親厚之意，而能在面對父母兄弟時，「不容已」地表現出孝弟之道來。朱子所謂「心與理一，不是理在前面爲一物。理便在心之中，心包蓄不住，隨事而發。」〔註77〕即是此意。於是，理就顯然不再永遠只是一靜態平置的理，而可以具體展現在動態的道德實踐中。至於如何「契會感應此理」、如何「心與理一」，便牽涉到工夫論的問題，此點將留待第五章再做詳論。

第三節　理一分殊

敬軒關於理氣關係的思考，上節已大體做出分析。但在敬軒的理氣思想中，尚有一頗具爭議的「日光飛鳥」之喻，用以說明朱子「氣有聚散，理無

〔註74〕牟宗三：《心體與性體》，第 2 冊，頁 252。
〔註75〕《二程集・遺書》卷 18，頁 183。
〔註76〕朱子云：「仁者，愛之理，心之德也。」見《四書章句集注・論語集注》（北京：中華書局，2005 年 9 月）卷 1，頁 48。
〔註77〕《語類》卷 5，頁 85。

聚散」的主張，而此問題的源頭又和程朱理學中的重要觀念：「理一分殊」的思想有關，本節將先說明「理一分殊」的思想，再進入「理氣聚散」的問題。

一、統體之理與萬殊之理

「理一分殊」一詞，由程伊川首先提出，用以說明橫渠《西銘》所闡述的儒家人倫之道，既具有萬物一體之「仁」（理一），亦能於實際應對上展現倫序差別之「義」（分殊），而不同於墨家兼愛之說。〔註78〕朱子承繼伊川這一人生論，又吸取周濂溪的宇宙論，〔註79〕將之統合到自己的理氣論中，提出「統體一太極，一物一太極」〔註80〕之說，以解說天地萬物的存在與運行，並且做為其「即物窮理」工夫論的重要思想基礎。此說看似玄奧且富有哲學思辯性，其實不離傳統儒家面對生命的基本態度。《大學》與《中庸》的思想，其背後便含有一共通的「理一分殊」之思路，而可以相互詮釋。以下先列一表，再加以說明：

蓋《大學》所說的「至善」之「至」，非是直線思維下的無限往前之善，而是一種生命境界的圓滿、和諧之善。故所謂「止至善」，止即是「安住」義，生命能夠安住在一種恰到好處的境界，即是至善。這是中國傳統思想獨特的思維，不教人一味地向前追求，而教人回歸到「生命的圓心」。而《中庸》的「中和」之道，正可用以詮釋《大學》「至善」的內涵。所謂「喜怒哀樂之未發，謂之中」，即是生命能靜態地安住於圓心；「發而皆中節謂之和」，即是生命能動態地安住於圓心。或動或靜，時時將生命調節得恰如其分，就是「中和」、就是「至善」。因此，《中庸》「致中和」的「致」，又正可用《大學》「止至善」的「止」來詮釋，致雖有推而極之的意思，卻非無限擴張、而是有效調節。復次，兩書在「止」與「致」的工夫次第上也可相通，如上表所示，

〔註78〕參見〈答楊時論西銘書〉，《二程集・文集》卷9，頁609。

〔註79〕濂溪《通書・理性命》云：「二氣五行，化生萬物。五殊二實，二本則一。是萬為一，一實萬分。萬一各正，小大有定。」濂溪這一段文字，已明顯地涵具了理一分殊的思想。參見《周子全書》卷9，頁168。

〔註80〕朱子曰：「蓋合而言之，萬物統體一太極也；分而言之，一物各具一太極也。」參見《周子全書》卷1，頁15。

都是從個我的修持入手而推之於萬事萬物。也即先試著讓自身回歸生命的圓心，最終也讓萬物都能各得其所，回歸各自生命的圓心。這與孔子的「修己以安百姓」（《論語・憲問》）、孟子的王道思想，皆一以貫之。程朱合《論》、《孟》、《學》、《庸》為四子書而大力表彰之，蓋有以深見其內在義理之融洽通貫也。上述思想，可再做一圖示如下：

「理一分殊」示意圖

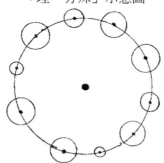

這個大圓所代表的是天人萬物的大生命體。繼天立極、成德盡性的聖人，其生命與天地合德，處於此大圓的圓心；而聖人所安頓的一切生命，正如圖中的小圓，各安其位、各得其所、各自回到其生命的圓心。雖然萬物各有各的的圓心，但都同在此一大圓之上；亦即萬物雖各有各的恰好道理，但是貫通起來只是同一個道理。而若無此大圓之圓心，大圓無法畫成；又正可看出「吾道一以貫之」的聖人，方能通達此一至善之理，恰當地安頓天地萬物。朱子「一物一太極，統體一太極」的理一分殊思想，以及與此相應的「即物窮理」工夫論，其背後的思考圖像正是如此。他雖借用《華嚴經》水月之喻來做理論發揮，〔註 81〕然其實質內涵與諸法性空、光光互攝的不思議理境不同，而是本於先秦儒學的思維方式，而又加以發明創造者。

敬軒對朱子此一思想極為重視，屢加闡發。他說：

　　萬物統體一太極也；川川各具一月光、物物各具一太極也。其統體
　　之太極即各具之一本；其各具之太極即全體之萬殊。非有二太極也。

　　〔註 82〕

〔註 81〕　朱子曰：「本只是一太極，而萬物各有稟受，又自各全具一太極爾。如月在天，只一而已；及散在江湖，則隨處而見，不可謂月已分也。」（《語類》卷 94，頁 2409）又曰：「釋氏云：『一月普現一切水，一切水月一月攝。』這是那釋氏也窺見得這些道理。」（《語類》卷 18，頁 399）
〔註 82〕　《薛瑄全集・讀書錄》卷 9，頁 1243。

敬軒又認為《易經》之中即含有理一分殊的觀念，其云：

> 六十四卦只是一奇一偶，但因所遇之時、所居之位不同，故有無窮
> 之事變。如人只是一動一靜，但因時位不同，故有無窮之道理。此
> 所以為《易》也。〔註83〕

《易》卦看似只由簡單的一奇一偶組成，卻能推演出無窮的事變；而人生於世，看似不出於語默作止、一動一靜，卻亦包含著無窮的義理、無窮的學問。待人處事如何一一恰到好處，本是儒家最重視、也最擅長的課題，而就敬軒而言，理一分殊的理論，亦始終是在待人處事上親切體認的生命實感，而非憑空擬議的哲學辯證。他又說：

> 統天地萬物言之，一理也；天地萬物各有一理，分殊也。就天言之，
> 天一理也；而天之風雲雷雨之屬各有一理，其分殊也。就地言之，
> 地一理也，而地之山川草木之類各有一理，其分殊也。就人一家言
> 之，一理也；而人之父子夫婦長幼之類各有一理，分殊也。就人一
> 身言之，一理也；而四肢百骸各有一理，分殊也。……理一行乎分
> 殊之中，分殊不在理一之外，一本萬殊，萬殊一本也。〔註84〕

在敬軒眼中，近至於四肢百骸、人倫日用，遠至於山川草木、風雲雷雨，皆有著各自恰當的運作方式；而統合天地萬物這個相互感應的大生命觀之，這各自恰當的運作方式，又能成就一整體的和諧。這就是「一本萬殊、萬殊一本」的世界觀。

敬軒在其讀書筆記中，類似上述的討論甚多。他不避重複地闡述「理一分殊」這一主題，正反映出在其工夫實踐的過程中，不斷地在從事這樣的思考。進一步說，敬軒之所以如此重視「理一分殊」，與他承繼朱子的「即物窮理」工夫有著密不可分的關係。窮理要求的是廣泛體認萬事萬物的道理，且不能落於支離汗漫，必須能夠貫通為一理，此乃「萬殊一本」的思維；反過來說，萬理固然本為一理，卻又不能懸空尋求頓悟，而應當在萬事萬物之中確切落實思維體驗的工夫，此乃「一本萬殊」的思維。敬軒曾言：

> 聖賢之書，其中必有體要。如「明德」為《大學》之體要；「誠」為
> 《中庸》之體要；「仁」為《論語》之體要；「性善」為《孟子》之

〔註83〕《薛瑄全集‧讀書錄》卷8，頁1234。
〔註84〕《薛瑄全集‧讀書錄》卷10，頁1267～1268。

體要;以至五經各有體要。體要者何?一理而足以該萬殊也。〔註85〕

讀書是窮理的一端,既要求廣博涉獵,又要掌握其中的「體要」。這種博約並重的為學態度,正從「理一分殊」的觀念來。由此可知,「理一分殊」的天道觀,實為窮理工夫不流於支離或空虛的重要思想基礎。敬軒既然隨時隨地都在做窮理工夫,〔註86〕他對「理一分殊」問題的再三致意也就不足為奇了。

二、統體之理與統體之氣

上述「理一分殊」的思想,討論的是統體之理與萬殊之理的關係,乃專就理而言。若另據理氣恆不相離之義而言,既有統體之理就應有統體之氣,既有萬殊之理就應有萬殊之氣。然而朱子於「理一分殊」的架構中較強調後者,〔註87〕於「統體之氣」則甚少論及。主張理氣非二物的羅整庵則特別強調「氣一理一,氣萬理萬」之義,〔註88〕而頗詬病於朱子之說。

原夫宋儒思想,統體之氣的觀念最清楚的是張橫渠。他說:

> 太和所謂道,中涵浮沉升降動靜相感之性,是生絪縕相盪勝負屈伸
> 之始。……不如野馬絪縕,不足謂之太和。〔註89〕

橫渠的「太和」,即是天地間統體之氣。「絪縕相盪勝負屈伸」是此氣之活動,可等同於朱子所謂陰陽;而此統體之氣之中有個「浮沉升降動靜相感之性」做為變化的內在依據,可等同於朱子所謂太極。只是橫渠的天道論偏重言氣之變化,而未將「氣之所以如此」的理提出來另做說明,因此做為不變之本體的「太虛」〔註90〕,並不等於統體之理,而仍只是氣,〔註91〕唯此氣並不同於有形質的變化之氣,而是至清至通、無形無礙之氣;〔註92〕但從另一方面來說,「太虛」為一切萬物變化之所出所依,又確實能代表理的層次。

〔註85〕《薛瑄全集·讀書錄》卷5,頁1147。

〔註86〕詳見本文第五章:〈薛敬軒的工夫論與工夫實踐〉。

〔註87〕如其云:「以其理而言之,則萬物一原,固無人物貴賤之殊;以其氣而言之,則得其正且通者為人,得其偏且塞者為物,是以或貴或賤而有所不能齊。」此所謂氣,即是萬殊之氣。(《四書或問·大學或問上》,頁3)

〔註88〕如整庵云:「楊方震〈復余子積書〉有云:『若論一,則不徒理一,而氣亦一也。若論萬,則不徒氣萬,而理亦萬也。』此言甚當,但『亦』字稍覺未安。」見《明儒學案》卷47〈諸儒學案中一〉,頁425。

〔註89〕《張載集·正蒙·太和篇第一》,頁7。

〔註90〕橫渠云:「太虛無形,氣之本體。」(出處同上註)

〔註91〕橫渠云:「虛空即氣。」(同上註,頁8)

〔註92〕橫渠云:「太虛為清,清則無礙,無礙故神;反清為濁,濁則礙,礙則形。」(同上註,頁9)

〔註 93〕正因橫渠的系統並不詳分理氣，因此「太虛」的概念究竟是理還是氣，很難有明確的定位。兼言理氣的二程朱子，對於橫渠此種氣論皆不滿意。程明道說：「形而上者謂之道，形而下者謂之器。若如或者（指橫渠）以清虛一大爲天道，則（原註：一作此）乃以器言，而非道也。」〔註 94〕程伊川云：「以清虛一大爲萬物之原，有未安。」〔註 95〕朱子亦云：「渠本要說形而上，反成形而下，最是於此處不分明。」〔註 96〕這都是批評橫渠「太虛」的概念混淆了形而上下，使理喪失了超越性。

　　由上可知，橫渠「統體之氣」的觀念雖分明，「統體之理」的地位卻未能明白表出，此乃其不如二程精密之處；但是話說回來，朱子承繼伊川所發展的理一分殊思想，較缺乏對「統體之氣」的說明，往往只論「萬殊之氣」，而與「統體之理」相對立，並提出「氣有聚散，理無聚散」之說，〔註 97〕使人產生重理輕氣、理氣爲二的印象。敬軒因承繼朱子此義，遂爲整庵所批評（引文已見於上節）。其實敬軒思想中並不缺少「統體之氣」的觀念，從他所謂「理大無窮，氣亦大無窮」〔註 98〕；「乾元是氣之統體，無所不包，故曰統天」〔註 99〕等語，皆可明顯看出。下段將鳩合統體之理、萬殊之理、統體之氣、萬殊之氣等概念，分析其「氣有聚散，理無聚散」說的實義。

三、理氣聚散問題

　　朱子「氣有聚散，理無聚散」之說的具體內涵可上推於孔孟。孔子嘗言各朝代的文制法度需要因時損益，〔註 100〕但卻從未言「忠恕之道」亦需要因時損益。〔註 101〕何者有聚散、何者無聚散，不言而喻。孟子則說：「君子所性，

〔註 93〕橫渠云：「誠則實也。太虛者天之實也，萬物取足於太虛，人亦出於太虛，太虛者心之實也。」（《張載集・張子語錄》，頁 324）太虛既爲天道之實，又爲人心之實，則亦可說是貫徹於天人萬物的實理。
〔註 94〕《二程集・遺書》卷 11，頁 118。
〔註 95〕《語類》卷 99，頁 2533，朱子引伊川語。
〔註 96〕同上註，頁 2538。
〔註 97〕朱子云：「夫聚散者氣也。若理，則只泊在氣上，初不是凝結自爲一物，但人分上所合當然者便是理，不可以聚散言也。」（《語類》卷 3，頁 37）
〔註 98〕《薛瑄全集・讀書錄》卷 11，頁 1485。
〔註 99〕《薛瑄全集・讀書續錄》卷 1，頁 1284。
〔註 100〕子張問：「十世可知也？」子曰：「殷因於夏禮，所損益可知也；周因於殷禮，所損益，可知也；其或繼周者，雖百世可知也。」（《論語・爲政》）
〔註 101〕子曰：「參乎！吾道一以貫之。」曾子曰：「唯。」子出。門人問曰：「何謂也？」曾子曰：「夫子之道，忠恕而已矣！」（《論語・里仁》）

雖大行不加焉，雖窮居不損焉，分定故也。」(《孟子‧盡心上》) 大行與窮居
等外在條件與境遇的變化，可看成是氣的聚散來往；而不加不損的本性，其
意亦同於理無聚散的常然不易。在孟子看來，萬民擁戴者與陋巷窮居者，其
做為「人」的尊貴性是平等的，此種生命價值正來自於內在本具的仁義禮智
之性，只要是人，這一分內在的尊貴性都不會因外在條件的改變而改變。推
孟子此意而從時間軸言之，仁義禮智等人倫價值，亦將不會因為朝代更迭、
人事代謝、社會變遷、風俗改易而有所加損或動搖。如「仁」所代表的是人
與人之間親厚和諧、相互關懷的無私情感，千百年前的人類最安然順適的相
處之道是此仁，今日的人類亦還是此仁，乃至久遠以後的未來，人只要還願
意做個人，這唯一的仁道依舊將為其所遵行。朱子「氣有聚散、理無聚散」
之說的本意大抵亦不離於此。

敬軒推明朱子此意，而有所謂「道則萬古不易，氣化則日新」、「萬物皆
有始終，惟道無始終」〔註102〕之說，這在讀書二錄之中俯拾即是，但最著名
者當屬「日光飛鳥」之喻，其文云：

> 理如日光，氣如飛鳥。理乘氣機而動，如日光載鳥背而飛，鳥飛而
> 日光雖不離其背，實未嘗與之俱往而有間斷之處；亦猶氣動而理雖
> 未嘗與之暫離，實未嘗與之俱盡而有滅息之時。「氣有聚散，理無聚
> 散」，於此可見。〔註103〕

文中所說的理，指的是天地間的統體之理；而所謂氣，卻非統體之氣，而是
特指凝聚為世間萬物的萬殊之氣。〔註104〕蓋世間萬物喻如飛鳥，皆受此日光
全體的照耀；但因所稟之氣各不相同，故能接受到的日光亦有多寡之異。當
飛鳥存在之時，日光就無一刻離於其背，故理氣不相離；而當飛鳥消失之時，
照於飛鳥背上的日光（萬殊之理）固然隨之而消失，做為光源的太陽（統體
之理）卻不會因此而消失，故說「未嘗與之俱盡而有滅息之時」也。若用實
際的例子來說，「仁」不是個懸空的概念，它總是在具體的人類社會情境中展
現，子對父則展現為孝道，君對民則展現為王道，師對生則展現為師道，此
即日光不離飛鳥；而另一方面，每一時代的風俗、制度皆有變化損益，古時

〔註102〕《薛瑄全集‧讀書續錄》卷7，頁1449。
〔註103〕《薛瑄全集‧讀書錄》卷5，頁1145。
〔註104〕敬軒曾於另一段文字中說：「理如日月之光，小大之物，各得其光之一分。物
　　　　在則光在物，物盡則光在光。」(《薛瑄全集‧讀書錄》卷5，頁1145) 由此
　　　　可知「氣如飛鳥」之氣，明顯指凝為「小大之物」的萬殊之氣。

的父子、君臣、師生及其應對進退的方式皆已成爲歷史，但仁做爲萬古常然之理，卻不曾隨之消逝，而仍將在當今的社會情境中以不同的方式展現出來，此即日光不與飛鳥俱盡而滅息也。黃梨洲在《明儒學案》質疑敬軒此喻，他說：

> 蓋以大德敦化者言之，氣無窮盡，理無窮盡，不特理無聚散，氣亦無聚散也；以小德川流者言之，日新不已，不以已往之氣爲方來之氣，亦不以已往之理爲方來之理，不特氣有聚散，理亦有聚散也。

〔註105〕

梨洲本反對朱子「氣有聚散、理無聚散」之說，他以「大德敦化」言統體之理、統體之氣皆無聚散，以「小德川流」言萬殊之理、萬殊之氣皆有聚散，主要的理論意圖即是不希望分理氣爲二物。然而對敬軒而言，理氣本非二物，且統體之氣無間斷、無窮盡之義，敬軒亦屢屢提及，上文已有詳述。因此他以「日光飛鳥」喻發明朱子之論，並非割裂理氣，而是意在突顯不隨人事代謝而顛仆的價值。就著這樣的理論意圖而舉出統體之理與萬殊之氣做爲對比，並沒有任何問題。由此可知，兩人的理論意圖既然不同，論說方式自然可以有別，梨洲定要以此質疑敬軒之論，並無太大意義。且梨洲此一分解，亦爲敬軒思想中可有之義。敬軒曾言：

> 大德敦化者，小德川流之本；小德川流者，大德敦化之分。大德敦化如泉源，小德川流如泉源散而爲千支萬派。其實皆理氣之一源，達而爲理氣之萬殊。〔註106〕

在這一段文字中，敬軒很明白地同時指出統體的理氣與萬殊的理氣，並未只將源頭歸於理、支派歸於氣，理氣之間，終是渾合無間、不可分離。梨洲若要批評，何以不引敬軒此言？茲再舉一例以盡此意，敬軒云：

> 理無窮而氣亦無窮。但理無改變，而氣有消息。如溫熱涼寒，氣也；所以溫熱涼寒，理也。溫盡熱生、熱盡涼生、涼盡寒生、寒盡溫復生，循環不已。氣有消息，而理則常主消息而不與之消息也。「氣有聚散、理無聚散」，於此又可見。〔註107〕

這是從四時的變化來闡釋「氣有聚散、理無聚散」之說。照敬軒的脈絡，

〔註105〕《明儒學案》，卷7〈河東學案〉，頁121。
〔註106〕《薛瑄全集‧讀書續錄》卷2，頁1328。
〔註107〕《薛瑄全集‧讀書錄》卷6，頁1162。

溫氣、熱氣、涼氣、寒氣不斷地循環變化，雖無窮盡，卻有消息往來，故說氣有聚散；而做為氣所以能如此變化之依據的理，則不僅綿延無窮盡，也同時貫徹不變，因若理有變，四時之循環便亂矣！故說理無聚散。敬軒這樣的思路，本身無可批評，而若照梨洲的脈絡，自然也可以講得更細。蓋敬軒所說無改變的理實指統體之理，若就溫有溫之理、熱有熱之理等萬殊之理上說，亦將隨溫熱涼寒之氣而變化，故理亦可說有消息；另一方面，其所說有消息的氣實為溫熱涼寒等萬殊之氣，若就天地間統體之氣觀之，則溫熱涼寒皆只是此一氣，謂之無聚散亦無不可，故氣亦可說無改變。類似這樣的分析，原是敬軒思想中可發展出者，且對其「氣有聚散，理無聚散」之說只有補充，並無扞格。然而敬軒的理論意圖本在於發明朱子之旨，故亦不暇如此細說也。

第四節　體用顯微

　　理氣思想，除上文所論述的幾個面向外，尚可延伸到「無極太極」、「體用顯微」、「畫前之易」等宋代理學思想議題的發揮，本節將分別論述敬軒在這幾方面的思考。

一、無極太極，有無合一

　　《讀書錄》與《讀書續錄》論理氣，除了「理一分殊」的觀念極受重視以外，濂溪《太極圖說》中「無極而太極，太極本無極」的觀念，亦屢為敬軒所申發。他說：

> 孔子所謂「易有太極」者，言陰陽變易之中，而有至極之理，是就氣中指理以示人；周子「無極而太極」，言雖無形之中而有至極之理，則專以理言。至「太極動而生陽，靜而生陰」，則亦兼以氣言矣。學者知「無」者，太極之無形；「有」者，太極之有理，則有無合一。〔註108〕

敬軒認為，《易傳》中的「易有太極」是理氣合著說，也即從氣的變化中指出其所依據之理；而《太極圖說》中的「無極而太極」則是專用以描述理，而暫未合著陰陽說。蓋所謂「無極」與「太極」，非指二理。「無」是用以形容理非一物，無形象、無方所；「有」則是表示理非空理，具足一切道德價值。

───────────────
〔註108〕《薛瑄全集·讀書錄》卷2，頁1048。

正所謂「無物而有理，即無極而太極也。」﹝註109﹞以「有無合一」之義來說明理的內涵，始能不落於一偏。﹝註110﹞敬軒又云：

> 或問太虛。程子曰：「亦無虛。」遂指虛曰：「皆是理，安得謂之虛？天下無實于理者。」朱子曰：「天下之理，至虛之中有至實者存；至無之中有至有者存。夫理者，寓於至有之中，不可以目擊而指數也。」觀程朱之言可以知道矣。﹝註111﹞

至虛、至無，指的是此理不著形跡、不可指數；至實、至有，指的則是天地萬物實實在在有此變化之依據與節律。虛而實、無而有，即是「無極而太極」；實而虛、有而無，即是「太極本無極」。順此基本觀念，又可與伊川「體用一源，顯微無間」的思想相結合。

二、體用一源，顯微無間

伊川論易理與易象之關係云：「至微者理也，至著者象也。體用一源，顯微無間。」﹝註112﹞按照伊川的語意，《易》之體是理，其用是象。理體微密，象用則顯著。朱子闡述此意云：

> 「體用一源」者，自理而觀，則理為體、象為用，而理中有象，是一源也；「顯微無間」者，自象而觀，則象為顯、理為微，而象中有理，是無間也。」﹝註113﹞

朱子以理為體、為微；象為用、為顯，與伊川的原意相同。而敬軒一方面承繼伊川朱子的解釋，一方面又結合《太極圖說》，將體用顯微之義詮釋得更為細密。首先，在承繼伊川朱子方面，敬軒云：

> 體即微，顯即用。「體用一源」，言先體而用在其中；「顯微無間」，言先用而體不能外。﹝註114﹞

在這種說法中，體同於微，顯同於用。但若結合《太極圖說》的架構，則略有差異，敬軒云：

> 即「無極而太極」觀之，「沖漠無朕之中，萬象森然已具」，所謂「體

﹝註109﹞《薛瑄全集‧讀書錄》卷1，頁1020。
﹝註110﹞此觀點本自朱子，是其與陸象山辯論《太極圖說》時所提出。參見〈答陸子靜〉，《朱文公文集》，卷36，總頁510下。
﹝註111﹞《薛瑄全集‧讀書錄》卷10，頁1258。
﹝註112﹞《二程集‧伊川易傳‧序》，頁689。
﹝註113﹞〈答何叔京〉，《朱文公文集》卷40，總頁617。
﹝註114﹞《薛瑄全集‧讀書續錄》卷2，頁1332。

用一源」也；即陰陽、五行、男女、萬物觀之，而此理無所不在，

所謂「顯微無間」也。〔註115〕

在這種說法中，「體用一源」純以理言，「體」指無形無象的無極，「用」指太
極中含具的萬理萬象；「顯微無間」則兼理氣言，「顯」指形而下的氣，「微」
指形而上的理。故體用、顯微的詮釋重點並不相同。再比較以下兩段文字，
此分別將更爲明白：

體與微皆以理言，用與顯皆以象言。理中有象，象中有理，初無毫

髮之間也。〔註116〕

「無極而太極」，而陰陽、五行、男女、萬物之象，無不具於其中，

所謂「體用一源」也；陰陽、五行、男女、萬物，莫不各有無極太

極之理，所謂「顯微無間」也。〔註117〕

仔細分辨可知，用與顯雖「皆以象言」，卻有不同。「用」之象僅是指理中已
具之象；「顯」之象則是指具體的萬象。「用」還在理上講，「顯」則已就著具
體的萬物上講了。這是敬軒本於《太極圖說》，對伊川之語所做的進一步詮釋。

敬軒又引伊川另一段著名之語而言：

程子曰：「沖漠無朕，萬象森然已具。未應不是先，已應不是後。」

蓋未應有已發之理具，故不是先；已應有未發之理在，故不是後。

〔註118〕

沖漠無朕而萬象森然，意即至虛之中已有至實者存，乃「無極而太極」、「體
用一源」之義，前引敬軒之語已提及。而其所謂「未應有已發之理具」，即見
微中有顯；「已應有未發之理在」，即見顯中有微。微中有顯、顯中有微，正
表出「顯微無間」之義。敬軒又舉例說：

未有天地萬物，而天地萬物之理已具於沖漠無朕之中；未有兩儀、

四象、八卦，而兩儀、四象、八卦之理已具於太極之內，乃所謂「體

用一源」也。即樹根觀之，須思未有根之先，而沖漠無朕之中樹根

之理已具；逮夫氣機一動，資始資生，而理亦隨之，樹之根由是生

焉。〔註119〕

〔註115〕 《薛瑄全集・讀書錄》卷8，頁1227。

〔註116〕 《薛瑄全集・讀書續錄》卷3，頁1375。

〔註117〕 同上註。

〔註118〕 《薛瑄全集・讀書續錄》卷1，頁1309。

〔註119〕 《薛瑄全集・讀書錄》卷8，頁1230。

　　這段文字很完整地解釋了上文所論諸義。蓋沖漠無朕而萬象森然，即是「體用一源」，此乃就著萬物未生之前說，故專以理言；若就「資始資生，而理亦隨之」的萬物已生之後說，則具體的萬物之中莫不有此理隨之，即為「顯微無間」，是兼理氣言。也許我們可以提出質疑：未有兩儀、四象、八卦之前既已先有理，豈非理在氣先？理氣豈不為二物？此理豈不成為無氣之理？然而在本章第二節中，早已闡明敬軒理無間斷、氣亦無間斷，兩者渾合無間之義。在敬軒思想中，前一期的天地萬物止息與這一期的天地萬物化生之前，有一混沌未判的狀態，也即此段引文中所說的「沖漠無朕」之狀態，在此狀態中，理做為貫徹不變的價值、萬物生生的依據，當然依舊存在，而氣亦未嘗消失，因為一陰一陽互為其根，此時的氣實屬「太極動而生陽」之前的至陰至靜之氣，由於沒有二氣的絪縕感盪，所以才說未有兩儀，並非真有「有理無氣」的狀態。

　　體用顯微的思想看似玄虛高遠，其實對敬軒而言只是一種很親切的生命觀，試舉一個具體而簡單的例子，對這一生命觀加以說明：當一個人夜間沈睡之時，耳目感官的作用俱息，這可說是「沖漠無朕處」；但此人的生命力卻並未停止，只是呈現極度寂靜的狀態而已，他的感覺、思維、行動能力，早已蘊含在此狀態中，非白天起床之後才無中生有，此即「萬象森然已具」。換個方式說，此人無聲無臭的沈睡狀態中，即已含具能感能應的生命作用，這稱為「體用一源」（沈睡是體，感應是用）；而當他日間酬酢萬變，產生種種具體念頭、說出種種具體言語、做出種種具體事為之時，也沒有一刻離開過使他能夠如此起念、如此說話、如此動作的生命潛能。這稱為「顯微無間」（具體的行為表現是顯，抽象的生命潛能是微）。一個人的生命是如此，推之於天地萬物一體的大生命，又何嘗不是如此？

　　正因敬軒是在日用常行之中體認天道運行、理氣變化，所以「體用一源，顯微無間」之語，在他的感受中亦特別深刻，而不會只是幾個獨立概念間的辯證。他不厭其煩地在讀書二錄之中紀錄這樣的體會，強調體用、顯微、道器等概念的通一無二，諸如：

> 沖漠無朕之理，與昭然之萬象一時俱有，非先有理而後有象也。非象則理無所寓。

> 體、用，顯、微，不曾間斷相離為二物。〔註120〕

〔註120〕以上兩則皆見《薛瑄全集・讀書續錄》卷2，頁1326。

體用一源，不可分體用爲二；顯微無間，不可分道器爲二。〔註121〕

與討論理氣關係的態度一致，敬軒論體用顯微的問題，也明顯地展現出融貫一體的思維。相較而言，同樣詮釋伊川之語，朱子就較傾向於分析，如其言：「既曰有理而後有象，則理象便非一物。伊川但言其一源與無間耳，其實體用顯微之分則不能無也。」〔註122〕蓋朱子不喜含混籠統之說，因此對於融貫的說法，總是保持著警覺；敬軒則懼後學流於支離瑣碎，或落於懸空談理之弊，乃於融貫一面上特別著力。此乃敬軒略異於朱學，卻又有功於朱學之處。

三、畫前之易

在體用顯微的問題上，敬軒不僅吸納、融會濂溪與程朱的思想資源，更進一步帶入了「畫前之易」的重要概念，與體用顯微之義相發明。「畫前之易」的概念本自於邵康節，敬軒解釋道：

讀有卦畫之易，當知無卦畫之易。有卦畫之易，今之《易》書，猶可以言求；無卦畫之易，則可以心會，而不可以言求。邵子所謂：「須信畫前元有易」是也。〔註123〕

由此知「畫前之易」即是一爻未畫、一象未形之前，已然具足於天地之間的易理。故說：

卦爻未畫時，至虛至靜之中而卦爻之理已具；及卦爻既畫，而天地萬物之理皆具於卦爻之中。〔註124〕

這很顯然仍是「體用一源、顯微無間」的思想。未畫之時的至虛至靜是「體」，而此體已具卦爻之理是「用」；已畫的卦爻是「顯」，而寓於卦爻之中的天地萬物之理則是「微」。

敬軒使用「畫前之易」的概念，主要皆用以表顯《太極圖》中「無極而太極」的第一義之理。他說：

「畫前之易」，即太極也。所謂「沖漠無朕之中，而萬象森然已具」也。〔註125〕

〔註121〕《薛瑄全集‧讀書錄》卷8，頁1227。
〔註122〕〈答何叔京〉，《朱文公文集》卷40，總頁618。
〔註123〕《薛瑄全集‧讀書錄》卷4，頁1106。
〔註124〕《薛瑄全集‧讀書續錄》卷1，頁1284。
〔註125〕《薛瑄全集‧讀書錄》卷3，頁1076。

太極之中無所不有，所謂「畫前之易」也。〔註126〕

朱子詩曰：「若識無中含有象」，即「無極而太極」也。〔註127〕

「畫前」是一爻未畫、冲漠無朕，「易」則又是萬理具備、萬象森然。至無之中含至有，便是「無極而太極」。故「畫前之易」，正是「無極而太極」、「有無合一」的至理。敬軒頗重視對此統體之理的觀照與默會，如云：

須看無物之先，其理如何？〔註128〕

莫道畫前元有易，靜中天理亦森如。〔註129〕

太極中無一物，人能中虛無物，則太極之妙可默識矣。〔註130〕

這在朱子思想中亦有跡可尋，朱子云：

看《易》，須是看他卦爻未畫以前，是怎模樣？卻就這上見得他許多卦爻象數，是自然如此，不是杜撰。且《詩》則因風俗世變而作，《書》則因帝王政事而作。《易》初未有物，只是懸空說出。當其未有卦畫，則渾然一太極，在人則是喜怒哀樂未發之中；一旦發出，則陰陽吉凶，事事都有在裡面。人須是就至虛靜中見得這道理周遮通瓏，方好。〔註131〕

此種從至虛至靜之中見得渾然太極之理、「喜怒哀樂未發之中」的工夫，使人聯想到楊龜山（時，1053～1135）、羅豫章（從彥，1072～1135）以至朱子之師李延平（侗，1093～1163）一脈相傳的「體驗喜怒哀樂未發氣象」之工夫。〔註132〕但朱子的工夫論走的主要是伊川持敬、窮理之路，體驗未發之中並不居於主要地位。而敬軒的工夫論亦大體承繼朱子以《大學》爲藍本的架構，重視即物窮理，而較少從事靜坐默悟；然而《太極圖》實爲敬軒思想的重要來源，故伊川朱子的「格物致知」工夫，在敬軒乃展現爲觀照太極之理的「默識」工夫，大大加強了「格物致知」的體驗性格。但不可忽略的是，此種「默

〔註126〕同上註。

〔註127〕《薛瑄全集‧讀書續錄》卷8，頁1459。

〔註128〕《薛瑄全集‧讀書錄》卷7，頁1193。

〔註129〕〈松窗皓月〉，《薛瑄全集‧文集》卷5，頁284。

〔註130〕《薛瑄全集‧讀書錄》卷4，頁1131。

〔註131〕《語類》卷67，頁1660。

〔註132〕朱子〈答何叔京〉第二書云：「李先生教人大抵令於靜中體認大本未發時氣象分明，即處事應物自然中節，此乃龜山門下相傳指訣。」（《朱文公文集》卷40，總頁601）黃梨洲亦云：「羅豫章靜坐看未發氣象，此是明道以來下及延平一條血路也。」（《宋元學案》卷39〈豫章學案〉，頁567）

識」工夫依舊是窮天地萬物之理，與龜山一路的默坐觀心終究有別。這些問題屬於工夫論的範疇，將在後面的章節中再做詳述。而本章對敬軒天道論思想的分析，至此即告一段落。

第五節　小　結

　　薛敬軒承繼朱子的理氣論而開展其天道思想。在其眼中，天地萬物本然順適的存在方式或節律即稱爲「理」（太極），而屈伸感應、變化不斷的能量即稱爲「氣」（陰陽）。前者不是孤懸的實體，而是後者的運作依據。因此理與氣的關係，既恆不相離，亦恆不相雜。敬軒在「不離、不雜」二義上雖不偏執一端，然而相較於朱子，他討論理氣關係更重視對「不離」義的強調。譬如在「理氣分合」的問題上，他反覆闡述理氣一貫、渾融無間之旨；在「理氣先後」的問題上，他能掌握朱子立言的本意，申明理氣無須臾之相離、在時序上不可分先後的宗旨；且爲證明此點，敬軒更從宇宙論的角度上詳細說明「氣無間斷」之義，對朱子語意不圓之處做了補充；而對於同樣頗具爭議的「理之動靜」問題，他也做了層次上的辨明，以爲動靜雖僅用以描述氣的流動變化，然而理卻實有「能爲動靜」的主宰功能，常隨氣而流行在萬物之中，絕非一僵固的死理。從敬軒對這些問題的觀點上，在在可以看出其理氣融貫的思維，以及重視實際體驗、反對離氣言理的態度。

　　其次，「理一分殊」思想也是敬軒天道論的重要環節。一本而萬殊、萬殊而一本的世界觀，不僅本諸前儒，亦是敬軒在萬事萬物之中反覆思維體驗而得到的親切印證。他不僅掌握「統體之理」與「萬殊之理」間一多相涵的關係，也不乏「統體之氣」與「萬殊之氣」的觀念，以貫徹理氣不離之義。因此當他爲闡述朱子「氣有聚散，理無聚散」之說而提出「日光飛鳥」之喻時，便是有自覺地在統體之理與萬殊之氣相對比的脈絡中，突顯前者不隨人事代謝而顛仆的超越價值；而非如黃梨洲所質疑的一般，視理氣爲二物。此外，敬軒在「體用顯微」的問題上亦多所措心，並本於朱子而廣泛融攝了北宋理學的重要思想，包括周濂溪的「無極而太極，太極本無極」；程伊川的「體用一源，顯微無間」、「沖漠無朕，萬象森然」；以及邵康節的「畫前之易」等，將之貫通爲一體圓融的生命觀。

　　綜上觀之，敬軒對朱子理氣論的內涵有著深刻的體會，不僅在各個面向

上皆能善繼其志，且能對朱子之說有著重點上的加強與補充。蓋朱子之學雖原自二程，然「明道喜作圓頓表示，伊川喜作分解表示」〔註133〕，兩人思想風格上的不同，大抵爲古今學者的共識。朱子因重視名義分解，故其說往往近於伊川；反觀敬軒雖極尊朱子，天道論的系統亦本於朱子，但是其詮說方式所表現出的融貫傾向，反較朱子更近於明道。此爲敬軒略異於朱子之處，卻也正是其有功於朱學之處。

〔註133〕語本牟宗三：《心體與性體》第二冊，頁4。

第四章　薛敬軒的天人思想與心性論

　　天人合一的思想，本爲中國先秦哲學的古義，儒家、道家、陰陽家的思想中都含有此觀念。〔註 1〕而宋代理學家則特別從心性之學的角度，承繼發揮了先秦儒學的這一重要內涵。因此，談理學家的天人合一思想，必須從其心性本位的立場切入始能準確；反過來說，其心性論的種種觀點，亦無不以天人合一的思維爲基礎。敬軒之學本自宋儒，在其理論系統之中，天人思想與心性論，亦是一體而不可分。若以其天道論屬天、工夫論屬人，那麼天人思想與心性論，正好做爲這兩者相契接的橋樑，這是本文於天道論之後、工夫論之前別置此章的用意。以下將先介紹敬軒的天人思想，再藉由對性氣、理欲、氣欲、心性這幾組概念的比較分析，較完整地呈現其心性論的各個面向。

第一節　天人合一

　　本節將闡述敬軒天人合一的思想，首先論其思想來源，其次分從「太極」、「性」、「心」三個概念上看敬軒如何闡述天人合一，再次則論其對天人感應與天人職分殊別的看法。

一、總述源流

　　敬軒曾有一段文字，闡述天人思想之源流甚爲詳明，其文云：

〔註 1〕 關於天人合一思想在先秦的發源、演變與型態，可參見張亨：〈「天人合一」的原始及其轉化〉，《思文之際論集——儒道思想的現代詮釋》（台北：允晨出版社，1997 年 11 月），頁 249～284。

天人一理。湯曰：「惟皇上帝，降衷于下民。」武王曰：「惟天地，萬物父母；惟人，萬物之靈。」《詩》曰：「天生烝民，有物有則。」孔子所謂「性與天道」，子思所謂「天命之性」，孟子所謂「知性知天」，皆有以見天人之一理。後世大道不明，論天者不及於人，言人者無涉於天，由是分天人為二致。惟董子有「道之大原出於天」之言，亦可見天人之一理。至周子作《太極圖》，明人物出於造化之一原，而張子、程子、朱子，各有發明天人一理之說，大道於是復明。〔註2〕

敬軒此段文字是以「天人一理」的思想為準，來判定「大道」的絕續，也即從儒者對「天人合一」之義的把握是否恰當，來評價其是否能發明「大道」，這可說是另一種型態的道統論述。理學家之所以對自身的學問甚有自信，認為能超越漢唐而直承先秦的智慧，並非全憑主觀臆斷，而應與他們對於「天人合一」這個儒學核心精神的準確把握有關。所謂「天道、人倫，渾合無間」〔註3〕的生命體驗與修養境界，確是理學的勝義所在。

二、太極、性、心與天人合一

敬軒闡述天人合一之旨的文字甚多，可分別以太極、性、心這三個概念為核心加以介紹。

（一）太極與天人合一

濂溪藉《太極圖》發明天人合一之旨，給予後儒很大的啟發，敬軒體認天人思想，亦以《太極圖》為本。他說：

《太極圖》貫天人之理為一。

學貫天人，於《太極圖》見之。〔註4〕

在天為元亨利貞，在人為仁義禮知，太極不外乎此也。〔註5〕

「元亨利貞」之天道與「仁義禮智」之人道，統括了天人萬物的道理，而皆包蘊在《太極圖》之中。此理看似周遍廣大，極為高遠，其實從人之日用常行處即可加以體會。敬軒云：

〔註2〕 《薛瑄全集・讀書續錄》卷10，頁1476。
〔註3〕 《薛瑄全集・讀書錄》卷6，頁1176。
〔註4〕 《薛瑄全集・讀書續錄》卷3，頁1370。
〔註5〕 《薛瑄全集・讀書續錄》卷1，頁1290。

讀《太極圖説》，句句體貼向身上看，自有無窮之味。〔註6〕

人之一呼者，太極動而陽也。一吸者，太極靜而陰也。吸爲呼之根，呼爲吸之根。即陰陽之一動一靜而互爲其根也，以至一語一默，無不皆然。則太極陰陽之妙，又豈外於人之一身哉？〔註7〕

在敬軒看來，天人本來不二，故《太極圖》所示之陰陽動靜、循環往復之理，不僅是對天道造化之妙的開顯，更不離於人的當下感受。譬如從人的一呼一吸，即可看出一陰一陽之道。〔註8〕蓋有呼必然有吸，有吸必然有呼，一呼一吸，互爲其根。呼與吸並不是兩個對立的實體，而只是一氣之自然往復。若能隨順此天然自有之條理（太極）而不加紊亂，人就能夠安穩舒泰地生活，全身的器官細胞也能夠健康地運作生長。反之，如果受到外在因素影響而使呼吸不勻不調，如呼多吸少或吸多呼少，那麼人體便會因過與不及而感到不適；更有甚者，如果將口鼻掩住而禁絕呼吸，使此生生不息的自然條理遭到扼喪，人就會因生機不再而死亡，今人耳熟能詳的「窒息」二字正巧妙地表達此意。進一步說，不僅呼吸的道理如此，天地萬物的運行，也都一一各有天則，而這些道理都可以會通。人若能夠深刻地體察這些道理，摒除所有性格中的偏見、習氣、私欲，凡事皆隨其天然自有之則而處之，那麼在視聽言動、待人處事、出處進退之際，都將能夠恰到好處、寬舒自在。人與人、人與自然間，也能夠生機充滿、圓融和諧，而不會有「窒息」之虞。這就是所謂的「太極陰陽之妙」。

（二）性與天人合一

天人一貫之理，除了太極這個概念以外，亦可以「性」、「命」二字表之。敬軒云：

朱子曰：「道則天人性命之理。」天命，元亨利貞也；人性，仁義禮知也。理統性命而言，天人之學貫於一。〔註9〕

太極即性命，非性命之外別有太極也。〔註10〕

〔註6〕　《薛瑄全集・讀書錄》卷8，頁1230。
〔註7〕　《薛瑄全集・讀書錄》卷7，頁1209。
〔註8〕　程伊川曾云：「近取諸身，百理皆具，屈伸往來之義，只於鼻息之間見之。」（《二程集・遺書》卷15，頁167）敬軒此處以人的呼吸說明太極陰陽之妙，蓋本自伊川。
〔註9〕　《薛瑄全集・讀書續錄》卷1，頁1294。
〔註10〕　《薛瑄全集・讀書續錄》卷3，頁1370。

「命」代表的是天道之元亨利貞,「性」代表的是人道的仁義禮智,在天者
爲「命」,在人者爲「性」,兩者亦貫爲一理,此蓋《中庸》「天命之謂性」
之義。敬軒有時如上所說將性命析爲兩個名義,有時亦單以一性字統括性
命。如云:

> 天地萬物,惟性之一字括盡。〔註11〕

> 學要識總會處,即性是也。天下萬理,一性字包括之,深矣哉!
> 〔註12〕

敬軒畢生提倡「復性」的工夫,其所欲復之性,必須以此種天人思想爲背景
才能確切理解。蓋其所謂復性,乃是要人窮究天人之際,開顯天人一貫的大
生命,以發揮立己立人的大用,〔註13〕故有所謂「要識總會處」、「深矣哉」
之言。若以爲其復性之教只是教人恪守宋儒的道德教訓,做個篤實踐履的善
人,則難識敬軒學問之眞面目。

（三）心與天人合一

心是人一身的主宰,敬軒認爲,只要此心無私,太極性命之理即在此心
之中顯現,而與天地相通貫。〔註14〕因此他亦屢就此心發明天人合一之旨。
如云:

> 人惻然慈良之心,即天地藹然生物之心。〔註15〕

> 孔子周流四方,欲行其道於天下,豈不如長沮桀溺之徒,知道之終
> 不能行?但聖人仁民之心,即天地生物之心,天地不以窮冬大寒而
> 已其生物之心,聖人亦豈以時世衰亂而已其行道之心乎?〔註16〕

此所謂「天地藹然生物之心」,即是指流行於萬物的元亨利貞之理;而「惻然
慈良之心」、「聖人仁民之心」,即是指內具於人心的仁義禮智之理。正因天人
之理本自不二,故天人之心亦相通貫。

〔註11〕《薛瑄全集・讀書錄》卷2,頁1053。
〔註12〕《薛瑄全集・讀書續錄》卷3,頁1370。
〔註13〕敬軒〈會試錄序〉云:「性復則明體適用,大而負經濟之任,細而釐百司之務,
　　　　焉往而不得其當哉!」參見《薛瑄全集・文集》卷17,頁796。
〔註14〕敬軒云:「細思人與天地本無二理,惟無私貫之。」(《薛瑄全集・讀書續錄》
　　　　卷6,頁1439)又云:「人心通貫天地之心。」(《薛瑄全集・讀書續錄》卷7,
　　　　頁1448)
〔註15〕《薛瑄全集・讀書錄》卷3,頁1076。
〔註16〕《薛瑄全集・讀書續錄》卷3,頁1381。

敬軒時常藉由觀察天地萬象而反照此心，除上所引，尚可再舉數例，如云：

> 雷電風雨，參錯交動於下，而太虛之本體自若；萬事萬變，紛紜膠
> 擾於外，而吾心之本體自如。〔註17〕

天道固有參錯交動的雷電風雨，太虛之本體猶自如如不動；同理，人生雖不離於紛紜膠擾的萬事萬變，此心之本體亦終究不染一塵。在敬軒看來，天地之理通於此心之理，天地萬象亦可喻此心之萬象。因此他又說：

> 一念之善，景星慶雲；一念之惡，烈風疾雨。〔註18〕

意即人起善念之時，其心中之氣象就如同景星慶雲，平靜且愜意；起惡念之時，其心中之氣象就如同烈風疾雨，擾動而不安。若順著敬軒這一比喻講下去，則可說人心自有一個本然順適的條理，皆好景星慶雲，而惡烈風疾雨；也即本自能好善惡惡、知是知非，此即陽明良知學的勝義。然而敬軒未論及此，其學亦畢竟與陽明心學有別。

三、天人感應與天人分殊

除了從天人一貫的性命天道之理上發揮天人合一之旨，敬軒亦對天人之間的感應之道有所契會。他認為：「天人禍福相應之幾，至微而不爽。」〔註19〕此所謂禍福相應，與漢儒觀念中有一意志天在福善禍淫的天人感應之說實不相同；乃是從心性上體驗到天人間的一氣流通，故當此端的能量改變，彼端亦必有所牽動。譬如君子居易以俟命，其身自有一股中和之氣，而易與天地之間的中和之氣相感應；小人行險以僥倖，其身之氣則橫暴流溢，而易與天地之間的橫暴之氣相感應。前者往往得福，後者則常自召禍端。這顯然不是神權主義思想下的禍福觀，而是一種對宇宙人生的深刻觀照。正因有識於此，故敬軒言：

> 未有逆理而能久者，間有之，所謂「枉之生也幸而免」。聖賢之言如
> 蓍龜，言吉則吉、言凶則凶，或不然者，但有淹速耳。時下通塞不
> 足為欣戚，要久而後見。〔註20〕

對敬軒而言，聖賢之言道出了天人萬物最恰當的存在方式，也即一氣之往來

〔註17〕《薛瑄全集‧讀書錄》卷9，頁1241。
〔註18〕《薛瑄全集‧讀書錄》卷9，頁1248。
〔註19〕《薛瑄全集‧讀書續錄》卷2，頁1342。
〔註20〕《薛瑄全集‧讀書錄》卷7，頁1195。

屈伸最恰好的節度,順之而行自然吉祥,逆之而行必遭凶厄,感應的遲速或有不同,然而以長遠的眼光觀之,皆無不驗。〔註21〕敬軒平生於造次顛沛之際,之所以能安然樂道、固守價值,這種天人感應思想所形成的堅定信仰,實爲主要原因。

其次,敬軒又將「理一分殊」的思維融入到天人關係上,不僅深知一貫之理、感應之道,亦能兼觀天人之間的差別。他說:

> 天人一理也。天有不能爲人所爲者,人有不能爲天所爲者,此其分殊也。〔註22〕

> 分而言之,爲三才各一太極;合而言之……又總是一太極也。〔註23〕

> 天理,元亨利貞也;民彝,仁義禮知信也。天理民彝,一而二、二而一者也。〔註24〕

天人雖然一理,其分亦殊。天能創生無窮、潛運造化;人則應繼天立極、道濟天下。故就統體一貫之理而言,天人雖二而實一;就其各自之分位與表現之事爲而言,天人雖一而實二。因此所謂天人合一,必同時涵蓋理一與分殊兩義方爲完備。人既不能不識理一,認爲天地運行之道與人類行爲邈不相干;也不能忽略分殊,而過度神話人的地位,想要驅遣萬物、宰制自然。故云「天理民彝,一而二、二而一者也。」

第二節　性氣理欲

根據上節所述天人合一的思想,天地萬物都只是一理之貫徹,而天道既是至善,人之本性當然亦是至善;換言之,人之本性即是天地之性,天人之間渾然無間。然而依據理學傳統,對人性的討論不能只講性、理之善,還應當注意到在實然上的氣欲之雜。本節將分析敬軒對「性氣」、「理欲」、「氣欲」這三組關係的論述。

〔註21〕 佛家講業力自招、因果不爽,又言不是不報,時候未到,其背後的世界觀雖與理學大異,但是兩者對吉凶禍福的看法,實有相似之處,儒佛義理在思想史上時常合流,殆非偶然,於此可以窺豹一斑。
〔註22〕 《薛瑄全集・讀書續錄》卷1,頁1296。
〔註23〕 《薛瑄全集・讀書續錄》卷2,頁1336。
〔註24〕 《薛瑄全集・讀書續錄》卷1,頁1309。

一、性氣關係

　　敬軒承接宋代理學關於人性論的一貫傳統，以「性」做爲上通天道的價值源頭。敬軒言：

> 「仁義禮智」即是性，非四者之外別有一理爲性也；「道」只是循此性而行，非性之外別有一理爲道也；「德」即是行此道而有得於心，非性之外別有一理爲德也；「誠」即是性之眞實無妄，非性之外別有一理爲誠也；「命」即是性之所從出，非性之外別有一理爲命也；「忠」即盡是性於心，非性之外別有一理爲忠也；「恕」即推是性於人，非性之外別有一理爲恕也。然則性者，萬理之統宗歟！理之名雖有萬殊，其實不過一性。〔註25〕

性乃「萬理之統宗」，既是爲人爲學的指導原則，又是仁義禮智、道德忠恕等一切價值的會歸處。由此可知，性可說是人生「本然順適的存在方式」，而無異於天道論中所說的理。唯有能把握到天地間統體的道理，進而體認天人之間的貫徹不二，始能直透人性的本然。故敬軒讚嘆伊川道：「程子『性即理也』之一言，足以定千古論性之疑。」〔註26〕

　　然而只論本然至善之性，尚不足以完備地解釋現實人性中參錯不齊的複雜現象。因此橫渠首先提出「氣質」的概念，而二程應和之，其所謂「論性不論氣，不備；論氣不論性，不明。二之則不是」〔註27〕之語，大抵可做爲宋明理學討論性氣關係的提綱挈領之語。故朱子謂氣質之說「起於張程，某以爲極有功於聖門，有補於後學。」〔註28〕敬軒論氣質，亦本於這一脈絡，並從其天道論的一貫思路說下來：

> 太極性也，陰陽氣也。論太極而不言陰陽，則徒知太極爲至善之性，而不知氣有昏明清濁之殊，故曰：「論性不論氣，不備」；論陰陽而不言太極，則徒知陰陽之氣有昏明清濁之異，而不知太極爲至善之性，故曰：「論氣不論性，不明」。雖然，太極即在陰陽之中，陰陽不在太極之外，理氣渾然而無間，若截理氣爲二則非矣。〔註29〕

敬軒此處言性氣關係，一如其言理氣關係，雖兼言兩者而不混雜無別，卻也

〔註25〕　《薛瑄全集・讀書錄》卷5，頁1151。
〔註26〕　《薛瑄全集・讀書錄》卷3，頁1073。
〔註27〕　《二程集・遺書》卷6，頁81。
〔註28〕　《語類》卷4，頁70。
〔註29〕　《薛瑄全集・讀書續錄》卷1，頁1285。

不忘強調兩者的渾然無間。故說：「有氣即有性，有性即有氣。性雖不雜乎氣，亦不離乎氣。」〔註30〕蓋從融貫的一面說，則無氣非性、無性非氣；從分析的一面說，則可標立出不雜於氣質的「天地之性」，以分別於所謂的「氣質之性」。以下便從這兩方面，討論敬軒對宋儒性氣關係論的繼承與發揮。

（一）性氣融貫說：「性即氣，氣即性」

最喜將性氣融貫而說者是程明道，其云：

> 生之謂性，性即氣，氣即性，生之謂也。人生氣稟，理有善惡，然不是性中元有此兩物相對而生也。……善固性也，然惡亦不可不謂之性也。〔註31〕

> 天下善惡皆天理，謂之惡者非本惡，但或過或不及便如此，如楊墨之類。〔註32〕

在明道的觀念中，天地萬物皆同出於一源，皆本於生生不窮的天理而成。天理既然貫徹流行於萬物之中，自然不會有一個外於天理的、本性是惡的事物。因此，天地間雖不乏種種過惡，然而惡的現象並不是另外源自一個惡的本性，而只是在生命的運作過程中未能恰好地實現天理的結果。換句話說，做為源頭的性只是一個生生不息的天理，善是此理的恰好，惡則是此理的過與不及，或善或惡皆不離於此性，故「性即氣，氣即性」。敬軒詮釋此義云：

> 程子謂：「善固性也，惡亦不可不謂之性也。」疑其自《太極圖說》中來。《圖說》曰：「五性感動而善惡分。」謂之分，則二者皆自性中來，但順則爲善，不順則爲惡耳。〔註33〕

敬軒嫻熟於《太極圖說》，故以此融會明道之說。《圖說》認爲太極爲萬物生化之源，據此推之，人物所稟的五行之性，或善或惡皆無非太極，但有順理與不順理之別而已。敬軒又分辨明道與荀子性論之不同云：

> 程子言「惡亦不可不謂性也」，此指理在氣中；荀子言「性惡」，則專主氣言。故有不同。〔註34〕

明道雖承認惡亦是性，卻非「以惡言性」，而是「以性言惡」。換句話說，不

〔註30〕《薛瑄全集·讀書續錄》卷7，頁1447。
〔註31〕《二程集·遺書》卷1，頁10。
〔註32〕《二程集·遺書》卷2上，頁14。
〔註33〕《薛瑄全集·讀書錄》卷6，頁1180。
〔註34〕《薛瑄全集·讀書錄》卷9，頁1250。

是直接將惡的氣質認做性，而是從性氣融貫的角度，說善惡之氣無非是性。荀子講性惡，或漢唐儒講性善惡混，則單從經驗事實上做論斷，只是「專主氣言」，而缺乏對理的體驗。若瞭解惡的現象只是天理的過與不及，而非一個人的本質，則十惡不赦之人，亦能當下自尊自重，回歸內在本具的價值源頭。反之，若透不入這個思路，卻又想為善去惡，似乎就只能選擇依靠聖王禮法、典章制度等權威性的規範，被動地防堵惡的產生。就理學的角度看來，且不論此一方式的外在效果如何，至少生命本身並不能得到徹底的振拔與提升，心靈也不能擁有真正的開放與自由。故荀子以下之性論，遂為理學家所不取。

（二）性氣分析說：「善反之則天地之性存焉」

明道「性即氣，氣即性」的說法，是不離氣而言性；然若要突顯天理之超越、永恆與一貫，則亦不妨將性從氣中析出，獨立而說。試看以下幾條資料：

> 橫渠曰：「形而後有氣質之性，善反之則天地之性存焉。故氣質之性，君子有弗性者焉。」〔註35〕

> 明道曰：「蓋『生之謂性』，『人生而靜』以上不容說，才說性時，便已不是性也。凡人說性，只是說『繼之者善』也，孟子言人性善是也。」〔註36〕

> 朱子曰：「天地之性，則太極本然之妙，萬殊之一本也；氣質之性，則二氣交運而生，一本而萬殊也。」〔註37〕

橫渠所說的「天地之性」，明道所說的「繼之者善」，朱子所說的「萬殊之一本」，皆是不雜氣質而言性。而橫渠所說的「氣質之性」，明道所說的「生之謂性」，朱子所說的「一本而萬殊」，則是合著氣質而說性。敬軒本此脈絡而回溯濂溪《太極圖說》來發揮此義，他說：

> 「無極而太極」，天地本然之性也；陰陽太極，氣質之性也。天地本然之性，就氣質中指出不雜者言之；氣質之性，即本然之性墮在氣質中者，初非二性也。〔註38〕

〔註35〕《張載集・正蒙・誠明篇第六》，頁23。
〔註36〕《二程集・遺書》卷1，頁10。
〔註37〕明・胡廣等纂修：《性理大全書》（台北：台灣商務印書館，1983年，景印文淵閣四庫全書，第710～711冊）卷30，總頁653。
〔註38〕《薛瑄全集・讀書錄》卷9，頁1241。

太極上一圈是天地之性；陰陽、五行、男女、萬物各一太極，是氣
質之性。然氣質之性即天地之性隨在氣質中，非有二也。〔註39〕

《太極圖》的最上一圈專以理言，乃「無極而太極」，等同於「天地之性」；《太
極圖》的下面各圈兼理氣言，乃「陰陽太極」，等同於「氣質之性」。敬軒既
在其天道論中屢屢發揮「體用一源、顯微無間」之義，則自然強調「天地之
性」與「氣質之性」非爲二性。他認爲，就「氣質」之中指出不雜的價值，
即「天地之性」，這是就理氣不雜的方面說；而「天地之性」畢竟不離「氣質」
而獨存，故合「天地之性」與「氣質」而觀，即名爲「氣質之性」，這是就理
氣不離的方面說。用天地之性、氣質之性兩個概念，雖易使人有兩性相對的
錯覺，其實細觀之，只是詮釋上的開闔不同而已。

敬軒又依據朱子的理氣論綜論性氣關係：

天以一理賦與萬物，人得其全，物得其偏。於全之中又有氣質昏明
強弱之不齊，惟生知上聖氣得其清，於全者無所蔽；中人以下則氣
質昏濁，而全者不能無蔽，與物之偏者無異，此人有近於物者。物
於偏之中，又有得其一端之明者，如雎鳩有別、蜂蟻君臣之類，此
物有近於人者。但物之氣質之偏，終爲所拘，不能通乎理之全；惟
人能變化氣質，則有可通之理。〔註40〕

此條論性簡要詳明，在天地萬物一理的視域下，對人與人之間的不齊、人與
物之間的差別等問題都做了清楚的說明。配合上文的詮釋可知，理學思想從
來沒有將天地之性（或本然之性）與氣質之性截然二分，甚至鄙視氣質或消
滅氣質的意思。〔註41〕其所爲者乃是「變化氣質」的工夫，目的在於使氣之

〔註39〕《薛瑄全集‧讀書續錄》卷1，頁1313。
〔註40〕《薛瑄全集‧讀書錄》卷9，頁1241。
〔註41〕清儒顏習齋（元，1635～1704）極力批判程朱理學以氣質爲惡之說，而力主
氣質爲善。暫且不論顏氏自身思想之優缺，至少程朱理學並不以氣質作爲惡
的根源。程朱雖認爲氣質有善有不善，但此所謂善與不善，僅是形容人實現
本然之性的難易，並非一種價值判斷，與本性至善的善用法不同。（試想：人
以外的萬物，氣質皆偏而不全，若以氣質爲惡的根源，則遍天下之物皆成惡
物矣，以惡視萬物，豈爲仁者之胸懷？）因此與其說氣質有善有惡，不如說
氣質有清有濁，清者實現本性較易，濁者實現本性較難，這顯然與論斷一個
人是善人或惡人，屬於兩個不同層次的問題。進一步說，氣質之惡（濁），只
表示一個人在體現本性的實然能力上較爲不足，並不表示此氣質是驅動人爲
惡的源頭，故天生氣質較惡（濁）之人，未必一個惡人，反而可能是努力
做實踐工夫而「雖愚必明，雖柔必強」（《禮記‧中庸》）的善人。因此人之爲

濁者還其清、昏者還其明、偏者還其全，於是能擺脫私欲的干擾，將自己重新開放到天地萬物之中，使生命能回歸天人一致、本然順適的存在方式，也即使天地之性獲得全幅的體現。故敬軒又說：

> 張子曰：「形而後有氣質之性，善反之則天地之性存焉。故氣質之性，君子有弗性者焉。」此言氣質昏濁，則天地之性為其所蔽，故為氣質之性。善反之而變其昏濁，則天地之性復明。若氣質本清，則天地之性自存，初無待於反之之功也。〔註42〕

從敬軒的這一段詮釋，更可以看出宋儒未嘗否定氣質。因為當一個人氣質清明之時，便是天地之性的顯現，並不是去掉了氣質以後，另外有個天地之性。蓋天地之性的提出，乃是為了強調終極價值，其實天地之性恆常只在氣質之中而顯；而另說一個氣質之性，目的則在於方便解釋遍在萬物的天地之性因氣質之不同所導致的殊別狀況。其關係猶如下表：

◎氣質之性 $\begin{cases} 聖人：天地之性顯於氣質之清 \\ 眾人：天地之性蔽於氣質之濁 \end{cases}$

天地之性的概念代表的是人性的本然層次，乃是至善之理，如孟子所說的性善；然而現實情況中人總有拘蔽，並非人人都是聖人，於是氣質之性便用以代表人性實然的一面，也即至善之理在萬殊的氣質中顯現出的不同樣貌。一般人的實然狀態與本然狀態之間或多或少都有距離，因此天地之性與氣質之性的概念分析在詮說上是必要的；而對聖人而言，天地之性在其氣質之中全然顯露，實然的狀態即是本然的狀態，無須分別矣！由此可知，氣質之性只是為方便區別聖凡而巧立的語詞，人之所同然的本性還是天地之性，故橫渠言：「氣質之性，君子有弗性者焉。」

敬軒「君子性其氣，小人氣其性」〔註43〕一語，大概可用以做為上述諸義的總括。所謂「君子性其氣」，指的是君子依性正其氣，令其氣質無不符合此本然順適的條理；而所謂「小人氣其性」，指的則是小人以氣亂其性，令其

惡亦永不能歸罪於氣質，只能歸罪於自心甘為物欲所誘。此一問題鍾彩鈞先生亦曾論及，參見〈二程心性說析論〉，《中央研究院中國文哲研究集刊》創刊號（1991 年 3 月），頁 434～437。

〔註42〕《薛瑄全集・讀書續錄》卷7，頁 1448。
〔註43〕《薛瑄全集・讀書錄》卷5，頁 1153。

至善本性爲偏駁濁惡的氣質所拘蔽而不顯。從性氣融貫的角度說，君子之氣
固即是性，小人之氣亦不可不謂之性，只是前者得其中正，後者有過與不及
而已；而從性氣分析的角度說，不隨氣質之清濁而變者乃天地之性，君子變
化氣質使之清明，天地之性得以顯現，故其氣質之性即全顯天地之性，小人
則任由濁惡之氣質汩沒其天地之性，故其氣質之性有別於天地之性。

二、理欲之辨

　　與「性、氣」這組概念密切相關的是「理、欲」。天理人欲之辨，乃是宋
代理學家極看重的課題。宋儒此一思想，實可上溯到先秦儒學的義利之辨。
孔孟對於義利皆做嚴格的判分，〔註 44〕甚至有「殺身成仁」、「捨生取義」此
種爲道德價值而放棄私我生命的觀念。蓋義與利在孔孟思想中屬於生命大方
向的抉擇，失之毫釐、謬以千里，故其間不可有任何的鬆動妥協。而利既與
義相對，指的顯然不是公眾的利益，而是私我之利，於是對私利的貶抑，同
時也就指向了對貪圖私利之欲望的貶抑。譬如：

> 子曰：「吾未見剛者！」或對曰：「申棖。」子曰：「棖也欲，焉得剛？」
> （《論語・公冶長》）
>
> 孟子曰：「養心莫善於寡欲。其爲人也寡欲，雖有不存焉者，寡矣。
> 其爲人也多欲，雖有存焉者，寡矣。」（《孟子・盡心下》）
>
> 君子以懲忿窒欲。（《周易・損卦・大象》）
>
> 人之好惡無節，則是物至而人化物也，人化物也者，滅天理而窮人
> 欲者也。（《禮記・樂記》）

這些都清楚地表明了先秦儒學教人克除私我欲執的立場，尤其〈樂記〉天理
人欲概念的提出，更成爲宋儒理欲之辨的重要文本依據。

　　宋代理學家本於上述思想而特嚴於理欲之辨。伊川言：「不是天理，便是
私欲。……無人欲，即皆天理。」〔註45〕朱子言：「若論其本然之妙，則惟有
天理而無人欲，是以聖人之教，必欲其盡去人欲，而復全天理也。」〔註 46〕
其所謂天理，即是仁義禮智等本性具足且與天道相通貫的道德價值；其所謂

〔註44〕 如孔子曰：「君子喻於義，小人喻於利。」（《論語・里仁》）孟子曰：「雞鳴而
　　　　起，孳孳爲善者，舜之徒也。雞鳴而起，孳孳爲利者，跖之徒也。欲知舜與
　　　　跖之分，無他，利與善之間也。」（《孟子・盡心上》））

〔註45〕 《二程集・遺書》卷15，頁144。

〔註46〕 〈答陳同甫〉，《朱文公文集》卷36，總頁517。

人欲，則是指與此價值不相應、有過與不及的種種私意造作。人有了私心造作，自不能相應於本然順適之理；而事事中理、與天道相感通者，必然於起心動念處無有私意。因此「存天理，去人欲」就成了宋明理學家提升生命境界的重要工夫。敬軒本著這樣的思考脈絡，而闡釋其理欲觀云：

> 爲學之要，莫切於動靜。動靜合宜者便是天理，不合宜者便是人欲。〔註47〕

> 易傳曰：「易，變易也。變易以從道也。」如人之一動一靜者，變易也；而動靜之合乎理者，即道也。〔註48〕

動靜代表著一氣的變化，在變化中不讓私欲干擾之而得其適中恰好，即是天理、即是道，若有過與不及則是人欲。敬軒又綜合孔孟、程朱之說，而分辨君子小人之生命方向云：

> 君子志於道，小人志於利。利與義之間，不能容髮。

> 君子窮以義，達以義，窮達皆天理也；小人窮以利，達以利，窮達皆人欲也。〔註49〕

敬軒合「義利」與「理欲」以辨君子、小人，可見其深知程朱之說的精神本自孔孟。後人但見程朱理學「去人欲」之言，便謂程朱否定了物質生命的生理需求，扼殺人性之自然，〔註50〕此種誤會與上一節所說，以爲理學家以氣質爲惡而否定氣質一般，皆不免望文生義。蓋人既有形體，豈能離開氣質？又豈能無生理需求？存理去欲之說又何嘗全盤否定氣質欲望？敬軒云：

> 告子以食色爲性，若紾兄之臂而得食，得爲性乎？踰東家**墻**摟處子則得妻，得爲性乎？故食色，氣也；食色之理，性也。〔註51〕

> 衣食之類，本爲養生之具，不可缺者。故聖人爲治必開衣食之源，

〔註47〕《薛瑄全集・讀書錄》卷1，頁1018。

〔註48〕《薛瑄全集・讀書錄》卷1，頁1019。

〔註49〕《薛瑄全集・讀書錄》卷7，頁1198。

〔註50〕清儒戴東原於其《孟子字義疏證》中即常以此抨擊宋儒。然東原以「飢寒愁怨，飲食男女，常情隱曲」等人生基本需求定義「人欲」，已與宋儒所說的自私自利者不同。就朱子而言，東原所說者乃「人心」，非「人欲」。故朱子解釋「人心惟危」之時說：「人心是知覺，口之於味，目之於色，耳之於聲底，未是不好，只是危。若便說作人欲，則屬惡了，何用說危？」（《語類》卷78，頁2013）蓋「人心」本是聖人亦不可無者，只要謹慎，不可放任之；而「人欲」則多用以指私利，是爲惡之源，故必須盡去。

〔註51〕《薛瑄全集・讀書續錄》卷6，頁1435。

> 以厚民生。故衣食飽煖足矣……衣食取足者，天理之公；過爲華侈
> 者，人欲之私。君子謹之。〔註52〕

前一條用的是《孟子‧告子下》的典故，孟子之意蓋認爲做爲道德價值的禮，相較於食色之欲具有優位性，違反人性之本然而圖一己之私欲，乃絕不可爲之事。敬軒則承此意，進一步以「氣」言「食色」，而以「性」言「食色之理」。氣雖不可須臾離，但是其恰好的節度在於做爲價值源頭的性。而去人欲，只是要令食色之氣能合於本然具有的條理而已，並非盡去食色。第二條所說更爲明白，敬軒肯定衣食爲不可或缺的養生之具，但若於基本需求上更起貪著之意，則落於人欲之私。其所謂人欲，乃是針對一念私我之心而說，與孔子「士志於道，而恥惡衣惡食者，未足與議」（《論語‧里仁》）之說正復相合，並未否定人的生理需求。理學分辨理欲的重點，本在強調生命涵養的工夫，認爲唯有變化氣質使之清明正大，方能將自己的生命開放到天地萬物之中，使視聽言動都能夠止於所當止、發而皆中節，不再任由小體欲望的擺佈。此即敬軒所言：「養氣，則人之氣與天地之氣同其大；盡心，則人之性與天地之性同其大。」〔註53〕敬軒又云：

> 雖上知不能無人心。聖人所謂無欲者，非若釋氏盡去根塵，但人心
> 之得其正者即道心，以其不流於人欲之私，所謂無欲也。〔註54〕

蓋純乎天理、不雜人欲的「道心」，只是「人心」之得其正者，並非去除了具有生理需求的「人心」之後，才另得一「道心」。而「無欲」亦只是教人不流於小我私執，並非盡去根塵，摒棄一切的生理需求。敬軒這些論說皆簡切有力，足以發明程朱理欲之辨的本旨，消除人們對理學的種種誤會。

三、氣欲之分

根據上文的討論，「性、氣」與「理、欲」這兩組概念雖關係密切，卻顯然不可相混。理學家亟言「存天理，去人欲」，卻未嘗說「存本性，去氣質」。性雖等同於理，氣質卻非即是人欲。故氣與欲必有分別。敬軒云：

> 古聖賢多言私欲爲人性之蔽，至張子、程子皆論「氣質之性」，則知
> 爲人性之蔽不獨私欲，而亦拘於氣質。故朱子論人性之蔽，必兼私

〔註52〕《薛瑄全集‧讀書錄》卷4，頁1132。
〔註53〕《薛瑄全集‧讀書續錄》卷11，頁1481。
〔註54〕《薛瑄全集‧讀書錄》卷7，頁1211。

欲氣質言之。〔註55〕

在此處，敬軒對氣質與物欲做了一番辨別。他所謂「人性之蔽不獨私欲，而亦拘於氣質」這一觀念，其實是朱子學中相當重要的思路，不可輕易放過。朱子常合言「氣稟物欲」，以之為至善本性的拘蔽，究竟此兩者之間的差別為何？我們可以從朱子以下的幾段話看出：

> 先生（朱子）謂方子曰：「觀公資質自是寡過。然開闊中又須縝密；寬緩中又須謹敬。」〔註56〕

> 夷惠之徒，正是未免於氣質之拘者，所以孟子以為不同，而不願學也。〔註57〕

> 凡一事便有兩端；是底即天理之公，非底乃人欲之私。須事事與剖判極處，即克治擴充功夫隨事著見。然人之氣稟有偏，所見亦往往不同。如氣稟剛底人，則見剛處多，而處事必失之太剛；柔底人，則見柔處多，而處事必失之太柔。須先就氣稟偏處克治。〔註58〕

首先看第一條，朱子認為其弟子李方子的資質甚好，很少犯錯，換句話說，沒有太多私欲，但是修養之事甚為細密，一事一物上要處得恰好，還需要對自己的性格偏向有所自覺，大抵方子處事較為開闊寬緩，故須補之以縝密謹敬。〔註59〕再如第二條，朱子認為孟子以伯夷為「聖之清者」、柳下惠為「聖之和者」，其所謂「清」與「和」即是氣質對道德修養所造成的限制，因而孟子不以之為最高典範。由此可知，「氣質之拘」可說即是一種性格上的偏向。在第三條中，朱子明白地指出氣質與私欲的不同，私欲會影響對是非善惡的正確抉擇，消除私欲所要做的是克治擴充等工夫；然而朱子認為這還不夠，因為人不自覺地會受到先天個性及慣有思維的影響，即使應事之時沒有私心，但是由於對自身氣質沒有深刻的自覺，也常容易落於一偏，縱然盡善，亦不能盡美。〔註60〕事實上，朱子對象山的批評亦在此處，其言：

〔註55〕《薛瑄全集·讀書續錄》卷9，頁1464。
〔註56〕《語類》卷114，頁2756。
〔註57〕《語類》卷59，頁1392。
〔註58〕《語類》卷13，頁225。
〔註59〕這其實源自於孔子的教學方法。孔子所謂「求也退，故進之；由也兼人，故退之。」「師也過，商也不及。」皆為弟子們指出了氣質上的偏向，而有以導正之。見《論語·先進》。
〔註60〕朱子這種觀點，可說亦本自伊川。伊川曾認為孟子「有些英氣，纔有英氣，

陸子靜之學，看他千般萬般病，只在不知有氣稟之雜，把許多粗惡底氣都把做心之妙理，合當恁地自然做將去。向在鉛山得他書云：「看見佛之所以與儒異者，止是他底全是利，吾儒止是全在義。」某答他云：「公亦只見得第二著。」看他意，只說儒者絕斷得許多利欲，便是千了百當，一向任意做出都不妨；不知初自受得這氣稟不好，今才任意發出，許多不好底，也只都做好商量了。〔註61〕

朱子認為象山只重視辨義利，以絕斷此心之「利欲」為足，而沒有在「氣稟」的辨別轉化上用工夫，因此不免有太過粗率任意的毛病。這一批評對象山而言或許不無過激之處，但卻顯示出朱學與陸學的關鍵分歧處來。朱子之所以不以象山「心即理」之義為然，很主要的原因即在於他對於現實人心拘蔽面、幽暗面的戒慎。蓋人心之中物欲粗顯，固屬易察；然氣稟隱微，又積而成習，實較難覺知。這一體認使得朱子的工夫路向不直接教人貫徹本心、剝落物欲；而是藉由廣泛地讀書應事等道問學的工夫，來慢慢體會一事一物的恰當條理，以避免個性偏至所造成的盲點。〔註62〕這一觀念，確亦有其依據，如孔子即曾說過：「十室之邑，必有忠信如丘者焉，不如丘之好學也。」（《論語・公冶長》）孔子意在指出，能做個忠信之士固已難得，但是要因應大小事變而得其圓融中庸，唯有藉由廣泛的學習來認識自己、認識世界方可。因此就朱子看來，象山「若某則不識一箇字，亦須還我堂堂地做箇人」〔註63〕一類的想法，「亦只見得第二著」。

若再以朱子與陽明做比較，同樣也可看出此一有趣的分別。朱子希望學

便有圭角。英氣甚害事，如顏子便渾厚不同。……但以孔子之言比之便見。如冰與水精非不光，比之玉，自是有溫潤含蓄氣象，無許多光耀也。」（《二程集・遺書》卷18，頁197）伊川顯然認為孟子的英氣也是一種氣質之拘。

〔註61〕《語類》卷124，頁2977。

〔註62〕朱子在《大學或問》中討論「誠意」與「致知」工夫云：「心之發則意也，一有私欲雜乎其中，而為善去惡或有未實，則心為所累，雖欲勉強以正之，亦不可得而正矣，故欲正心者，必先有以誠其意。若夫知則心之神明，妙眾理而宰萬物者也，人莫不有，而或不能使其表裏洞然，無所不盡，則隱微之間，真妄錯雜，雖欲勉強以誠之，亦不可得而誠矣，故欲誠意者，必先有以致其知。」（頁7）在朱子的系統中，誠意是為善去惡、去除私欲的工夫，但是人的氣質偏蔽，會使此工夫的進行存在著「隱微之間，真妄錯雜」的風險，因此在誠意之前以廣泛的致知工夫來化除這些風險是必要的。

〔註63〕宋・陸九淵：《象山全集》（台北：台灣中華書局，1987年2月，四部備要本）卷35，頁12。

者爲學之初即要將規模做大，才能夠確保應事上的全而不偏，〔註64〕於是乃特別強調窮理要窮得廣、窮得盡；陽明則認爲每個人的才分有別，不必強同，學聖人最重要的是學其存理去欲、精察良知，〔註65〕因而提倡「知行合一」之說與「致良知」之教。〔註66〕由於陽明不若朱子重視氣稟的渾化與歸一，因此實踐者的個性較容易獲得突顯與伸展，這也導致王學在發展過程中百花競放、派別眾多，甚至每有越出師門的情況，這在朱門之中是很難見到的。

　　平心而論，朱子希求建立廣大規模以泯除氣稟偏至的學問路向，容易使人爲了求取知識之全而落於支離；而象山教人在義利之辨上先立其大，陽明教人以致良知爲工夫主腦，則確能有效對治朱學此種流弊。但反過來說，陸王由於強調本心的自信自立、自顯自明，在氣稟限制的克服與轉化上乃不免較爲忽視，故其末流亦較易產生狂肆偏激的人格型態。陸學的勢力因受朱學制衡，此種情況還不明顯，然而講學遍天下的王學，至晚明便有泰州學派的許多畸儒產生。〔註67〕這與承繼朱學的敬軒所開創的「恫悢無華」的河東學派，恰成爲明顯的對比。

　　再回到上文所引述的敬軒之語，由於朱子常將「氣稟物欲」連用，因此後人對於這兩者之間的差別罕加深究，而統一看成是至善之性的拘蔽。敬軒點出這兩者的分別，正可使後學反省「氣質」（或「氣稟」）這一概念在朱子

〔註64〕 朱子言：「三子（指伯夷、伊尹、柳下惠）之行，各極其一偏；孔子之道，兼全於眾理。所以偏者，由其蔽於始，是以缺於終；所以全者，由其知之至，是以行之盡。」（《四書章句集注・孟子集注》卷10，頁316）又說：「學者於文爲度數，不可存終理會不得之心。須立箇大規模，都是理會得。至於其明其暗，則係乎人之才如何耳。」（《語類》卷7，頁127）凡此皆可見朱子教人博學的明確立場。

〔註65〕 陽明言：「聖人教人，不是箇束縛他通做一般，只如狂者便從狂處成就他，狷者便從狷處成就地，人之才氣如何同得。」（《王陽明全集》卷3，頁104）又說：「良知、良能，愚夫、愚婦與聖人同。但惟聖人能致其良知，而愚夫、愚婦不能致，此聖愚之所由分也。節目時變，聖人豈不知？然不專以此爲學。而其所謂學者，正惟致其良知，以精察此心之天理。」（《王陽明全集》卷2，頁49）相較於朱子對古代聖人氣稟與規模的考量比較，陽明更重視的是聖愚所同之處，也即被私欲所遮障的良知。

〔註66〕 關於朱王這一差別，鍾彩鈞先生亦曾加以論析，可以參看。見氏著：《王陽明思想之進展》（臺北：文史哲出版社，1983年10月），頁112～115。

〔註67〕 黃梨洲云：「泰州之後，其人多能以赤手搏龍蛇，傳至顏山農、何心隱一派，遂復非名教之所能羈絡矣。……諸公掀翻天地，前不見有古人，後不見有來者。釋氏一棒一喝，當機橫行，放下挂杖，便如愚人一般。諸公赤身擔當，無有放下時節，故其害如是。」參見《明儒學案》，卷32〈泰州學案〉，頁821。

思想中的重要性，以及此概念對其包括心性論、工夫論在內的學說性格的走向，所造成的深刻影響。

第三節　心性分合

　　心與性，在朱子學中或分或合，兩者的關係較為複雜微妙，本節將進一步探討敬軒在心、性關係上對朱子的繼承。

一、基本論述

　　敬軒曾言：「天下之理，具於吾心性，無不同也。」〔註68〕就其天人思想而言，萬事萬物的道理，與此心此性同為天道之流行貫徹，無有不同。然而心之與性，在名義上終需分析，敬軒言：

> 天命、性、道德，皆天理也……所以具天命之性，行率性之道，得仁義禮知之德，全天理之體用者，皆本於心。故張子曰：「心統性情。」〔註69〕

> 心體至虛至明，寂然不動，即喜怒哀樂未發之中，天下之大本也；心之應物，各得其當者，感而遂通，即喜怒哀樂發而中節之和，天下之達道也。……一感一寂，動靜循環無端。心之體用，其妙如此。〔註70〕

第一段引文初步分別了心性關係，認為天理是普遍常存的價值，體現之、敷施之、運作之的主宰則在於心。此即本於張橫渠「心能盡性，人能弘道也；性不知檢其心，非道弘人也」〔註71〕的心性二分之義。所謂「天理之體用」，則是從性體之中分出情用來，而形成「心統性情」的三分架構。橫渠「心統性情」之語，使心、性、情的名義各有統屬，此觀念後來成為朱子心性論的重要架構，朱子云：「心主乎身，其所以為體者，性也；所以為用者，情也，是以貫乎動靜而無不在焉。」〔註72〕敬軒對心性情關係的基本論述，悉本於朱子之論。第二段引文即詳加論述心性情的關係，認為心體至虛至明、能寂

〔註68〕　《薛瑄全集・讀書續錄》卷4，頁1396。
〔註69〕　《薛瑄全集・讀書續錄》卷2，頁1354。
〔註70〕　《薛瑄全集・讀書續錄》卷3，頁1367～1368。
〔註71〕　《張載集・正蒙・誠明篇第六》，頁22。
〔註72〕　〈答何叔京二十九〉，《朱文公文集》卷40，總頁616。

能感。就心體寂然不動處而言名之爲「中」，就心體感而遂通處而言名之爲「和」。而中與和即是用以描述性與情，兩者之間具有體用關係，心則貫徹於性情體用，妙運無窮。

由上可知，在心、性或心、性、情的名義界定與彼此之間的關係上，敬軒的主張與朱子一致，並未加以改易。以下進一步將焦點集中在心與性的分合關係上，觀察敬軒如何承繼朱子的心性論。

二、朱子言心的兩層意義

朱子言心，主要的意義是「虛靈知覺」，然亦有狹義與廣義的分別。狹義來說，心代表人的知覺能力、認識能力；廣義來說，心不僅指知覺能力，也包含所知覺的具體內容，乃是思維活動的整體。譬如知覺於道德義理者是「道心」、知覺於生理欲望者是「人心」，「道心」與「人心」便都是就廣義而言心。〔註73〕

我們可以藉由朱子解釋《大學》「明德」概念的文字，進一步瞭解朱子對心的定位。朱子云：

> 明德者，人之所得乎天，而虛靈不昧，以具眾理而應萬事者也。但爲氣稟所拘，人欲所蔽，則有時而昏；然其本體之明，則有未嘗息者。〔註74〕

> 心者，人之神明，所以具眾理而應萬事者也。……人有是心，莫非全體，然不窮理，則有所蔽而無以盡乎此心之量。〔註75〕

綜合來看，在這兩段文字中，後一段的「心」和前一段的「明德」，在定義上完全相同，都是與所具之理合著說，是「心性合一」的心。而若分析開來看，所謂「虛靈不昧」或「神明」代表著一種精爽靈動的知覺能力，可以統攝性（「具眾理」）和情（「應萬事」），故單就「虛靈不昧」或「神明」而言，則與性、情分開而專指知覺能力，是「心性分離」的心。〔註76〕這是朱子心論的

〔註73〕可參考陳來：《朱子哲學研究》（上海：華東師範大學，2000年9月），頁213～214。

〔註74〕《四書章句集注·大學章句》，頁3。

〔註75〕《四書章句集注·孟子集注》卷13，頁349。

〔註76〕朱子云：「『明德者，人之所得乎天，而虛靈不昧，以具眾理而應萬事者也。』禪家則但以虛靈不昧者爲性，而無以具眾理以下之事。」（《語類》卷14）蓋宋儒常批評禪宗以知覺作用爲性，這裡可以看出「虛靈不昧」僅是指知覺，不包括具眾理、應萬事。

兩個層次。心與性或分或合，蓋皆隨其脈絡而定。

　　牟宗三先生因認爲朱子的心只有「心知之明之認知作用」（也即「心性分離」的心）的意義，乃認爲朱子對「明德」的註解「極爲複雜而難確定」，甚至幫朱子修改了註語，改成：「明德者，人之所得乎天『而可以由虛靈不昧之心知之明以認知地管攝之』之光明正大之性理之謂也。」如此，朱子便成爲一心性判然二分的「泛認知主義」者，其言心永遠只是一認知心，其言理亦恆爲「只存有而不活動」的存在之理。〔註77〕牟先生此番分析用心雖苦，然而朱子平生註解文字最是一絲不苟，尤其在其最看重的《大學》一書，以及此書開宗明義的「明德」概念上，實不應有如此「搖轉不定」的解釋，以待後人爲之修改註文。蓋朱子之所以如此定義明德，實因其所謂心的意義，除了「心性分離」的知覺心，也包含了「心性合一」的「良心」之故。〔註78〕

　　朱子在講解「神」這個與心同一層次的概念時，也常有詮釋上的不同。如云：

> 知覺便是神。觸其手則手知痛，觸其足則足知痛，便是神。〔註79〕
>
> 氣之精英者爲神。金木水火土非神，所以爲金木水火土者是神。在人則爲理，所以爲仁義禮智信者是也。〔註80〕
>
> （朱子曰：）「神即是心之至妙處，滾在氣**裏**說，又只是氣，然神又是氣之精妙處，到得氣，又是粗了。」……直卿（黃勉齋）云：「看來「神」字本不專說氣，也可就理上說。先生只就形而下者說。」先生曰：「所以某就形而下說，畢竟就氣處多，發出光彩便是神。」〔註81〕

由上可知，朱子言神，一如其言心，有時從氣或知覺上說，有時又可從義理上說，表面上看似搖擺不定，其實不然。蓋人之心或人之精神，本是具有多層次、多面向的廣大而複雜的概念。將此多面向、多層次、廣大而複雜者皆一體融貫地說時（如明道之說），其義自然圓透無礙；而將此多面向、多層次、廣大而複雜者加以剝剝分析地說時（如伊川、朱子之說），便有時說這一面、

〔註77〕詳細討論參見氏著：《心體與性體》第三冊，頁367～384。
〔註78〕朱子云：「《大學》只前面三句是綱領。如『孩提之童，無不知愛其親；及其長也，無不知敬其兄』，此良心也。良心便是明德，止是事事各有個止處。」（《語類》卷14，頁269）
〔註79〕《語類》卷94，頁2397。
〔註80〕《語類》卷1，頁9。
〔註81〕《語類》卷95，頁2422。

有時說那一層，雖就其言語各自觀之，易令人感到單薄欠缺，但合其不同面向層次的說法加以統觀，亦同樣可看出其義之豐富周盡。〔註82〕此即「蓋必析之有以極其精而不亂，然後合之有以盡其大而無餘」〔註83〕的思維方式與詮說方式。故朱子言：

> 心、性固只一理，然自有合而言處，又有析而言處。須知其所以析，又知其所以合，乃可。然謂性便是心，則不可；謂心便是性，亦不可。孟子曰「盡其心，知其性」；又曰「存其心，養其性」。聖賢說話自有分別，何嘗如此儱侗不分曉！固有儱侗一統說時，然名義各自不同。〔註84〕

這段文字明白地道出心與性在名義上的可分可合，但也同時強調分析的重要性。蓋若與明道、象山等人相較，朱子思想中「析而言處」確較多，這除了受其本身思維習慣的影響以外，也由於朱子畢生從事經典註釋的工作，因此對於名義解釋總是力求分析明曉，不欲學者儱侗無別。〔註85〕但這並不代表他所體認到的心與性，總是二分而不融貫。黃勉齋亦曾言：

> 理即是性，這般所在，當活看。如「心」字，各有地頭說。如孟子云：「仁，人心也。」仁便是人心，這說心是合理說。如說「顏子其心三月不違仁」，是心爲主而不違乎理。就地頭看，始得。〔註86〕

此可見心與性（理）之間有時分說、有時合說，各有各的脈絡，雖似龐雜支離，卻也正是朱子思想的精細處。

三、敬軒言心的兩層意義

既對朱子的心性論有了較全面的認識，那麼敬軒在這方面的說法也就不難理解了。其言心，亦兼有「心性分離」之心與「心性合一」之心兩義。關

〔註82〕錢穆先生即曾言：「讀朱子書，正貴從親切處求，不貴在渾淪處求。惟有驟視若局促，轉更見親切，乃爲善讀朱子書也。」見氏著：《朱子新學案》第二冊，頁236。

〔註83〕朱熹：《四書或問・大學或問上》，頁9。

〔註84〕《語類》卷18，頁411。

〔註85〕朱子曾說：「只管說出語言，理會得。只見事多，卻不如都不理會得底。」又曰：「然亦不可含糊，亦要理會得箇名義著落。」（《語類》，卷4，頁64）這是說語言文字的目的是幫助人體會聖人之意，若僅在知識層面上打轉，反不如未曾從事學問者。然而朱子認爲講學著述畢竟不能含糊，名義上總是要界定清楚，這是朱子的學者性格與抱負所使然。

〔註86〕《語類》卷5，頁84。

於前者，敬軒言：

> 動靜雖屬陰陽，而所以能動靜者，則太極之所爲也；如寂感雖屬人
> 心，而所以能寂感，則性之所爲也。〔註87〕

> 性純是天理，故有善而無惡；心雜乎氣，故不能無善惡。朱子曰：「心
> 比理則微有迹，比氣則又靈。」又曰：「心是氣之精爽。」〔註88〕

這些分析，都是承繼朱子之說而來，將心歸於氣中之靈，而與形而上的性理
相對說。然而另一方面，敬軒亦云：

> 太極者，性理之尊號。道爲太極、理爲太極、性爲太極、心爲太極，
> 其實一也。〔註89〕

> 聖人一片實心，種種道理皆從此出。〔註90〕

> 竊謂聖人之心，天理渾全，得其心，斯得其傳矣。〔註91〕

在這些言論中，心很顯然又成了與性相融貫的萬理之源，而不僅僅是知覺能
力而已。

黃梨洲在《明儒學案》中曾對敬軒的心性論有所質疑。我們可藉此質疑，
進一步開闡敬軒之說的實義。敬軒曾言：

> 理如物，心如鏡。鏡明則物無遁形，心明則理無蔽迹。昏則反是。

> 惟心明，則映得理見。〔註92〕

梨洲則針對此言而批評道：

> 仁，人心也，心之所以不得爲理者，由於昏也。若反其清明之體，
> 即是理矣。心清而見，則猶二之也。此是先生所言本領，安得起而
> 質之乎？〔註93〕

梨洲認爲心與理本來不二，只要去除昏蔽而復本體，此心即是理；反之，若
說心清見理，則有能見、所見的二分，此心遂只是攝取外物的認知心，而不
能當體是理。這一批評看似很中肯，其實卻只看到了敬軒之學的一隅。在敬
軒上述之語的脈絡中，「心明」乃是「理見」的前提；然而我們若對照朱子〈格

〔註87〕《薛瑄全集・讀書錄》卷7，頁1208。
〔註88〕《薛瑄全集・讀書續錄》卷8，頁1457～1458。
〔註89〕《薛瑄全集・讀書續錄》卷1，頁1296。
〔註90〕《薛瑄全集・讀書錄》卷7，頁1211。
〔註91〕《薛瑄全集・讀書續錄》卷12，頁1488。
〔註92〕此兩條皆見《薛瑄全集・讀書錄》卷5，頁1145。
〔註93〕《明儒學案》卷7，〈河東學案〉，頁121。

物補傳〉的脈絡，必先窮理以至豁然貫通，才能令「吾心之全體大用無不明」
〔註 94〕。兩者之間的因果關係似乎顛倒。換句話說，想要見理必須心明，心
明才映得理見；想要心明則又必須先窮理，窮至豁然貫通處，此心之全體大
用方明。不禁令人懷疑：所謂「心明」，是在窮理之前還是窮理之後？很顯然，
上述兩種「心明」並不是同一回事。敬軒上述「心明」的意義，可以從同卷
同頁的另一段文字中獲知。他說：「見道只在存心，存心則觸處與道相值；心
不存，則雖至近者，亦莫識其為道矣。」敬軒的「心明」實等同於這裡所說
的「存心」，而「存心」在朱子的工夫系統中，等同於「居敬」的工夫，尚只
是精神氣質的收斂，並不是心體的豁顯，故敬軒所說的「心明」指的乃是調
整心理素質的「居敬」工夫。〔註 95〕這與〈格物補傳〉所說遍窮萬物之理以
至豁然貫通後的「心明」，有著層次淺深的不同。前一說的「心明」，仍是心
與理對；後一說的「心明」，則已經達到心與理融貫無二的境界。這乃是朱子
工夫次第中，窮理之初與窮理之後的差別。〔註 96〕梨洲指出敬軒之言有分心
與理為二之嫌，固然不錯，卻不知在朱學的脈絡中，這只是窮理之初的階段，
實不該就此斷定敬軒的「本領」只停留在心理二分的層次。且讓我們再看看
敬軒對仁的討論，他說：

　　　　知覺不可訓仁；所以能知覺者，仁也。〔註 97〕
這是以心為知覺，以仁為理，心與理二分。但他亦曾說：

　　　　人知天地萬物為一體，則薰然慈良惻怛之心，有不覺而自發於中者。

〔註 94〕〈格物補傳〉全文為：「所謂致知在格物者，言欲致吾之知，在即物而窮其理
　　　　也。蓋人心之靈莫不有知，而天下之物莫不有理，惟於理有未窮，故其知有
　　　　不盡也。是以《大學》始教，必使學者即凡天下之物，莫不因其已知之理而
　　　　益窮之，以求至乎其極。至於用力之久，而一旦豁然貫通焉，則眾物之表**裏**
　　　　精粗無不到，而吾心之全體大用無不明矣。此謂物格，此謂知之至也。」見
　　　　《四書章句集注‧大學章句》，頁 6～7。

〔註 95〕朱子曾說：「惟是平時常操得存，自然熟了，將這箇去窮理，自是分明。」（《語
　　　　類》卷 59，頁 1403）又說：「若果能居敬，則理明心定，自是簡。」（《語類》
　　　　卷 30，頁 764）在朱子，居敬能使心神清明安定，而更便於窮理，故可說是
　　　　「心理素質的調整」。

〔註 96〕如朱子弟子李孝述曾言：「（物）未格，便覺此一物之理與二（「二」疑作「心」）
　　　　不恨（「恨」疑作「相」）入，似為心外之理，而吾心邈然無之；及既格之，
　　　　便覺彼物之理為吾心素有之物。」朱子批云：「極是。」參見《朱文公文集‧
　　　　續集》卷 10，總頁 1796。

〔註 97〕《薛瑄全集‧讀書錄》卷 9，頁 1251。

〔註98〕

這裡所謂「知天地萬物為一體」，是經過對萬物之理的深刻思維與體驗，而產生的一種「一體感」。有此「一體感」，自然不會拘限在小我的知覺上，而能夠以內外通徹的超越見地關懷天地萬物。當這一顆「薰然慈良惻怛之心」油然發自於中的時候，心與理便渾然一體了。由此可知，梨洲所言之心固是陽明學意義下「心即理」的本心，敬軒也並非只以心為能見、以理為所見而截然區分心與理。然而朱子學的工夫進路較為曲折，不同於陽明學「反其清明之體」的逆覺體證進路，而是先承認實然之心非即是理，傾向從普遍體驗萬物之理入手，經由漸次的積累來獲取豁然貫通、心與理合的超越見地（詳見下章）。梨洲只單方面地從王學的立場出發，又只針對敬軒講居敬工夫的文字，便質疑敬軒分心與理為二的為學「本領」有所未當，不免對敬軒不公。

總而言之，敬軒承繼朱子對心與性的定義，有時分開說、有時合著說。但大體而言，敬軒對心性關係的態度，與其融合理氣相似，較少判然二分之語，即便在名義上知其有別，仍總是強調其不相離，所謂「言心即有性，言性即有心，心性不相離也。」〔註99〕也因此，敬軒甚少離開性理而說心，在他看來，心乃是一個理氣不離的概念，「心所具之理為太極，心之動靜為陰陽。」〔註100〕意即就著心之「動靜變化的能量」來說是陰陽之氣，而就著「此動靜變化的依據與節度」而言則是太極之理。理與氣不僅融貫於萬物，也同樣融貫於人心。在天人一致的思維下，敬軒的天道論與心性論是相通的。

第四節　小　結

薛敬軒的天人合一思想，祖述先秦儒家而憲章宋代理學，以太極、性、心等概念為核心，發明了天人一貫之理。在他的體認之中，元亨利貞的天道與仁義禮智的人道，其實只是一理之貫徹流行；換句話說，人的生命秩序與天地宇宙的生命秩序是息息相關、渾然無間的。因此，敬軒對於天人之間的感應有著深切的信仰，對於吉凶禍福的來去也抱持著豁達的態度。此外，他也依據理一分殊的思想，指出了天人之間理雖一貫、其分則殊的事實，使天

〔註98〕 以上三則引文，皆見《薛瑄全集·讀書錄》卷7，頁1199～1200。
〔註99〕《薛瑄全集·讀書續錄》卷11，頁1480。
〔註100〕《薛瑄全集·讀書錄》卷8，頁1227。

人思想更爲完備。

　　而在人性論方面，敬軒將宋儒所提出的性氣關係、理欲之辨皆做了恰當的闡述。藉由其詮釋，可瞭解宋儒「性與氣」、「天理與人欲」，並非兩組平行對等的概念。首先，氣質不等於人欲，氣質濁惡掩蔽了本性，方產生人欲。因此宋儒只教人變化氣質以還其清明，未曾否定氣質而高談一個離開氣質的天地之性；其次，人欲亦不等於人的基本欲求，對食色等生理需求產生貪愛追逐之心才是人欲。因此宋儒之嚴分理欲，也只如孔孟之詳辨義利，未曾要人絕欲、禁欲。理學流行中國數百年，其間自不可避免地產生許多始料未及的流弊，故明末清初以降，乃出現許多對宋儒性氣理欲之說的批判，甚至到了今天，人們聽聞道學、天理人欲等名，尚覺迂闊不情。殊不知原思想家的旨意未必如其所想像，藉由敬軒對程朱思想的闡釋，殆亦可略申其冤。

　　最後，在心性分合的問題方面，敬軒之說主要皆承朱子而來，既談狹義的、「心性分離」的心，也談廣義的、「心性合一」的心，心性關係隨著立論的脈絡而有或分或合的不同。但敬軒大體偏向強調心性的相即，這一融貫傾向，與其討論理氣關係是一致的。然而必須強調的是，從朱子到敬軒，即使是「心性合一」地言心，也並不等同於陸王系統的本心或良知本體。對陸王而言，工夫實踐可以即本體、即工夫，直接發動本心良知、轉化物欲而做道德實踐；朱子學的系統則擱置此義，重視氣稟對於人心的種種拘蔽，而強調以持敬、窮理等工夫的配合，來對治調攝這些拘蔽，心與性的合一，必須要透過這些漸進的工夫歷程才得以完成。敬軒所承乃是朱子學的體系，而與心學畢竟有別。下一章將正式對敬軒的工夫理論做深入探討。

第五章　薛敬軒的工夫論與工夫實踐

　　如果說理學的天道論與心性論所展現的是理學家對於生命之理想節律與澄澈本源的深刻見地，那麼工夫論所包含的無疑就是其人實踐生命的具體方法和親切體驗。躬行實踐，一直是敬軒其人其學的最大特色，因此工夫論與工夫實踐，也是他思想系統中最重要的環節。對於敬軒而言，宋儒在工夫實踐上所留下的思想資源，從來不是一種刻板的道德教訓，而是自我超克、探尋至道的過程中，不可或缺的助緣和指引。在工夫論的體系上，敬軒完整承繼了朱子「窮理以致其知，反躬以踐其實，居敬者所以成始成終」〔註1〕的基本架構與施行次第，並展現出個人的特色，本章第一節到第四節將對此詳加論述；此外，敬軒在無間斷地工夫實踐之中，生命體驗自然十分豐富，本章第五節將以此為重點，略窺敬軒平生的工夫造境。

第一節　存心養氣的涵養工夫

　　依據朱子的工夫進路，主敬涵養乃是學問的大本，足以調攝氣欲、凝一心志，屬於對治氣質與習心的工夫。敬軒也說：「志固難持，氣亦難養；主敬可以持志，少欲可以養氣。」〔註2〕其涵養工夫大抵可從「主靜」、「斂氣」、「踐形」、「持敬」四方面來談，而這些工夫彼此之間又密切相關。以下分別論之。

〔註 1〕　此乃黃榦〈朱子行狀〉中之語，參見清・王懋竑撰，何忠禮點校：《朱熹年譜》（北京：中華書局，1998 年 10 月），頁 517。

〔註 2〕　《薛瑄全集・讀書錄》卷 3，頁 1089。

一、主靜

「主靜」本是周濂溪最重要的教法，他在《太極圖說》中云：「聖人定之以仁義中正而主靜（自注：無欲故靜）。」〔註3〕蓋其「主靜」工夫的主要目的，是為了化解人心的擾動與攀緣。「主靜」即是不擾動，「無欲」即是不攀緣，由此能令一個人的生命日益清明、凝定與廣大。此種工夫雖看似充滿道家色彩，卻無礙於「定之以仁義中正」，以儒家價值為依歸。主靜工夫在後來的理學家常以靜坐的方式被實踐，成為理學家所尊奉的共法。〔註4〕

敬軒發揮主靜之義云：

> 造化人事皆以靜為主。造化非專一翕聚，則不能直遂發散；人心非寂然不動，則何以酬酢天下萬事哉？〔註5〕

從天人一貫的思想來看，天地間的一切生命若毫無翕聚凝定的能量做為運作基礎，則必終日勞攘奔競、不知所歸；同樣地，人心也將虛耗於紛紜萬事之中，缺乏酬酢應變的能力，因此「造化人事皆以靜為主」。這種厚積薄發的人生態度，也就造成了敬軒及其河東學派「無事張皇」的學風。敬軒又發揮「無欲故靜」之旨道：

> 清心省事，為官切要，且有無限之樂。〔註6〕
>
> 能寡欲便無事，無事心便澄然矣。〔註7〕
>
> 只為外物所累太重，便不能有為。〔註8〕

〔註3〕《周子全書》卷2，頁23。
〔註4〕二程、朱子皆嘗教人習靜。如：「謝顯道習舉業，已知名，往扶溝見明道先生受學，志甚篤。明道一日謂之曰：『爾輩在此相從只是學某言語，故其學心口不相應，盍若行之？』請問焉。曰：『且靜坐』。伊川每見人靜坐，便歎其善學。」朱子亦曾云：「讀書閒暇，且靜坐，教他心平氣定，見得道理漸次分曉。」又說：「始學工夫，須是靜坐。靜坐則本原定，雖不免逐物，及收歸來，也有箇安頓處。譬如人居家熟了，便是出外，到家便安。如茫茫在外，不曾下工夫，便要收斂向裏面，也無箇著落處。」以上分見《二程集·河南程氏外書》卷12，頁432；《語類》卷11，頁179；《語類》卷12，頁217。關於宋明理學發展史中這一靜坐的傳統，可參張亨：〈《定性書》在中國思想史上的意義〉，收入氏著：《思文之際論集——儒道思想的現代詮釋》（台北：允晨文化，1997），頁407～468；楊儒賓：〈宋儒的靜坐說〉，《台灣哲學研究》第4輯（2004年3月），頁39～86。
〔註5〕同上註，頁1283～1284。
〔註6〕《讀書續錄》卷1，頁1293。
〔註7〕《讀書錄》卷4，頁1117。
〔註8〕同上註，頁1293。

自然人性論者每每認爲情欲乃人生之自然，把欲望視爲一種滿足。然而在敬軒看來，私欲反倒是生命最沈重的負荷。胸中稍有情累，此心便感濁重，缺少清明深長的滋味。一個人若眞要有爲，必有不爲外物所累的澄然心境方可。故說：「收斂檢束身心到至細、至密、至靜、至定之極，作事愈有力。」〔註9〕如同前文所說的，先能「專一翕聚」方能「直遂發散」；因此「收斂檢束身心」的目的，也是爲了更積極有效地發揮生命的價值。

主靜做爲敬軒涵養工夫的一端，其基本功用主要是上文所述的收斂身心、保持靜定，而尙非心性本體的全然豁顯。敬軒此義其實承自朱子，朱子對靜坐工夫的定位是：「只收斂此心，莫令走作閑思慮，則此心湛然無事，自然專一。」〔註10〕而其收斂心神使之專一的目的，則是有益於進一步做窮理工夫，因此並未承繼李延平「體認喜怒哀樂未發氣象」的工夫以證入本體。〔註11〕敬軒主靜之說，也大抵同於朱子之義。唯一可堪注意的是，敬軒對於「夜氣」頗有實際的體驗，他說：

> 平旦未與物接之時，虛明洞徹、胸次超然，眞所謂「清明在躬，志氣如神」者，此蓋夜氣澄靜之驗。苟一日之間勿使物欲汨雜，而神清氣定，常如平旦之時，則心恆存而處事無過不及之差矣。〔註12〕

「夜氣」之說亦本於孟子，延平對此工夫甚爲重視，他曾以此教導朱子涵養「湛然虛明氣象」，然而朱子於此並無深契。〔註13〕敬軒則顯然對此工夫甚有心得，不僅於平旦之時親切感受到「虛明洞徹、胸次超然」的氣象，也希望能在日用尋常處隨時保任不失。此外，敬軒也有所謂「靜坐默存未發之中，萬化皆從此出」〔註14〕之語，這與純粹收斂意義的主靜便不相同，而具有體證意義。但話說來，這種體證意義的主靜，固然可以從敬軒常討論的「沖漠無朕萬象森然」、「體用一源顯微無間」與「畫前之易」等天道思想中尋得依

〔註9〕　同上註，頁1294。

〔註10〕　《語類》，卷12，頁217。

〔註11〕　日本學者吾妻重二曾將理學之靜坐分爲「作爲安定精神手段之靜坐」與「追求內在自覺乃至自我覺察之靜坐」。後者即是「體驗未發氣象」的工夫，而朱子之靜坐則始終屬於前者。其說頗爲確當。參考日・藤井倫明：〈日本研究理學工夫論之概況〉，收入楊儒賓、祝平次編：《儒學的氣論與工夫論》（台北：國立台灣大學出版中心，2005），頁301～336。

〔註12〕　《讀書錄》卷2，頁1063～1064。

〔註13〕　陳來先生對此有詳細討論，參見氏著：《朱子哲學研究》（上海：華東師範大學，2000年9月），頁49～51。

〔註14〕　《薛瑄全集・讀書續錄》卷4，頁1393。

據，〔註15〕因而不排除敬軒亦兼用此種工夫；然而在《讀書錄》與《讀書續錄》中卻不多見，可知其主靜的重點畢竟不在體證，而仍在涵養。

二、斂氣

　　主靜的工夫從另一個方面說，即是對形氣的收斂。氣是流貫人身的能量，語言動作等日用細節，都可以看出此能量的變化，由於能夠徵之於外，故較諸內藏的心志來得粗顯。敬軒對氣的涵養十分重視，他說：

　　　　語言動作皆氣也，有過處皆足以動志。〔註16〕

　　　　戲謔甚則氣蕩，而心亦爲所移；不戲謔，亦存心養氣之一端。〔註17〕

　　　　纔舒放即當收斂，纔言語便思簡默。〔註18〕

這種涵養工夫，本於孟子所謂的「無暴其氣」，主要目的是爲了避免「氣壹則動志」之失。〔註19〕因此在一言一動之中皆須留意，恆常保持不放逸的狀態。這種「無暴其氣」的調攝收斂工夫，陽明本也十分重視，但至晚年則僅單提「致良知」爲宗旨。〔註20〕相對於「無暴其氣」，此時便似乎僅重視「持其志」了。這對於存理去欲之工夫十分純熟的陽明而言，固然切要簡易，足以總攝一切工夫，但對於他人卻未必然。與陽明同時的河東學派傳人呂涇野（柟，1479～1542），即曾認爲陽明單提致良知以教人，非因材施教之舉。〔註21〕以

〔註15〕　參見本文第三章第四節。

〔註16〕　《薛瑄全集・讀書續錄》卷3，頁1361。

〔註17〕　《薛瑄全集・讀書錄》卷7，頁1197。

〔註18〕　《薛瑄全集・讀書錄》卷1，頁1034。

〔註19〕　孟子曾說：「夫志，氣之帥也：氣，體之充也。夫志至焉，氣次焉。故曰：持其志，無暴其氣。」「既曰『志至焉，氣次焉』，又曰『持其志，無暴其氣』者，何也？」曰：「志壹則動氣；氣壹則動志也。今夫蹶者趨者，是氣也，而反動其心。」（《孟子・公孫丑上》）孟子的重點在強調，內在的心志雖然主宰力強，可以引導外在的形氣，但是形氣的波盪也足以動搖心志，所以志氣必須兼顧，內外必須相養。

〔註20〕　《明儒學案》載陽明龍場大悟之後：「盡去枝葉，一意本原，以默坐澄心爲學的。有未發之中，始能有發而中節之和，視聽言動，大率以收斂爲主，發散是不得已。江右以後，專提『致良知』三字，默不假坐，心不待澄，不習不慮，出之自有天則。」見該書卷10〈姚江學案〉，頁201。

〔註21〕　「何廷仁：『陽明子以良知教人，於學者甚有益』。（涇野）先生曰：『此是渾淪的說話，若聖人教人，則不然。人之資質有高下，工夫有生熟，學問有淺深，不可概以此語之。是以聖人教人，或因人病處說，或因人不足處說，或因人學術有偏處說，未嘗執定一言。至於立成法，詔後世，則曰格物致知，博學于文，約之以禮。蓋渾淪之言，可以立法，不可因人而施。』」見《明儒

是之故，王學末流遂有高談良知而不自覺其氣欲之高張者，而成為一種猖狂恣肆之風。梨洲言：「泰州之後，其人多能以赤手搏龍蛇，傳至顏山農、何心隱一派，遂復非名教之所能羈絡矣。」〔註22〕所謂「赤手搏龍蛇」，看似志向廣大而進取，然而「非名教之所能羈絡」，正看出其徒實不能「無暴其氣」，既不能「無暴其氣」，「持其志」亦必淪為空談，於是肆無忌憚的小人遂由此而生，此乃王學末流最大的弊端。由此處回顧敬軒所謂「大事小事即平平處之，便不至於駭人視聽矣。」〔註23〕「言要緩，行要徐，手要恭，立要端，以至作事有節，皆不暴其氣之事。」〔註24〕則益可知其收斂形氣的調攝工夫，對於多數學者而言，實具有不可或缺的重要性。形與氣既不可分，那麼「斂氣」工夫也與下面將討論的「踐形」工夫息息相關。

三、踐形

　　儒學本是培養治世人才的學問，儒者為學，亦期望養成經綸世務、安邦定國的能力。儒家雖然不乏可與佛老比觀的心性智慧，但就原始儒家而言，其目標主要不在藉由心性體悟而獲得生命境界的超脫，其最重視者乃是處事應物之道。換句話說，儒者的心地工夫是戰戰兢兢地在應對進退之際、日用倫物之中磨練出來的。通過這樣的訓練，可以養成言行舉止處處合宜、威儀器度散發光輝的人物，具備著領導者的器局，而足以為一家、一國甚至天下萬民的典範。〔註25〕孟子所說的「踐形」之學，即本於此一脈絡。

　　孟子曰：「形色，天性也。惟聖人然後可以踐形。」（《孟子·盡心上》）朱子解釋道，「人之有形有色，無不各有自然之理，所謂天性也。踐，如踐言之踐。……惟聖人有是形，而又能盡其理，然後可以踐其形而無歉也。」

學案》，卷8〈河東學案下〉，頁160。黃梨洲針對涇野此語為陽明辯白，認為良知是此心本體，非因人而異，故謂涇野此說不能真知陽明。然而細觀涇野之意，他並未否定良知是真理，只是主張致之之法應當因人而異，若執定一言，恐法本無病而人終有病，不能無流弊生焉。以王學後來的發展印證涇野之語，亦不可不謂之知言。

〔註22〕《明儒學案》卷32〈泰州學案〉，頁821。
〔註23〕《薛瑄全集·讀書錄》卷3，頁1088。
〔註24〕《薛瑄全集·讀書錄》卷8，頁1233。
〔註25〕《尚書》之中所載上古聖王的典範，尤可看出儒家修養工夫謹於應事的特點。敬軒即曾引《尚書》之語而云：「舜之『兢兢業業』，禹之『祗台德先』，成湯之『慄慄危懼』，文王之『小心翼翼』，皆敬謹之謂也。」見《薛瑄全集·讀書續錄》卷5，頁1414。

〔註26〕簡而言之，「踐形」即是使天所賦予的四肢百體，一一個當其則、各盡其用之意。《尚書・洪範》有云：

> 二，五事：一曰貌，二曰言，三曰視，四曰聽，五曰思。貌曰恭，言曰從，視曰明，聽曰聰，思曰睿。恭作肅，從作乂，明作哲，聰作謀，睿作聖。

敬軒認爲這是踐形之學最完備的理論，故說：

> 「二，五事」，踐形盡性之學備於此。〔註27〕

> 盡耳目口鼻手足之道，而得聰明正肅恭重之理，又皆所謂「下學人事，上達天理」也。〔註28〕

在他看來，將形體動靜一一陶冶得恰到好處，即是盡性。由此可知，敬軒之學提倡「復性」，並不是教人終日靜坐以求見性，而是教人在視聽言動、應對進退之中都還其本然順適的條理，因此其「復性」之學並不離開「踐形」之學。換句話說，敬軒雖亟言太極陰陽、性命理氣，卻又同時重視將這些看似玄遠精妙的概念，在日用之中一一落實體踐。

踐形的工夫雖涵蓋視聽言動、耳目鼻口，但不論行住坐臥、待人接物，言語總是最常發露在外而發生影響者，敬軒爲官多年，在官場中出入交際，「謹言」的工夫更顯不可或缺，因此他認爲「謹言乃爲學第一工夫，言不謹而能存心者，鮮矣！」〔註29〕並詳引古訓以揭示謹言的重要性：

> 《易》曰：「庸言之信。」庸常之言，人以爲不緊要，輕發而不慎。殊不知一言之妄，即言之失，故「庸言必信」，德之盛也。〔註30〕

> 《易》有「修辭立誠」之訓；《書》有「惟口出好興戎」之訓；《詩》有「白圭」之訓；《春秋》有「食言」之譏；《禮》有「安定辭」之訓；金人有「三緘」之誡；《論語》、《孟子》與凡聖賢之書，謹言之訓尤多。以是知謹言乃修德之切要，所當服膺其訓而勿失也。〔註31〕

敬軒把古人這些關於謹言的教誨，全然落實在自己的日常生活中，不僅養德，也與上文所說的「斂氣」工夫相配合。他屢屢反省道：

〔註26〕《四書章句集注・孟子集注》，卷13，頁360～361。
〔註27〕《薛瑄全集・讀書續錄》卷1，頁1117。
〔註28〕《薛瑄全集・讀書錄》卷8，頁1228。
〔註29〕《薛瑄全集・讀書錄》卷2，頁1059。
〔註30〕《薛瑄全集・讀書續錄》卷2，頁1328。
〔註31〕《薛瑄全集・讀書錄》卷2，頁1059。

　　早間又多問人一事，爲失言。〔註32〕

　　多言，最使人心志流蕩而氣亦損；少言，不惟養得德深，又養得氣
完，而夢寐亦安。

　　常乘快不覺多言，至夜枕席不安，蓋神氣爲多言所損也。〔註33〕

凡此皆可見其謹言工夫之細密。

　　如果說「踐形」是敬軒對外在形體的涵養，那麼內貫於其中的核心精神，
即應是程朱時常強調的「敬」字。敬軒云：

　　古語曰：「敬，德之聚也。」此語最宜潛體。蓋道妙莫測，靡有攸定，
惟敬則能凝聚得此理常在。如心敬，則凝聚得德在心上；貌敬，則
凝聚得德在貌上；以至耳目口鼻之類，無不皆然。……此「敬」之
一字，乃聚德之本，而爲踐形盡性之要也歟！〔註34〕

由此，我們可進一步討論其持敬之學。

四、持敬

　　在所有涵養工夫中，「持敬」是敬軒最重視且發揮最多的工夫，〔註35〕其
以「敬軒」爲號，殊非無因。而他持敬的思想，雖說本於先秦經典，〔註36〕
畢竟受宋儒啓發最多。就宋代理學家而言，濂溪只言「主靜」，到了二程乃
特別拈出「敬」字以做爲工夫論的宗旨，取代有可能與佛老相混濫的「靜」。
〔註37〕然而若細加分別，二程之所謂敬，在內涵實有不同，需加以分別。

　　明道言敬，主要是在「識仁」之後，也即已悟得仁體之渾全，而以敬的
工夫來保任此心體不失。故說「學者須先識仁，仁者渾然與物同體，義禮知

〔註32〕《薛瑄全集・讀書續錄》卷3，頁1368。

〔註33〕以上兩則皆見《薛瑄全集・讀書錄》卷1，頁1037。

〔註34〕《薛瑄全集・讀書錄》卷4，頁1121。

〔註35〕敬軒曾作〈敬吟〉，首四句爲「人惟肖天地，亦具天地性，性無物不存，存性
惟一敬。」其重敬之工夫如此。見《薛瑄全集・文集》卷2，頁120。

〔註36〕敬軒認爲聖賢經典的主要精神皆在敬，例如：「《易》之爲教，大概欲人敬慎，
雖吉事亦不敢易而爲之。」（《薛瑄全集・讀書錄》卷7，頁1204）「敬爲百聖
傳心之要，凡見於《書》者尤詳。」（《薛瑄全集・讀書錄》卷6，頁1163）「《左
氏》論敬處多，亦是先王之教有未泯者。」（《薛瑄全集・讀書錄》卷7，頁
1202）

〔註37〕伊川云：「敬則自然虛靜，不可把虛靜喚做敬。」（《二程集・遺書》，卷15，
頁157）又說：「纔說靜，便入於釋氏之說也。不用靜字，只用敬字。」（《二
程集・遺書》卷18，頁189）

信皆仁也。識得此理，以誠敬存之而已。不須防檢，不須窮索。」〔註38〕當
明道在做此種敬的工夫時，當下便是仁者本心光光明明地透顯。這是一種高
層次的工夫。而伊川則注意到一般人為氣稟物欲所干擾，不容易精確地認識
此心本有、與物同體的渾然之理，因此其言敬，乃特別偏重在「收斂調攝此
氣欲之心而使之清明專一」的意義上。〔註39〕由此可知，二程之敬雖皆用以
涵養，但明道之持敬，大抵是「識仁」（仁體呈露）之後的保任工夫，一持則
仁體現，可名之為「上達之敬」；伊川之持敬，則偏重在氣欲妄心的收斂調攝
階段，「整衣冠、齊容貌」皆在內，故可名之為「下學之敬」。〔註40〕正因伊
川言敬偏重在下學階段的存養，因此重視以「進學在致知」做為輔助，令人
體察思維天地萬物、古今事變之理，來達到對此心全體大用的豁然貫通。這
在工夫進路上，就與明道的識仁有別。

朱子言敬，一方面以之配合「格物致知」的工夫，承繼了伊川之義；但
一方面亦不乏明道上達之敬的境界。因此既有所謂「只收斂身心，整齊純一，
不恁地放縱，便是敬」〔註41〕的下學義；也有「人能存得敬，則吾心湛然，
天理粲然，無一分著力處，亦無一分不著力處」、「敬則天理常明，自然人欲
懲窒消治」〔註42〕的上達義。前者偏重持守，後者則顯出灑落，皆隨各人工
夫的生熟淺深而有不同。因此朱子常說敬的工夫「徹上徹下」，又說「敬之一
字，聖學所以成始成終者也。」〔註43〕可見敬的工夫，實為朱學之大本所在。

敬軒言敬，亦直承朱子之「徹上徹下」而來，兼有下學義與上達義。他說：

人不主敬，則此心一息之間馳騖出入，莫知所止也。〔註44〕

〔註38〕《二程集・遺書》，卷2上，頁16～17。
〔註39〕程門弟子尹和靖曾言：「初見伊川時，教某看敬字。某請益。伊川曰：『主一則
是敬。』」……昔有趙承議從伊川學，其人性不甚利，伊川亦令看敬字。趙請
益。伊川整衣冠、齊容貌而已。」見《二程集・河南程氏外書》，卷12，頁433。
〔註40〕唐君毅先生也曾對明道與伊川之敬做出分別，與本文之意大致相同。其言：「大
率明道偏在積極言存誠敬，以內直外說工夫：伊川則更偏在由消極之閑邪使
心不之東、不之西、不之此、不之彼，自整肅警醒其自己，說工夫。此乃由
於伊川更見得人心之有人欲氣質之蔽，其性理與氣，有不合一之一面，為人
心之病痛所生之故。」參見氏著：《中國哲學原論・原教篇》（台北：台灣學
生書局，1984年），頁194。
〔註41〕《語類》卷12，頁208。
〔註42〕兩條皆見《語類》卷12，頁210。
〔註43〕《四書或問・大學或問上》，頁2。
〔註44〕《薛瑄全集・讀書錄》卷3，頁1085。

> 爲學時時處處是做工夫處，雖至鄙至陋處，皆當存謹畏之心而不可
> 忽。且如就枕時手足不敢妄動，心不敢亂想，這便是睡時做工夫，
> 以至無時無事不然。〔註45〕

凡此皆顯出一種整齊嚴肅、收斂專一的生活態度，屬於下學之敬。然敬軒又言：

> 心一收而萬理咸至，至非自外來也，蓋常在是，而心存有以識其妙
> 耳。心一放而萬理皆失，失非向外馳也，蓋雖在是，而心亡無以察
> 其妙耳。〔註46〕

> 心如鏡，敬如磨鏡。鏡纔磨，則塵垢去而光彩發；心纔敬，則人欲
> 消而天理明。〔註47〕

此種一收心則萬理咸至、人欲盡消的持敬工夫，絕不只是下學層次的調攝氣欲、凝定專一而已，更能於一收一持之際，令心中的天理湛然朗現。這種上達之敬，與陽明心學亦頗爲近似。蓋陽明之教重在發動良知以存理去欲，因此對於持敬涵養的工夫幾不提及，他雖教人做「主一」的工夫，但其所謂「主一」，與伊川「主一之謂敬」的原意不同，而特別強調反求本心、朗現天理。故說：「一者，天理。主一是一心在天理上。……惟其有事無事，一心皆在天理上用功，所以居敬亦即是窮理。」〔註48〕陽明這種一即是理、居敬即窮理的圓頓工夫，與明道的上達之敬相當，而敬軒「心一收而萬理咸至」的工夫，也展現了相似的境界。

但話又說回來，敬軒的工夫進路畢竟承自朱子，因而此種上達之敬在其工夫體系之中，並非入手工夫。其做爲入手工夫者，仍爲收斂身心的下學之敬，而與伊川朱子所提倡的格物致知工夫相配合。敬軒云：

> 纔收斂身心便是居敬，纔尋思義理便是窮理，二者交資而不可缺一
> 也。

> 一於居敬而不窮理，則有枯寂之病；一於窮理而不居敬，則有紛擾
> 之患。〔註49〕

〔註45〕《薛瑄全集・讀書錄》卷4，頁1107。
〔註46〕《薛瑄全集・讀書錄》卷4，頁1120。
〔註47〕《薛瑄全集・讀書錄》卷5，頁1155。
〔註48〕《王陽明全集》卷1，頁33。
〔註49〕以上兩條引文皆見《薛瑄全集・讀書錄》卷3，頁1083。

居敬窮理雖相輔相成，但居敬實爲根本，以下幾段文字皆見此意：

> 居敬窮理，二者不可偏廢，而居敬又窮理之本也。〔註50〕

> 要見道只在存心，存心則觸處與道相值；心不存，則雖至近者，亦莫識其爲道矣。〔註51〕

> 從事於主敬者，斯得太極之妙。〔註52〕

> 凡讀書思索之久，覺有倦意，當斂襟正坐，澄定此心少時，再從事於思索，則心清而義理自見。〔註53〕

敬軒強調，學者必須持敬、存心才能有「與道相值」的可能，從這個意義上來說，持敬工夫可說是一種「求道自覺的養成」，無有求道自覺者，萬物之理或太極之妙，至多只能成爲知識的呈顯，而無法進入其生命深處。另一方面，學者從事讀書思索的過程中，也必須配合持敬，此心方能常保澄定，從這個意義上來說，持敬工夫又可說是一種「心理素質的調整」，與上文所說的主靜、斂氣等涵養工夫相通，皆非一味地耽於靜境，而是在靜中蓄養能量，以便於更有效率的學習。

第二節　默識心通的窮理工夫

　　上一節所述的涵養工夫雖是爲學大本，然而心體的顯豁與開明，在朱子系統中是由窮理工夫來擔負。對於敬軒而言，窮理工夫也是其工夫論與工夫實踐中最關鍵的一個環節，而他以「默識」一詞補充朱子最常使用的「格物致知」，則大大加強了窮理工夫的體驗性格，成爲其工夫論的重要特色。由於朱子學所說的窮理，常被人誤解爲追求客觀知識，因此以下先將對其基本意涵做一番釐清，再詳論敬軒的窮理工夫。

一、基本意涵

　　「窮理」一詞本自《易傳》，主要在說明聖人觀察天地變化以作《易》的過程。〔註54〕宋儒則以之爲重要的修養工夫。首先看橫渠對窮理的發揮：

〔註50〕《薛瑄全集‧讀書錄》卷6，頁1172。
〔註51〕《薛瑄全集‧讀書錄》卷5，頁1145。
〔註52〕《薛瑄全集‧讀書錄》卷4，頁1125。
〔註53〕《薛瑄全集‧讀書錄》卷5，頁1146。
〔註54〕《周易‧說卦》：「昔者聖人之作《易》也，幽贊於神明而生蓍，參天兩地而

盡得天下之物方要窮理，窮得理又須要實到。孟子曰：「萬物皆備於
我矣，反身而誠，樂莫大焉。」實到其間方可言知，未知者方且言
識之而已。既知之，又行之惟艱。萬物皆備於我矣，又卻要強恕而
行，求仁爲近。〔註55〕

這裡所說的「盡得天下之物」即是《中庸》所說的「盡物之性」〔註56〕，橫
渠認爲，盡物之性須賴窮理，而窮理不能只靠一般的聞見認識，必須「實到
其間」才稱得上「知」；後來伊川、朱子以「窮理」解釋《大學》的「格物」，
又以「至」釋格（至即是橫渠「實到」的到），應皆受到橫渠的啓發。此外，
橫渠以孟子「萬物皆備於我」爲知，又以「強恕而行」爲行，已形成「知先
行後」的觀念；朱子後來以「豁然貫通」釋《大學》的「知至」，並將「誠意」
以下歸爲力行，也與橫渠這一思路如出一轍。橫渠又言：

言盡物者，據其大總也。今言盡物者未說到窮理，但恐以聞見爲心，
則不足以盡心。人本無心，因物爲心，若只以聞見爲心，但恐小卻
心。……今所言盡物，蓋欲其盡心耳。〔註57〕

大其心則能體天下之物，物有未體，則心爲有外。世人之心，止
於聞見之狹。聖人盡性，不以見聞梏其心，其視天下無一物非
我……見聞之知，乃物交而知，非德性所知；德性所知，不萌於
見聞。〔註58〕

在橫渠的世界觀中，心與物是交融不二的，「盡物」不是多聞多見、增廣知識，
而是體認天地萬物與我心相通不二的道理，因此「盡物」同時即是「盡心」，
而所體認到的道理，即成爲一種深刻的生命見地，稱爲「德性之知」。這種深
刻的生命見地，是由心物交融的體驗得來，而不是知識的吸收，因此「不萌
於見聞」。橫渠這一論旨，在伊川討論格物致知問題時得到很準確的發揮。伊
川云：

倚數，觀變於陰陽而立卦，發揮於剛柔而生爻，和順於道德而理於義，窮理
盡性以至於命。」
〔註55〕　《張載集・張子語錄》，頁333。
〔註56〕　《禮記・中庸》：「唯天下至誠，爲能盡其性；能盡其性，則能盡人之性；能
盡人之性，則能盡物之性；能盡物之性，則可以贊天地之化育；可以贊天地
之化育，則可以與天地參矣。」
〔註57〕　《張載集・張子語錄》，頁333。
〔註58〕　《張載集・正蒙・大心篇第七》，頁24。

君子之學，將以反躬而已矣。反躬在致知，致知在格物。〔註59〕

此所謂「反躬」，即是橫渠所言的「盡心」、「盡性」；而「格物」、「致知」即是橫渠所言的「盡物」。蓋「盡物」的目的，本在於「盡心」、「盡性」。故伊川明言：「物我一理，纔明彼，即曉此」，這就將橫渠「無物非我」、「盡物即盡心」的觀點更明確地揭示出來。伊川又說：

> 聞見之知，非德性之知。物交物則知之，非內也，今之所謂博物多
> 能者是也。德性之知，不假見聞。〔註60〕

此說也顯然與橫渠上述的說法相應和。伊川並進一步將「德性之知」與「聞見之知」，另以「眞知」和「常知」加以分別，並強調了「眞知」的重要性。〔註61〕

橫渠、伊川對窮理致知的這些觀念，也爲朱子所繼承。朱子在此基礎上，更進一步詳論格物致知的操作範圍與方法，其文云：

> 或考之事爲之著，或察之念慮之微，或求之文字之中，或索之講論
> 之際，使於身心性情之德，人倫日用之常，以至天地鬼神之變，鳥
> 獸草木之宜，自其一物之中，莫不有以見其所當然而不容已，與其
> 所以然而不可易者。〔註62〕

格物致知的範圍遍及於人己內外、天地萬物，朱子相信，每一件事物都有其本然順適的存在方式。從殊相上來說，它自應生生不已、如此如彼地運作（此即「所當然而不容已」，近於《中庸》所謂「率性之謂道」）；從本原上來說，它則有個貫徹古今的天命天道爲依據、爲源頭（此即「所以然而不可易」，近於《中庸》所謂「天命之謂性」）。因此格物致知的方法，即是廣泛地在人己萬物之中思維考索，逐步透徹其中的所當然與所以然。這與橫渠、伊川的「盡物」、「窮理」之說在內涵上亦是一脈相承。朱子平生在讀書、著述上投注了大量精力，故其窮理工夫的重點特別落在「求之文字之中」與「索之講論之際」，「道問學」的成分明顯較爲濃厚，使人易產生追逐知識的質疑；然而其

〔註59〕《二程集・遺書》卷25，頁316。
〔註60〕同上註，頁317。
〔註61〕伊川云：「眞知與常知異。常見一田夫，曾被虎傷，有人說虎傷人，衆莫不驚，
　　　　獨田夫色動異於衆。若虎能傷人，雖三尺童子莫不知之，然未嘗眞知。眞知
　　　　須如田夫乃是。故人知不善而猶爲不善，是亦未嘗眞知。若眞知，決不爲矣。」
　　　　（《二程集・遺書》卷2上，頁16）從此喻可以看出，眞知不是與己心分離的
　　　　外在知識，而是化入心中的生命見地。
〔註62〕《四書或問・大學或問下》，頁24。

「道問學」的心態，仍始終建立在真切的求道自覺，也即「尊德性」的基礎之上，與持敬涵養的工夫恆不相離，並非追求表面的聞見之知。〔註63〕此外，朱子教人讀書玩味義理時，常使用「理會」二字，意思是將義理融會於心，與攝取知識有著層次深淺的不同，可看做窮理的同義詞。譬如他說：

> 史且如此讀去，待知首尾稍熟後，卻下手理會，讀書皆然。〔註64〕

朱子認為，學者一開始讀書，只求看得熟，這只屬於初步的知識吸收層面；其真正的重點在於「下手理會」，也即秉持著求道的敬意，從表面文字中體會出深刻的義理來，使生命的見地向上提升。如此所得之知，才是「不容已、不可易」而能發揮實踐主動性的「真知」或「德行之知」，正所謂「惟其燭理之明，乃能不待勉強而自樂循理爾。」〔註65〕故朱子又曾批評胡武夷（安國，1074～1138）的格物致知之說云：

> 其曰「物物致察」，則是不察程子所謂「不必盡窮天下之物」也；又曰「宛轉歸己」，則是不察程子所謂「物我一理，纔明彼，即曉此」之意也。〔註66〕

依據朱子之意，格物之所以不必「物物致察」，即因格物的目的在於盡心，在於開顯生命見地，而不是獲取外在知識；而致知之所以不是「宛轉歸己」，即因所得之理本具足於心，不是從外攝取進來。朱子所謂：「大凡道理皆是我自有之物，非從外得。所謂知者，便只是知得我底道理，非是以我之知去知彼道理也。」〔註67〕即清楚地表明了此意。

由上述的分析可知，在橫渠、伊川、朱子的心目中，窮理或格物致知，並非向外追尋的知識探求，而是融合物我內外的見地開顯。其將「德性之知」與「聞見之知」分說，目的在於簡別窮理所得的生命見地與感官見聞的泛泛認知。因此，對橫渠等人而言，知識並不在道德之外，知識聞見的當下，若能感之深、知之切而物我通徹，此知識聞見即成為實踐者的德性之知。〔註68〕

〔註63〕如朱子云：「大抵所讀經史，切要反復精詳……更須端莊正坐，如對聖賢，則心定而義理易究。不可貪多務廣，涉獵鹵莽。」見〈與魏應仲〉，《朱文公文集》卷39，總頁588。

〔註64〕《語類》卷11，頁197。

〔註65〕《四書或問・大學或問上》，頁20。

〔註66〕《四書或問・大學或問下》，頁27。

〔註67〕《語類》卷17，頁382。

〔註68〕杜維明先生曾提出「體知」一詞來詮釋「德性之知」。「體知」即是「體驗之知」、「體證之知」，與一般的「認知」（「聞見之知」）不同，但亦並非反知識

敬軒論窮理，同樣本於這樣的思路，可舉數例以明之。其云：

> 「思無疆」，爲學思索義理者當深體之。蓋義理深遠無窮，苟思慮淺
> 近，則不足以造其蘊；惟思慮無疆，則可以得高深玄遠之旨。《易》
> 曰：「惟深也，故能通天下之志。」〔註69〕

窮理對敬軒而言，是一種深刻細膩的思慮過程，這種思慮有上節所說的持敬
工夫做爲基礎，不是知識上的推演與考辨，而近乎生命上的觀照與領悟。他
又說：

> 讀書不尋思，如迅風飛鳥之過前，響絕影滅，亦不知聖賢所言爲何
> 事？要作何用？惟精心尋思，體貼向身心事物上來反覆考驗其理，
> 則知聖賢之書一字一句皆有用矣。〔註70〕

從身心萬物上考驗聖賢之言，即是以聖賢之言爲助緣來窮理。若能窮見天人
萬物之間確有一合當如此的運作方式，則知聖賢一字一句皆不虛發、皆有實
用。此時窮理者的生命見地當下產生一異質的跳躍，書中的知識，對窮理者
而言從此不再是平置於彼的知識矣。此外，讀書只是窮理的一端，「實理皆在
乎萬物萬事之間，聖賢之書不過模寫其理耳。」〔註71〕因此窮理不僅是思索
書中義理，還要在萬事萬物中窮究，故云：

> 每日就身心、言行、應事、接物處，緊緊體認仁、義、禮、智四者，
> 體認得是，則行不錯。〔註72〕

在讀書二錄之中，敬軒凡使用「體認」二字，皆專指即物窮理的工夫而言，
〔註73〕若是談持敬涵養或是克己省察的工夫，則不做此說。其所謂「體認」，

的直覺主義，而是「在打破主客對立乃至價值中立的格套之後進行層次較高、
方面較多、價值較廣的綜合性分析。」杜氏對「體知」的詮釋，正可與本文
對宋儒格物、窮理意涵的詮釋相發明。詳見氏著：〈論儒家的「體知」──德
性之知的涵義〉，《杜維明文集》（武漢：武漢出版社，2002 年）第 5 卷，頁
342～353。

〔註69〕《薛瑄全集‧讀書錄》卷 2，頁 1053。

〔註70〕《薛瑄全集‧讀書錄》卷 2，頁 1050。

〔註71〕《薛瑄全集‧讀書錄》卷 10，頁 1267。

〔註72〕《薛瑄全集‧讀書錄》卷 4，頁 1111。

〔註73〕譬如：「須要實見得天理發見流行，與妙道精義之實處，一一體認得分明，乃
可見道。」（《讀書續錄》卷 1，頁 1289）「學者不於身心事物上體認其理而力
行之，徒矻矻於記誦文辭之間，難乎有得矣！」（《讀書續錄》卷 10，頁 1475）
這些很明顯都是窮理的工夫。敬軒此用法明顯承繼自朱子，朱子以體認一詞
言窮理工夫處甚多，不容備載，今只舉一例，如朱子言：「一事上皆有一箇理。
當處事時，便思量體認得分明。……今日格一件，明日格一件。遇事時，把

既用一「認」字，即表示有個心之所對的理境；而兼用一「體」字，意在與一般主客內外對立的認識方式做區別，以傳達出此心與所對之境相貼合、相融洽的意義。明道說：「吾學雖有所受，天理二字，却是自家體貼出來。」〔註74〕其所謂「體貼」，恐怕也是用以形容「萬物靜觀皆自得，四時佳興與人同」〔註75〕的窮理過程，而不完全是逆覺體證、反求本心的工夫。進一步說，所謂「體認」、「體貼」，大抵可以解釋為一種「體驗觀察萬事萬物之理，認得此理朗朗分明而與自己身心貼合無間」的工夫。伊川所說的「物我一理，纔明彼，即曉此」，也即是此意。這種工夫進路與當下反求本心、心即是理的逆覺體證不同，初時看似「能觀之心」、「所觀之理」為二，但是在體認分明的當下，心與理、內與外、物與我也都將通一無二。由此可知，敬軒所謂「體認仁義禮智」，自然不是死記道德教條，而是用生命去感受與辨別一言一行、一事一物最恰當的運作狀態，從實際的生活中領悟仁義禮智這些抽象名詞的真正意義。否則，「徒知理之名而不知理之實，猶徒識人之名而未嘗親見其人之貌，又烏為真知真識哉！」〔註76〕

綜上可知，窮理工夫的主要目的，是教人經由思維體驗的過程，重新認識宇宙人生，也即在變化不斷的現象（氣）之中，把握恰到好處、一以貫之的節律（理），而這樣的節律，本即是天道、人心自有之理，因此窮理之所得，即是生命見地的提升超越、復歸本然。此乃窮理工夫的基本意涵。

二、窮理多詮

敬軒用以發明窮理工夫的詞語頗多，大體皆承自朱子。以下舉其要者言之。

（一）格物致知

《大學》的「格物」、「致知」，是朱子論窮理工夫最主要的概念，敬軒深得箇中要旨，其云：

就萬物萬事上求實理，格物致知之要也。〔註77〕

「物格」是逐物逐事上窮至其理，「知至」是萬物萬事上心通其理。

捉教心定，子細體認，逐旋捱將去，不要放過。」（《語類》卷18，頁412）

〔註74〕《二程集・河南程氏外書》卷12，頁424。
〔註75〕〈秋日偶成二首之一〉，《二程集・文集》卷3，頁482。
〔註76〕《薛瑄全集・讀書錄》卷3，頁1097。
〔註77〕《薛瑄全集・讀書續錄》卷4，頁1403。

「格物」猶是物各爲一理,「知至」則知萬物爲一理。〔註78〕

格物致知之要,是即事而得實理,又復即萬殊之理而通透統體之理。而其中尤以身心性情爲要,故云:

> 《大學》:「物格而后知至,知至而后意誠。」觀「知至」連「意誠」
> 說,則「致知格物」先於身心性情上用功可知。身心性情之理明,
> 則意可得而誠矣。〔註79〕

此所謂「理明」,非認知上的明,而是生命見地上的明。從認知上明白一件道理,未必便能「意誠」;從生命見地上開明,則自然感到道德實踐的「不容已」。因此敬軒說:

> 知正之所在,而固守之弗去,爲知。如知父子之仁、長幼之禮、君
> 臣之義之類,固守而弗去,則爲知矣。〔註80〕

> 知之至,信之篤,則實有得於己也。〔註81〕

知得切至、信得堅篤,即是實有諸己的眞知,有此眞知,自具有固守而弗去的力量,不與道德實踐相脫離。敬軒闡述格物致知之意,不外乎此。

(二)知止

朱子詮釋《大學》的「知止」,是與「物格知至」相配合的,「知止」是窮理工夫所應趨向的目標。朱子說:

> 知止云者,物格知至,而於天下之事皆有以知其至善之所在,是則
> 吾所當止之地也。〔註82〕

萬事萬物各有其本然順適的安住處,「知止」正是能對此至善之理一一窮究。敬軒發揮此意道:

> 《易》言「艮止」;《書》言「安止」、「欽止」;《詩》言「敬止」;《大
> 學》言「知止」。止之爲義最精,乃天理當然之極也。

> 止非一定不移之謂,乃隨時而止也……蓋止無定體,惟隨時而各止
> 其當然之理,則止之爲義得矣。〔註83〕

〔註78〕《薛瑄全集・讀書續錄》卷3,頁1368。
〔註79〕《薛瑄全集・讀書續錄》卷5,頁1436。
〔註80〕《薛瑄全集・讀書續錄》卷8,頁1457。
〔註81〕《薛瑄全集・讀書續錄》卷11,頁1479。
〔註82〕《四書或問・大學或問上》,頁6。
〔註83〕以上兩條皆見《薛瑄全集・讀書續錄》卷2,頁1352。

止是「天理當然之極」，也即是敬軒所重視的「太極」，而此太極之理又非「一定不移」的「定體」，而是隨著萬事萬物之時運變化所顯現出的恰好道理。本文在第三章討論敬軒天道論時，曾強調理乃是普遍貫徹於天人萬物的運行節度，理學家對理的追求，是對「生命的動態平衡」的追求，而非死板板地去界定某些道德教條，迫人遵守。這樣的論斷，在此處可以再次得到清楚的證明。敬軒又說：

> 知止，則萬理明而心自定矣。〔註84〕
>
> 止則「物各付物」，自無紛擾之患。
>
> 止則順理而無事。
>
> 「艮其背，不獲其身；行其庭，不見其人。」只是動靜各止於理，
>
> 而不知有人己。〔註85〕

知止之人，能夠透徹天人萬物本然順適的存在方式，於應對事物之時，心中自然和諧凝定、無有紛擾，動靜合宜、心物渾化，不致產生宰制他者的私意造作。這種窮理所得的境界，與濂溪所謂「定之以中正仁義而主靜」，明道所謂：「動亦定，靜亦定，無將迎，無內外」、「內外兩忘」、「澄然無事」〔註86〕等旨趣皆遙相呼應。

（三）知性、知天、知言

　　同於「知止」，《孟子》書中的「知性」、「知天」、「知言」等語詞，也都可用來表達窮理所得的真知。關於「知性」、「知天」，敬軒云：

> 孟子曰：「知性知天」，學至於知性知天，則物格知至矣。〔註87〕
>
> 「盡心」工夫，全在「知性」、「知天」上。蓋性即理，而天即理之
> 所從出。人能知性、知天，則天下之理無不明，而此心體無不貫；
> 苟不知性、知天，則一理不通而心即有碍，又何以極其廣大無窮之
> 量乎？〔註88〕

孟子「盡其心者，知其性也。知其性，則知天矣」（《孟子·盡心上》）的工夫進路，重點本放在擴充本心，以「盡心」為「知性知天」之法；而敬軒則承

〔註84〕《薛瑄全集·讀書錄》卷2，頁 1063。
〔註85〕以上三則引文皆見《薛瑄全集·讀書續錄》卷2，頁 1352。
〔註86〕〈答橫渠先生定性書〉，《二程集·文集》卷2，頁 460～461。
〔註87〕《薛瑄全集·讀書續錄》卷3，頁 1377。
〔註88〕《薛瑄全集·讀書錄》卷1，頁 1030。

朱子《集注》中之解釋，倒過來以「知性知天」爲「盡心」之法，也即藉由窮理工夫而達到本心見地的全然開明，正所謂「窮理即知性」〔註89〕、「知性則可以悟道」〔註90〕，此種工夫進路與孟子不同，兩者皆各有其殊勝處。

此外，在「知言」方面，敬軒也說：

> 《孟子》之「知言」，即《大學》之「物格」、「知至」也。〔註91〕

> 知言最難，惟心通乎道，乃能知古今天下言之是非。〔註92〕

孟子所說的「知言」，意指對一切學說之得失優缺的鑑別力與洞察力，故能「詖辭知其所蔽，淫辭知其所陷，邪辭知其所離，遁辭知其所窮」（《孟子·公孫丑上》）。在敬軒看來，經過窮理工夫而使「心通乎道」者，才能眞正「知言」。因此也屬於物格知至的境界。

（四）知幾

《易傳》提出「知幾」的概念，用以說明君子在爲人應事上所具備的先見之明。〔註93〕對於敬軒來說，「幾」即是動靜變化背後的微妙道理，「知幾」即是窮理。他引朱子的話說：

> 朱子曰：「看來人處大運中無一時閒，吉、凶、悔、吝一息不曾停，如大輪一般，一恁滾將去。聖人只隨他恁地去看道理如何，這**裏**則將這道理處之，那**裏**則將那道理處之。」愚按朱子此言論〈乾〉卦，潛、見、惕、躍、飛、亢之事，學《易》者當知此意。〔註94〕

對時運變化的透徹體察，是做人做事能夠一一中節的前提。若就理氣論來說，「一息不曾停」、「一恁滾將去」者是陰陽之氣，隨其時位變化而無過與不及的應對之道即是太極。故此太極之理既非實體之物、亦非靜定的死理，與陰陽之氣既不相離亦不相雜，窮理者總是在不斷的時位變化之中活潑潑地體驗之。在此，理的特質、窮理工夫的內涵，又十分明確地展示出來。敬軒關於「知幾」的言論甚多，譬如：

〔註89〕《薛瑄全集·讀書續錄》卷3，頁1364。
〔註90〕同上註，頁1360。
〔註91〕同上註，頁1362。
〔註92〕《薛瑄全集·讀書續錄》卷12，頁1491。
〔註93〕子曰：「知幾其神乎？君子上交不諂，下交不瀆，其知幾乎？幾者，動之微，吉之先見者也。君子見幾而作，不俟終日。」（《周易·繫辭下》）
〔註94〕《薛瑄全集·讀書續錄》卷5，頁1415。

　　歷事之久，尚不知幾，焉得爲知？〔註95〕

　　暗於事幾而妄爲，取咎之道也。〔註96〕

　　主靜以立其本，愼動以審其幾。〔註97〕

　　於方快意之時尤當謹，蓋理勢盛衰相根，快意之時，乃盛之極而衰
　　之漸也。〔註98〕

凡此皆可看出他對知幾工夫的時時提撕、用心體驗。〔註99〕

（五）窮神知化

　　最後，我們可以藉由敬軒對《易傳》「窮神知化」一詞的解釋，更確切地瞭解窮理之「窮」，以及窮理所得之「知」的眞正意涵。敬軒云：

　　謂之「知」，猶知化育之知，默與之契，非但聞見之知也；謂之「窮」，
　　則洞見天地之心，猶《易》所謂「通神明之德」，心與之相合無一毫
　　之間也。〔註100〕

「窮神知化」，乃窮究天地萬物運作變化的條理，與上文一路討論下來的「窮理」、「致知」相同。而敬軒所謂「窮」，既是「洞見天地之心」，必屬生命見地的轉化，絕非聞見知識的堆垛；其所謂「知」，既是「默與之契，非但聞見之知」，則顯然是主客交融之知，不致流於口耳空談，與實踐相斷離。在此，窮理工夫的精神又再次得到了彰顯。

三、從默識到心通

　　除了前述的幾個概念以外，最足以代表敬軒窮理工夫的關鍵用語莫過於「默識」一詞，僅此詞語（包括「默悟」、「默而識之」、「默而觀之」等同義詞）在敬軒讀書二錄中便出現了三十次，而傳達此意義卻未用此詞者尚不在

〔註95〕《薛瑄全集·讀書續錄》卷3，頁1368。
〔註96〕同上註。
〔註97〕同上註，頁1369。
〔註98〕同上註，頁1370。
〔註99〕英宗天順元年（1457）時，敬軒擔任禮部左侍郎，當時吏部尚書李賢、禮部左侍郎許彬、首相徐有貞等人，想要找都御史耿九疇彈劾當時觸怒皇帝的跋扈權臣石亨，敬軒警告他們說：「《易》言：『君不密則失臣，臣不密則失身。』《春秋》譏漏言，此何說也？」並感嘆道：「競端從此起矣！」其後諸人果然事敗下獄。從此事亦可窺見敬軒知幾工夫之一斑。參見《薛瑄全集·薛文清公年譜》，頁1725。
〔註100〕《薛瑄全集·讀書續錄》卷1，頁1295～1296。

計算之列。由此可見,「默識」的工夫在敬軒思想中實佔有重要地位,也展現出其窮理工夫的特色與精神。歷來研究者對此概念皆未予正視,至為可惜。

「默識」一詞雖源自《論語》〔註101〕,但敬軒的用法主要應來自明道。明道曾說:

> 「一陰一陽之謂道。」陰陽亦形而下者也,而曰道者,惟此語截得
> 上下最分明。元來只此是道,要在人默而識之也。〔註102〕

明道認為形上之道只在陰陽中見,學者應即形下之器而默識形上之道、即事而悟理、即人而合天。敬軒亦云:

> 舉目而物存,物存而道在,所謂「形而下」、「形而上」者是也。
> 〔註103〕

> 理雖微妙難知,實不外乎天地、陰陽、五行、萬物,與夫人倫日用
> 之常,善觀者於此默識焉,則其體洞然矣。〔註104〕

> 道無聲之可聞、無形之可見,惟因夫形而下之器,默識夫形而上之
> 理,則謂之「見道」,非若天地萬物真有形之可見也。〔註105〕

敬軒在其天道論中屢屢強調理氣一貫而不離,此處又主張道無形象可見,而需從陰陽五行、人倫日用之中默識之,確實體現出明道思想圓融活潑的風格。然而定要說此精神只來自明道,卻也未必,因為伊川亦曾言:「有感必有應。凡有動皆為感,感則必有應,所應復為感,所感復有應,所以不已也。感通之理,知道者默而觀之可也。」〔註106〕感應是陰陽之消長變化,其中有理,必須「默而觀之」。這與明道的「默識」亦不異。且伊川「體用一源、顯微無間」的觀念,同樣展現了天人物我一貫而不可分的思路,成為敬軒最重視的天道論觀念之一。因此對於敬軒而言,二程思想的證境本是相通的。

敬軒之所以提出默識的概念,不僅是提醒學者莫要懸空求理,更重要的一點是不希望窮理工夫僅成為知識的追逐考索。朱子《四書章句集注》解「默而識之」云:

〔註101〕子曰:「默而識之,學而不厭,誨人不倦,何有於我哉?」(《論語・述而》)
〔註102〕《二程集・遺書》卷11,頁118。
〔註103〕《薛瑄全集・讀書錄》卷1,頁1031。
〔註104〕《薛瑄全集・讀書錄》卷4,頁1123。
〔註105〕《薛瑄全集・讀書錄》卷7,頁1210。
〔註106〕宋・朱熹、呂祖謙編,古清美註譯:《近思錄今註今譯》(台北:台灣商務印書館,2000年5月)卷1,頁13。

默識，謂不言而存諸心也。〔註107〕

《朱子語類》中對此進一步發揮道：

> 若「默而識之」，乃不言而存諸心，非心與理契，安能如此！

> 「默而識之」，便是得之於心。〔註108〕

「心與理契」，即是物理與吾心通而爲一；「得之於心」，則非僅得之於耳目聞見而已。敬軒使用默識一詞所要表達的意義實在於此。蓋朱子及其門人習慣以「格物致知」言窮理工夫，不免易使人產生「滾在知識堆中」的印象；敬軒言默識，則能凸顯窮理過程中的體驗成分，而可以防止學者流於粗淺的「聞見之知」。〔註109〕在敬軒看來，理微妙難言，「可以心悟，不可以目觀也。」〔註110〕絕難僅憑聞見而得。此點他時常加以強調：

> 「得意忘言」，乃知讀書不可滯於言辭之間，當會於言辭之表。〔註111〕

> 纔到理處便難言，滯於言則愈蔽。孔子曰：「天何言哉！四時行焉，百物生焉。天何言哉！」「天何言哉」即「無極」之妙。〔註112〕

> 纔說理，便無可言者。……理是天地萬物之極至處，更復何言。〔註113〕

敬軒之所以亟言理之不落言詮，並非故弄玄虛，而是欲防止人滯泥在言語文字的講說記誦上，無法眞正運用窮理工夫以識得理之本然。他又說：

> （朱子曰：）「學者多以言語觀聖人，而不察其天理流行之實，有不待言而顯者。是以徒得其言，而不得其所以言。」蓋能得其所以言，則於聖人之言仁，便知聖人身上何者是仁；言義，便知聖人身上何者是義；以至聖人凡所言之理，皆於聖人身上求其實，則天理流行之實有不待言而著者，可默識矣！〔註114〕

〔註107〕《四書章句集注・論語集注》卷4，頁93。

〔註108〕《語類》卷34，頁856～857。

〔註109〕朱門大弟子黃勉齋就已曾說過：「致知非易事，要須默認實體，方見端的；不然則只是講說文字，終日誦讀，而眞實體段，元不曾識。」勉齋特別以「默認」與「實體」（切實體會）解釋致知，正是憂心學者將致知視爲講說文字的知識工夫。參見宋・黃榦：〈答陳泰之書〉，《勉齋集》卷15，總頁167。

〔註110〕《薛瑄全集・讀書續錄》卷2，頁1332。

〔註111〕《薛瑄全集・讀書續錄》卷1，頁1287。

〔註112〕《薛瑄全集・讀書錄》卷6，頁1163。

〔註113〕同上註，頁1164。

〔註114〕《薛瑄全集・讀書錄》卷9，頁1246。

聖人的生命是至善的,其生命的運作方式無不恰好,因此其一言一動、事爲表現,皆是天理的無言示現。由此處而「默識」仁義禮智之道,仁義禮智就不再是死的知識概念,而是具現的、活生生的應事方式,這才是窮理的真正目的。敬軒不僅認爲語言文字不可拘泥,圖像亦然。他針對《太極圖》而云:

> 斂襟坐久此心虛,靜看濂溪《太極圖》。理在象中元不離,莫於象外
> 用工夫。〔註115〕

> 大小圈十箇,都在一圈上,如是究竟言,一圈也無象。〔註116〕

> 理既無聲無臭,陰陽亦變化不常,是豈得而圖之?周子作《太極圖》,
> 不過假象以顯義耳。學者要當默識其理於圖像之表,苟只於圖中溺
> 意以求之,又焉有超然自得之妙哉?〔註117〕

敬軒這些話,一再顯示出窮理工夫本身是一種深刻的生命體證過程,理雖在日用尋常的形下世界中求,「莫於象外用工夫」;卻唯有不泥語言、穿透表象而默識萬事萬物「無象」的所以然,方能有「超然自得之妙」。此種詮釋窮理工夫的方式,明顯揭示出窮理所要追尋的是一種超越的見地或境界,而非具體的知識,這麼一來,也就削弱了原先朱子講「格物致知」或「博學」時所兼帶的知識性格,而更強化了窮理工夫的體驗性格,此義雖非朱子所無,但兩人因側重點不同,故所呈現出的思想風貌亦確乎有別。

話說回來,敬軒「默識」工夫的體驗性雖強,基本仍是在程朱即物窮理的思想脈絡上發展,一方面需以上節所說的涵養工夫爲基礎;〔註118〕一方面也是在萬事萬物中漸磨漸修,即至顯之物而窮其至微之理,〔註119〕而不藉由默坐觀心之法以獲得頓悟。牟宗三先生曾分析宋明理學家的修養方法,他將返歸本心的自覺稱之爲「逆覺體證」,並將此工夫區分爲「內在的體證」與「超

〔註115〕〈觀太極圖〉,《薛瑄全集·文集》卷4,頁236。

〔註116〕〈題太極圖〉,《薛瑄全集·文集》卷1,頁103。

〔註117〕《薛瑄全集·讀書續錄》卷1,頁1298。

〔註118〕敬軒云:「心常存,即默識道理,無物不有,無時不然;心不存,即茫無所識,其所識者,不過萬物形體而已。」又云:「天理無聲無臭,自非存心體認之久,不能默悟其妙也。」(《薛瑄全集·讀書續錄》卷1,頁1311)存心即是持敬,默識工夫須以此爲本。此即程朱居敬窮理之教也。

〔註119〕敬軒云:「朱子曰:『至精之理,於至粗之物上見』」(《讀書續錄》卷6,頁1437)「即至著之象,顯至微之理,無物不然。」(《讀書續錄》卷1,頁1300)「滿天地間無非象數也,而理在其中。」(《讀書續錄》卷1,頁1301)此皆即物窮理的思維。

越的體證」兩種。前者是在現實生活中的良心發見處直下體證心體，如孟子、陸王、五峰等皆屬之；後者則是在靜坐之中觀「喜怒哀樂未發氣象」以體證之，如龜山、延平等皆屬之。而朱子則於此兩者皆不契。〔註120〕牟先生對這兩種體證工夫的分判甚佳，朱子的格物致知不屬於逆覺體證也是事實，但是依據上文的剖析與論述，窮理工夫同樣也屬於一種很深微的體證，牟先生一再以「順取之路」〔註121〕或「泛認知主義」〔註122〕評價之，對從事此工夫的理學家而言似非公允。我們若另予其一名，則不妨稱之爲「開放的體證」，亦即將自己開放到天地萬物、聖賢典籍之中，對貫徹於其間的生命律動與恰當條理加以感受、思維，使自身的生命見地獲得躍升。不同於「內在的體證」與「超越的體證」的是，「開放的體證」不求在刹那間返視此心本體，而總是在積累式的契會之中漸次豁顯此心。當實踐者一旦通透了天地間統體一貫的道理時，此心之全體大用自能全幅展現。這個境界，以伊川之語說即是所謂「豁然有覺處」〔註123〕，以朱子〈格物補傳〉的話來說即是所謂「豁然貫通」。敬軒對此境界亦有所闡述，他說：

> 如是之久，則塞者開、蔽者明，理雖在物，而吾心之理則與之潛會而無不通。始之通也，見一物各一理；通之極也，則見千萬物爲一理。朱子所謂「衆物之表裡精粗無不到，而吾心之全體大用無不明」者，可得而識矣。〔註124〕

> 讀書之久，見得書上之理與自家身上之理一一契合，方始有得處。〔註125〕

敬軒認爲，在默識萬物之理的過程中，此心與萬物是不斷潛會相通的，默識一物之理時，則此心通於一物；默識千萬物只是一理時，則此心通於天地，更無障隔。窮理工夫，正是不斷地「默識心通」，以達至最後的覺悟。至此，書中之理方能全部成爲自己的生命見地，讀書爲學也才算是實有所得。

〔註120〕參見氏著：《心體與性體》第二冊，頁476～477。

〔註121〕《心體與性體》第一冊，頁44～45，49，58，61。

〔註122〕《心體與性體》第三冊，頁384～406。

〔註123〕伊川云：「今人欲致知須要格物，物不必謂事物然後謂之物也，自一身之中至萬物之理，但理會得多幾次，自然豁然有覺處。」（《二程集・遺書》卷17，頁181）

〔註124〕《薛瑄全集・讀書錄》卷2，頁1067。

〔註125〕《薛瑄全集・讀書錄》卷7，頁1203。

四、具體實踐舉例

敬軒曾言:「致知格物,於讀書得之者多。」〔註 126〕《讀書錄》與《讀書續錄》二書,也確實展現出其廣博讀書之所得,但敬軒的窮理工夫絕不止於讀書,而是廣泛體驗萬事萬物的道理。故劉蕺山曾有「薛文清,隨處體認天理之學」〔註 127〕的評價。以下舉出一些具體的例子,藉以看出其窮理工夫重視體驗的特性。敬軒云:

> 天理發見流行之實,不但四時行、百物生而已,如雨露霜雪、風霆鬼神、星辰雲物、山峙川流,凡有形有色、有動有息者,皆天理發見流行之實也。〔註 128〕

> 靜聞鳥鳴風韻,以至萬響,皆至理寓焉。〔註 129〕

> 螢隨時而出,蟲應節而鳴,無非教也。〔註 130〕

> 一切有形之物,皆呈露出無形之理來,所謂無非至教也。〔註 131〕

在敬軒眼中,天地彷彿一本大書,鳥鳴風韻、螢出蟲吟,乃至宇宙間一切聲色的運作,無不演示著無形的道理。人果能透視此道理,那麼在時節周流往復之中,就能「隨時」、「應節」,使個體生命與宇宙生命的脈動相通。他又說:

> 嘗觀山勢高峻直截,即生物不暢茂;其勢奔赴溪谷、合轇迴環者,即其中草木暢茂。蓋高峻直截者,氣散走難畜聚,故生物之力薄;迴環合轇者,元氣至此蓄積包藏者多,故生物之力厚。水亦然,灘石峻,即水急而魚鱉不留;淵潭深,則魚鱉之屬聚焉。以是而驗諸人,其峭急淺露者,必無所蓄積,必不能容物,作事則輕易而寡成;寬緩深沉者,則所蓄必多,於物無所不容,作事則安重有力而事必成。善學者觀於山水之間,亦可以進德矣。〔註 132〕

對於善觀天道的敬軒而言,從山勢水流中皆可看見元氣的聚散變化,由元氣的聚散變化中又可默識其中恰好的條理,從而得到進德修業的啟發。蓋就元氣流貫於山水之間而言,勢峻流急處往往元氣流散,缺少生生之意;就元氣

〔註 126〕《薛瑄全集・讀書續錄》卷 11,頁 1485。
〔註 127〕引自《明儒言行錄》卷 2,頁 134。
〔註 128〕《薛瑄全集・讀書續錄》卷 9,頁 1467。
〔註 129〕《薛瑄全集・讀書續錄》卷 1,頁 1285。
〔註 130〕《薛瑄全集・讀書錄》卷 4,頁 1125。
〔註 131〕同上註,頁 1126。
〔註 132〕《薛瑄全集・讀書錄》卷 1,頁 1022。

流貫於人身而言，若要處物安重、應事有力，亦必須對峭急淺露的氣稟加以變化，方能有成。因為天地萬物的道理本是相通的。敬軒又言：

> 春日和氣薰心，有惻然之意。〔註133〕

> 自是春風造化機，織成錦翠爛相依，細看一種生生意，真宰無言識者稀。〔註134〕

> 睡起霜臺萬慮清，天時物理獨關情。黃梅熟後無風落，翠薜看來冒雨生。〔註135〕

> 偶見柳花悠揚高下，因悟造化流行，雍容自然之妙。〔註136〕

> 見枯樹則心不悅，見生榮之花則愛之，亦可驗己意與物同也。〔註137〕

這幾條都是對天地萬物之生機的體驗。生機可說是天地間光明發越的能量，相對於生機的蕭瑟之氣，則屬於黯淡消沈的能量。光明發越的能量總令人欣喜，黯淡消沈的能量則使人不悅，這正顯示出流行於萬物的條理是與人心自有的條理相合的，只要能開大心胸，誠敬地去感受天地萬象的律動，自身的生命見地就能夠逐步轉換，氣質之拘、物欲之蔽也能慢慢脫落。敬軒之所以屢觀萬物生生之意，其背後的思維正是如此。此種「天時物理獨關情」的窮理工夫，正是伊川「物我一理，纔明彼，即曉此」之義的實際運用，而其體驗到的生生不已、雍容和樂之氣象，也每每流露出明道思想中生機流行的意趣。〔註138〕他又說：

> 薛子宴坐水亭，忽鬱然而雲興，滃然而雨集，泠然而風生，鏘然而蟲急。羽者飛，秀者植，童者侍，鱗者適，羣物雜然而聲其聲、形其色，薛子竊然深思，獨得其所以為是聲與色者，而中心悅。〔註139〕

這是從萬物之聲色表現的「所當然」，默識其背後的「所以然」。而其所「獨得」的道理，即是貫徹流行於萬物之中的天道生生之理。敬軒曾言：「理明後，

〔註133〕《薛瑄全集‧讀書錄》卷3，頁1076。
〔註134〕〈萱草堆金〉，《薛瑄全集‧文集》卷5，頁284。
〔註135〕〈睡起口號〉，《薛瑄全集‧文集》卷8，頁508。
〔註136〕《薛瑄全集‧讀書續錄》卷2，頁1329。
〔註137〕《薛瑄全集‧讀書錄》卷1，頁1040。
〔註138〕閻禹錫曾稱讚其師云：「若夫風雩之樂、鳶魚之咏，每曰：『道理隨處可見。』其獨智自詣何如哉？真可與點爾同游，周、程共吟也！」見〈薛文清公讀書錄序〉，《薛瑄全集‧讀書錄讀書續錄‧附錄一》，頁1495。
〔註139〕《薛瑄全集‧讀書錄》卷6，頁1163。

見天地萬物截然各安其分。」〔註140〕這種對天地萬物皆各自有一「本然順適的存在方式」的洞見，大概便是他「中心悅」的原因了。以上諸例，無不清楚地顯示出敬軒藉由窮理工夫而不斷提升生命見地與心靈境界的過程。

王陽明早年曾欲循程朱格物之學做工夫，而留下了「格竹」的著名公案。〔註141〕陽明格竹失敗的經驗，成為他終身不契於程朱之學、並進而開展其他工夫路向的肇端。直到晚年，陽明仍說：「天下之物如何格得？且謂一草一木亦皆有理，今如何去格？縱格得草木來，如何反來誠得自家意？」〔註142〕這段話明白地顯示出，從早年到晚年，陽明對於窮格萬物之理的方法，始終無法真正相應，甚至可說存在著一些根本上的誤解與隔閡。我們試舉敬軒「格花」的例子做一比較，即可明白此意。敬軒云：

> 一花即具元、亨、利、貞之理。花始萼而未開者，元也；開而盛者，
> 亨也；盛而就實者，利也；實已成熟者，貞也。成熟可種而復生，
> 又為貞下之元矣。生理循環，蓋未嘗毫髮止息間斷。〔註143〕

敬軒心中有一整套的天道論與天人思想，他面對一株花，不是懸空參究蘊藏在此花之中的太極之理，也不是從知識論的角度去考究此花的本質；而是用誠敬的心去感受體察這個源自天道的具體生命，其運行變化的節律與條理為何。由於敬軒深信物我一理、天人一貫，因此從一花的生命理則，自能相通到身心性情乃至其餘事物上。當窮理的工夫下得久、下得深時，亦自能對天人萬物本然順適的存在方式產生一貫的體悟，使此心不再被氣質習見所糾纏，而得以徹底開明。由此可知，我們若只從陽明格竹失敗的經驗出發來看窮理工夫，很容易認為朱子之學混淆了成德問題與知識問題；但是若從敬軒對窮理工夫的實際體驗與應用來看，這種質疑卻完全不會產生，因為窮理工夫的重點是體驗天地萬物一貫的恰好條理，使自身的生命見地隨之開明，而非以知識的攝取考究來培養德行。〔註144〕蓋陽明之

〔註140〕《薛瑄全集・讀書錄》卷6，頁1167。
〔註141〕據陽明〈年譜〉「五年壬子，先生二十一歲」條載：「是年為宋儒格物之學。先生始侍龍山公於京師，徧求考亭遺書讀之。一日，思先儒謂眾物必有表裏精籠，一草一木皆涵至理。官署中多竹，即取竹格之，沉思其理不得，遂遇疾。先生自委聖賢有分，乃隨世就辭章之學。」（《王陽明全集》卷32，頁1223）
〔註142〕《王陽明全集》卷3，頁119。
〔註143〕《薛瑄全集・讀書錄》卷3，頁1076。
〔註144〕年宗三先生認為伊川朱子的格物致知工夫是「認知的橫攝」，是「順取之路」，是「將知識問題與成德問題混雜在一起講，既於道德為不澈，不能顯道德之

學在逆覺體證的工夫進路上，自有其不可取代的精彩處；但是若要瞭解程朱之學即物窮理工夫的實義，那麼從深契於此道的敬軒思想中探求，無乃更加穩當而不易出偏。

第三節　反躬實踐的省察工夫

依據朱子的工夫體系，物格知至後雖是「此心之全體大用無不明」，卻並不表示已經成聖，恰恰相反，心體明澈之後，才是反躬實踐的開始。〔註145〕故敬軒亦言：

> 見得理明，須一一踐履過，則事與理相安，而皆有著落處；若見理雖明，而不一一踐履過，則理與事不相資，終無可依據之地。〔註146〕

「見得理明」僅僅是見地上的轉變，不表示所有的私欲習氣都不再生起，因此還必須在事為上自覺地做省察工夫，時時返歸心體之大公。換句話說，「豁然貫通」以下的踐履乃是「悟後起修」的階段，若不能反躬實踐，所見之理恐將落為「無可依據」的虛見。在敬軒，此階段的工夫大概可從「誠意正心」、「戒懼慎獨」、「省察克制」三個面向來談。

一、誠意正心

就《大學》的文本脈絡而言，「格物致知」之後即是「誠意正心」。敬軒論誠意工夫云：

> 誠意之要，在乎謹之於幽獨隱微之處，以禁止其苟且自欺之意。而凡心之所發，如曰「好善」，則必由中及外，無一善所好之不實也；如曰「惡惡」，則必由中及外，無一惡所惡之不實也。〔註147〕

這是說，凡心之所發者皆是意，於起心動念的隱微處令其無所自欺地「好善惡惡」，即是誠意。後來陽明提倡古本《大學》，反對朱子格物致知之說，而

本性，復於知識不得解放，不能顯知識之本性。」見氏著《心體與性體》第一冊，頁49～51。這些評價，恐皆出於對窮理工夫的誤解，而非伊川、朱子的本來面目。

〔註145〕朱子云：「物既格，知既至，到這**裏**方可著手下工夫。不是物格、知至了，下面許多一齊掃了。若如此，卻不消說下面許多。看下面許多，節節有工夫。」（《語類》卷15，頁299）

〔註146〕《薛瑄全集‧讀書錄》卷4，頁1110。

〔註147〕《薛瑄全集‧讀書續錄》卷3，頁1370。

以「誠意之教」與「知行合一」取代之，〔註148〕即是教人實做此工夫，以防止學者支離於章句訓詁之間。對敬軒來說，朱學自有此一段工夫，之所以還要鋪設格物致知的窮理工夫於前，用意在於使此心更能不受氣稟物欲之拘限，且更廣泛而穩當地因應萬事萬變。至於落於支離而不知反求於身心，自是學朱者之病，敬軒固亦屢加批評也。他又說：

> 一念之妄非誠也，一語之妄非誠也，一動之妄非誠也，必念慮、語
> 言、動作，皆出於無妄，斯為誠矣。〔註149〕

對身、語、意三者皆精察其真妄，一一令之反妄歸真，這種省察工夫就是逆覺體證中的「內在的體證」，與王學並無不同。所異處則在於敬軒開顯心體的工夫關鍵乃是上文所說的「開放的體證」，而非「內在的體證」。此外，關於正心的工夫，敬軒討論的不多，但從以下文字中亦可略窺一二：

> 清而有容，乃不自見其清；清而不能容，是自有其清，而心反為其
> 所累矣。〔註150〕

> 廉而自忘其廉，則人高其行而服其德。〔註151〕

敬軒之意在於，人雖需力行清廉之道，此心卻不可執著清廉之相，否則心體必尚有所累。又云：

> 無所為而為者皆天理，有所為而為者皆人欲。〔註152〕

> 無所為而為，猶當理而無私心，仁也；有所為而為者，事雖當理，
> 未能無私心也，謂之仁可乎？〔註153〕

此與後來陽明以「無善無惡」形容心之本體的意旨是一致的。〔註154〕且相對而言，敬軒的「無所為」較陽明的「無善惡」更平實，不易使人產生否定道德價值的誤解。

〔註148〕詳見鍾彩鈞：《王陽明思想之進展》（臺北：文史哲出版社，1983年10月）頁68～73。

〔註149〕《薛瑄全集・讀書續錄》卷3，頁1377。

〔註150〕《薛瑄全集・讀書錄》卷6，頁1170。

〔註151〕同上註。

〔註152〕《薛瑄全集・讀書錄》卷4，頁1114。

〔註153〕同上註，頁1115。

〔註154〕陽明云：「無善無惡者理之靜，有善有惡者氣之動，不動於氣，即無善無惡，是謂至善。」又說：「誠意只是循天理，亦著不得一分意，故有所忿懥好樂皆不得其正，須是廓然大公，方是心之本體。」見《王陽明全集》卷1，頁29～30。

二、戒懼慎獨

《大學》以「誠意、正心」教人反躬省察，《中庸》與此相應的概念則是「戒懼、慎獨」。敬軒曾以生活實例論戒懼工夫，他說：

> 偶見一伶人於三層桌上頭頂一小童，可謂危矣。因笑自喻曰：此伶此童，此際俱無邪心，何也？以恐懼之心勝也。賤技且然，君子學道，必常存戒懼之心，如處至危之地，斯無邪心矣；苟安於怠惰放肆，則無限之邪心竊從而生矣。〔註155〕

這是藉常人日用皆有的戒懼之心以點出學道之要。伶人、小童之所為，雖只是「賤技」，但以能戒懼故，其邪心自無由而生。後來泰州王門學者羅近溪有一出名的「捧茶童子見道」〔註156〕之說，教人從平常處見本心，與敬軒此例之意趣甚為相似。然而敬軒之工夫論承繼朱學而系統龐大、層層遞進，並不只專講當下一念，終與近溪不同。從此處亦可看出明代理學在陽明提倡良知教以後愈趨簡易的現象。敬軒又論慎獨的工夫道：

> 《坤》之初六：「履霜，堅冰至。」不但小人、女人、夷狄，從微以至著，如人一念之惡，循習不已，必至於大惡。故大而治天下國家，近而治一心一身，皆當謹之於微也。〔註157〕

> 康節曰：「思慮未發，鬼神莫知。不由乎我，更由乎誰？」人能慎所發於將發，則無悔矣。〔註158〕

這種謹於一念將發之際的慎獨工夫，與第一節所論的斂氣、持敬等涵養工夫，看似都是在日用處謹慎小心，其實細觀之亦有差別。蓋涵養工夫重在收斂氣質習心，令之清明而能窮理；而戒懼或慎獨，則重在省察心念發動之幾微，與心學的逆覺工夫相似。此點在底下有關「省察克治」的討論中更加明顯。

〔註155〕《薛瑄全集・讀書錄》卷9，頁1246。
〔註156〕問：「吾儕或言觀心，或言行己，或言博學，或言守靜，先生（按：即羅近溪）皆未見許，然則誰人方可以言道耶？」曰：「此捧茶童子卻是道也。」一友率爾曰：「豈童子亦能戒慎恐懼耶？」羅子曰：「茶房到此，幾層廳事？」眾曰：「三層。」曰：「童子過許多門限階級，不曾打破一個茶甌。」其友省悟曰：「如此童子果知戒懼，只是日用不知。」見《明儒學案》卷34〈泰州學案三〉，頁16。
〔註157〕《薛瑄全集・讀書續錄》卷4，頁1392。
〔註158〕《薛瑄全集・讀書續錄》卷1，頁1292。

三、省察克治

敬軒論省察工夫云：

> 人之念慮不正者有二：有妄念，有惡念。如思慮不可必得之事，妄
> 念也；思慮悖理違道之事，惡念也。凡此二者，心纔知覺即遏絕之，
> 必使念念皆出乎仁、義、禮、知、惻隱、羞惡、辭讓、是非性情之
> 正，則不正之念自消，而思慮皆天理矣。此實日用省察之切要，不
> 可毫髮間斷也。〔註159〕

在敬軒看來，人之念慮若非天理，便是人欲；若非恰到好處，便是過與不及。
恰到好處之時乃性情之正，過與不及之時則為妄惡之想。故此處所謂「日用
省察之切要」，一言以蔽之即是在念慮上去惡為善、轉妄歸真，這豈非逆覺體
證的工夫？敬軒又說：

> 人之自立，當斷於心。若實見得是，當決意為之，不可因人言以前
> 却而易其守。〔註160〕

這與陽明良知教篤於自信、貫徹力行的精神，〔註161〕豈非亦相近似？敬軒復
自言其克治妄念的工夫云：

> 私無大小，覺即克去。〔註162〕

> 人為學至要，當於妄念起處即遏絕之，予每嘗用力於此，故書以自
> 勵。〔註163〕

> 大要當洗滌盡此心之欲，有一毫之欲未盡，即本體蔽昧而用失其當
> 矣。〔註164〕

> 萬起萬滅之私，亂吾心久矣。今當悉皆掃去，以全吾湛然之性。
>
> 〔註165〕

這種念念致察、掃去私欲以復歸湛然本體的工夫，敬軒亦「每嘗用力於此」。
而陽明曾云：

〔註159〕《薛瑄全集·讀書續錄》卷3，頁1374～1375。
〔註160〕《薛瑄全集·讀書錄》卷9，頁1247。
〔註161〕如陽明云：「我在南都已前，尚有些子鄉愿的意思在。我今信得這良知真是真
　　　　非，信手行去，更不著些覆藏。」見《王陽明全集》卷3，頁116。
〔註162〕《薛瑄全集·讀書錄》卷3，頁1087。
〔註163〕《薛瑄全集·讀書錄》卷11，頁1277。
〔註164〕《薛瑄全集·讀書續錄》卷2，頁1337。
〔註165〕《薛瑄全集·讀書錄》卷1，頁1040。

> 須是平日好色、好利、好名等項一應私心掃除蕩滌，無復纖毫留滯，
> 而此心全體廓然，純是天理，方可謂之喜怒哀樂未發之中，方是天
> 下之大本。〔註166〕

比對兩人之說，則其同屬於逆覺體證的工夫，已無可疑。只是對陽明而言，逆覺體證的工夫徹始徹終，是實踐上的唯一重點；而敬軒則在此工夫之前尚鋪設了涵養收斂、即物窮理等工夫，且尤以窮理工夫爲確立學者生命見地的關鍵，故與王學之著力處有別。雖是如此，朱學系統中不乏逆覺體證工夫的事實，藉由敬軒的實踐經驗也得到了有力的證明。由此可知，朱學與王學在工夫上雖絕非同一進路，卻也未嘗有牟宗三先生所說「順取與逆覺」、「橫攝與直貫」的截然之別。

第四節　知行關係與工夫次第

敬軒工夫論的主要內容，經過以上三節的討論已得到較完整的呈現，綜合這些討論，則可進一步明確指出其對知行關係的看法，以及工夫次第的開展。

一、知先行後與知行不離

伊川曾說：「需是識在所行之先，譬如行路，須得光照。」〔註167〕又說：「未致知便欲誠意，是躐等也。」〔註168〕這種知先行後的觀念爲朱子所本，故朱子說：「知、行常相須，如目無足不行，足無目不見。論先後，知爲先；論輕重，行爲重。」〔註169〕這就點出知行之間雖有先後卻又相輔相成的關係。敬軒之知行觀亦是如此，他說：

> 作事只是求心安而已。然須理明，則知其可安者安之；理有未明，
> 則以不當安者爲安矣。〔註170〕

「求心安」即是反求己心的躬行，但見地若不明，則有認欲爲理之虞。這是發明朱子「論先後，知爲先」之旨。敬軒又說：

〔註166〕《王陽明全集》卷1，頁23。
〔註167〕《二程集・遺書》卷3，頁67。
〔註168〕《二程集・遺書》卷18，頁187。
〔註169〕《語類》卷9，頁148。
〔註170〕《薛瑄全集・讀書錄》卷6，頁1179。

　　　　見到至處，人或可及；行到至處，人鮮能及也。〔註171〕

　　　　雖明善，而反諸身不誠，終未有得也。〔註172〕

見地之明雖是根本，貫徹實踐所見則更重要，這是發明朱子「論輕重，行爲重」之旨。進一步說，知行兩者都是求道過程中不可缺少的環節，恆不相離，所謂「看得爲學無別法，只是知一字行一字，知一句行一句，便有益。」「無適而非道，但當隨時隨處識得分明，行得切實耳。」〔註173〕因此從廣義來說，知是行不可分離的一部分，行也是知不可分離的一部分。工夫上雖各有統屬，卻非兩不相干。

　　　　從伊川、朱子到敬軒，其所謂「知」，都是指格物致知的窮理工夫，而格物致知既然也是一種實踐，那麼廣義來說自然也可以稱做「行」；但因此種工夫的性質在於開顯生命見地，以做爲反躬力行之所本，故特以「知」稱之，而與純粹的「行」相分別。後來陽明講「知行合一」，其基本意涵已經有所轉變，蓋陽明的系統中並無窮理工夫，因此也就不需要窮理意義的、與行相分別的「知」；再者，他的工夫既是逆覺體證，則其所謂「知」代表的便是心體之自知自覺，這自然與做爲道德實踐的「行」同爲一體了。〔註174〕由此觀之，「知先行後」與「知行合一」的觀點，建立在兩個不同的工夫進路上，各有各的意涵。若排除其各自之流弊而就其立教之本意觀之，實無孰優孰劣的問題。

二、涵養、窮理、省察

　　　　本章一到三節所討論的「涵養工夫」、「窮理工夫」與「省察工夫」，是朱子工夫論的三大環節，彼此之間相互配合，卻又不相混濫，敬軒對這三大環節不僅如上文所述，皆各有詳明的闡發，且對其間的關係也分別得十分清楚。除了上文提過的，「涵養」與「窮理」必須並進而不可偏廢以外，他也說：

　　　　「敬以直內」，涵養未發之中；「義以方外」，省察中節之和。〔註175〕

　　　　人心只是當靜時不存，當動時不察。所以靜時放逸，動時差錯。〔註176〕

〔註171〕《薛瑄全集·讀書續錄》卷7，頁1446。

〔註172〕同上註，頁1445。

〔註173〕《薛瑄全集·讀書續錄》卷4，頁1118。

〔註174〕關於陽明知行合一說的詳細討論，可參看陳來：《有無之境——王陽明的哲學精神》（北京：人民出版社，1997年2月），頁93～117。

〔註175〕《薛瑄全集·讀書續錄》卷3，頁1374。

〔註176〕同上註，頁1368。

静時需涵養，動時需省察，這是將「涵養」與「省察」對列。又說：

> 「明善」是「格物」、「致知」、「知性」、「知天」之事；「誠身」是「誠意」、「正心」、「養性」、「事天」、「修身」之事。〔註177〕

必先明善而後誠身，必先格致而後誠正，必先知性知天而後養性事天，這又是將「窮理」與「省察」對列。敬軒又說：

> 「涵養須用敬」，存此性耳；「進學則在致知」，明此性耳。〔註178〕

> 聖人教人「博文」、「致知」、「格物」、「明善」，凡知之之功，皆明此心之性也；教人「約禮」、「誠意」、「正心」、「固執」，凡行之之功，皆踐此心之性也。〔註179〕

涵養工夫為「存此性」，窮理工夫為「明此性」，省察工夫為「踐此性」。如此一來，敬軒復性工夫中的三段式格局就很明顯了。茲再舉一例以證此意，敬軒云：

> 「秉心塞淵」可以為積德之要；「思無疆」、「思無斁」可以為進學之要；「思無邪」乃誠身之要。〔註180〕

「秉心塞淵」出自於《毛詩・鄘風》中的〈定之方中〉一詩，而「思無疆」、「思無斁」、「思無邪」皆出於《毛詩・魯頌》中的〈駉〉。依據朱子《詩集傳》的解釋，「秉心塞淵」即是「操心誠實而淵深」〔註181〕，此可等同於持敬等涵養工夫；「思無疆」、「思無斁」為「思之深廣無窮」且無「厭」之意，〔註182〕可等同於窮理工夫；「思無邪」的無邪，指的則是「得其情性之正」〔註183〕，可等同於省察工夫。敬軒將之分別列為「積德之要」、「進學之要」、「誠身之要」，足知其工夫次第的觀念甚為分明。我們可以將這樣的觀念簡要整理如下：

涵養（存性、積德）——窮理（明性、進學）——省察（踐性、誠身）

在敬軒看來，為學之初首先必須培養求道自覺，整飭昏擾的氣欲之心，使之凝聚不放逸，這就是「涵養工夫」；然而這種收攝調節的方法，未必能使

〔註177〕《薛瑄全集・讀書續錄》卷8，頁1460。
〔註178〕同上註。
〔註179〕《薛瑄全集・讀書續錄》卷6，頁1436。
〔註180〕同上註。
〔註181〕宋・朱熹：《詩集傳》（上海：上海古籍出版社；合肥：安徽教育出版社，2002年，《朱子全書》第1冊），卷3，頁446。
〔註182〕同上註，卷20，頁744。
〔註183〕同上註。

此心之桎梏盡除、性理顯現,因此還必須透過對萬事萬物之理的默識體認,徹底提升見地以知性知天,不再拘囿於狹隘的眼界,如此方能使此心之全體大用無不開明,這就是「窮理工夫」;而心體雖明、見地雖具,若不能於事為上貫徹履行,則雖得之、必失之,因此還必須在起心動念之際存真除妄,而無一毫自欺,如此,所開顯的見地方能真正獲得兌現,這就是「省察工夫」。敬軒認為:「為學第一工夫立心為本,心存則讀書窮理、躬行踐履皆自此進。」〔註184〕這一本末有序、首尾兼顧的格局,對朱子所謂「涵養做頭,致知次之,力行次之」〔註185〕的工夫次第,可說是發揮得淋漓盡致了!由此亦可看出朱學條理井然的「漸教」工夫,確與陽明單提一心、簡易直截的「頓教」工夫,有著風格上的差異。

三、內聖外王一性貫攝

以上所述,看似皆屬內聖的工夫,然而對敬軒而言,儒家的內聖工夫本就不是摒諸塵緣、閉於一室而修,無論是涵養、窮理或省察工夫,都是在待人處事、日用倫物上磨練而來。換言之,個體的生命恆常與天地萬物的生命相連結,內聖與外王亦皆由一「性」字貫攝無餘,〔註186〕從來不是斷離開來的兩種工夫。他對治道的基本看法是:

> 天之道,公而已。聖人法天為治,一出於天道之公,此王道之所以為大也。〔註187〕

> 三代王佐事業,皆本於道德;後世輔相事功,多出於才氣。〔註188〕

天道是一切生命的源頭,個人的心性修養工夫固需上通於天道,治理萬民秩序更需要此種超越的眼光,才能令萬民在其分位上各得其所。因此,外王的真正典範,不是三代以下「出於才氣」的事功,而是三代之時「本於道德」的事業。前者僅以有效解決現實政治社會問題為目標;後者則能提出「道德」做為根本關懷,更重視維繫歷史文化發展過程中的核心價值與長遠方向。〔註189〕其次,

---

〔註184〕《薛瑄全集‧讀書錄》卷10,頁1268。

〔註185〕《語類》卷115。

〔註186〕敬軒云:「千古聖賢之言,一性字括盡」(《薛瑄全集‧讀書錄》卷4,頁1107)「只一性貫乎萬事萬物,所謂『一理渾然而泛應曲當也。』」(《薛瑄全集‧讀書續錄》卷10,頁1473)

〔註187〕《薛瑄全集‧薛文清公從政名言》卷3,頁1549。

〔註188〕同上註,頁1550。

〔註189〕朱子曾與陳同甫(亮,1143～1194)辯論王霸問題,兩人之差別也可以做如是

就敬軒個人而言，心性修養工夫確能在政治事務上發揮實際作用，不僅僅是追求個人的心靈境界而已。如他說：

> 張文忠公曰：「左右非公故勿與語。」予深體此言，吏卒輩不嚴而慄然也。〔註190〕

蓋處於上位，一言一行都必須莊嚴持重，方能有效管理下屬，此即涵養工夫在爲政上的運用。又如：

> 民心至柔，眞有不可强者，惟順其心而道之，則無不從矣。〔註191〕

> 爲政當有張弛。張而不弛則過於嚴；弛而不張則流於廢。一張一弛，爲政之中道也。〔註192〕

治理人民，必須細細體察其心之條理以順導之，而政令施爲，也必須在一張一弛（如同陰陽屈伸）之際運用得恰到好處，此即窮理工夫在爲政上的運用。又如：

> 心不可有一毫之偏向，有則人必窺而知之。余嘗使一走卒，見其頗敏捷，使之稍勤，下人即有趨重之意。余遂逐去之，此雖小事，以此知當官者當正大明白，不可有一毫之偏向。〔註193〕

爲官者若能時時觀照此心，使於應物之際保持正大明白，則能根絕夤緣攀附的官場風氣。此即省察工夫在爲政上的運用。

　　總而言之，敬軒認爲「爲學只是要知性、復性而已」，此一「性」字，正是天道與人道、內聖與外王的總持語，貫徹在其工夫體系之中。明朝末年起而提倡朱子學的東林學者高景逸（攀龍，1562～1626），曾有「學問起頭要知性，中間要復性，了手要盡性，只一性而已」〔註194〕的主張，應亦得自於敬軒之學的啓發。

觀。蓋朱子之立場即敬軒所說的「本於道德」者；而陳亮之言論則較偏向「出於才氣」者。詳細論辯內容參見〈答陳同甫〉13封，《朱文公文集》卷36，總頁513～522。

〔註190〕《薛文清公從政名言》卷1，頁1533。

〔註191〕同上註。

〔註192〕《薛文清公從政名言》卷2，頁1543。

〔註193〕《薛瑄全集·讀書錄》卷2，頁1055。

〔註194〕高攀龍：〈與許涵淳〉，《高子遺書》（台北：台灣商務印書館，1983年，景印文淵閣四庫全書1292冊）卷8下，總頁532。

第五節　自得於心的生命境界

　　本文在第二章中曾經說道:「讀書二錄的文字,無一不是其自身經歷存養之功而體認親切者,影響之談、蹈虛之論,敬軒斷不肯言。」在此種默識於心、謹言於外的治學原則下,敬軒開啓了河東學派「悃愊無華」的學風,展現出「口不言而心自得」〔註195〕的實修傾向。然而細觀其著作,仍頗有不避高虛之譏而自道所得境界之語,這些文字出於敬軒之口,無疑代表著其人直抒胸臆的體會,而不會是逐光景、弄精魂的矯揉之論,值得研究者留心。本節即針對敬軒踐履所得的感悟之言,及其晚年所造之生命境界,加以論述,以作爲其工夫論的具體驗證。

一、踐履有得

　　敬軒自謂從十四、五歲有志於聖學以來,經十餘年晝夜不斷的踐履之功,「然後若有以察夫聖賢千言萬語之理,莫不散見於天地萬物之中;而天地萬物之理,莫不統會於此心微密之地。」〔註196〕這是他首次體認到聖賢之語不再是書中的知識,而是遍在於天地萬物之中,且與自心相應相通者。他又曾說:

　　　　此果何物邪?推而上之莫究其始,引而下之不見其終,測之而無窮,
　　　　資之而不竭,離之而不開,斷之而不絕,此果何物邪?竟不得而名
　　　　也!〔註197〕

　　　　天地、陰陽、晝夜、四時、人物、男女、萬物、始終,皆真易充滿
　　　　六合,貫徹乎古今也!〔註198〕

敬軒親切地感受到有一真理貫徹古往今來、四方上下,無處不在、無時可離,而與自身貼合無間。這大抵皆是其窮理有得之時,不容自已地發自胸中的浩歎。他又說:

　　　　一理陰陽及五行,乾坤萬物各生成。莫言真宰元無迹,久向圖中露
　　　　此情。〔註199〕

　　　　默觀《太極圖》,與己一一契合。〔註200〕

〔註195〕《薛瑄全集・讀書續錄》卷1,頁1292。
〔註196〕〈與楊秀才書〉,《薛瑄全集・文集》卷12,頁652。
〔註197〕《薛瑄全集・讀書錄》卷3,頁1096。
〔註198〕《薛瑄全集・讀書續錄》卷1,頁1300。
〔註199〕〈觀太極圖〉,《薛瑄全集・文集》卷4,頁236。
〔註200〕《薛瑄全集・讀書錄》卷5,頁1147。

《太極圖》是敬軒窮究天地萬物之理最重要的思想基礎。他藉由默觀《太極圖》而反照一己之身心，見得萬物變化之理即是自己身心之理，太極之理流貫於天人物我的生命中，沒有彼此的差別。這樣的體證，顯示出敬軒並沒有產生陽明早年格物過程中「物理、吾心終判爲二」〔註201〕的疑惑，而梨洲所謂「未嘗反身理會，推見至隱」的批評，自然也不適合加之於敬軒了。

劉蕺山曾謂康齋之學「刻苦奮勵，多從五更枕上淚流汗下得來」〔註202〕；陽明亦曾自言其良知二字，乃「從百死千難中得來」〔註203〕。敬軒之成學過程雖看似較二人爲平順，然而其內心境界的層層轉進與步步超克，箇中風雨雷霆的諸般滋味，亦必非旁人所能想見。

二、晚年造境

敬軒自道所得的透悟語、境界語，在《讀書錄》之中尚少，到了《讀書續錄》之中則轉多，茲錄其尤要者如下：

> 萬物一本，舉目可見。〔註204〕

> 舉目皆實理實氣，此外無一物。〔註205〕

> 「體用一源，顯微無間」，隨時隨處見之。〔註206〕

> 《太極圖》之理自朝至暮說不盡，但少肯聽者耳。〔註207〕

> 舉目見天地萬物之理，皆「活潑潑地」，何止「鳶飛魚躍」？理者何？
> 即天命之性是也。所謂「洞見道體」者，恐不過如此。〔註208〕

> 默識性與天道，內外合一，無處不有，無時不然。〔註209〕

朱子曾說：「理有未明，則見物而不見理；理無不盡，則見理而不見物。不見理，故心爲物蔽而知有不極；不見物，故知無所蔽而心得其全。」〔註210〕從上述諸條引文看來，敬軒已臻「理無不盡」、「心得其全」的境界，應無可疑。

〔註201〕《明儒學案》卷10〈姚江學案〉，頁201。

〔註202〕《明儒學案‧師說》，頁11。

〔註203〕《王陽明全集》，卷34，頁1279。

〔註204〕《薛瑄全集‧讀書續錄》卷4，頁1404。

〔註205〕《薛瑄全集‧讀書續錄》卷1，頁1301。

〔註206〕《薛瑄全集‧讀書續錄》卷1，頁1310。

〔註207〕《薛瑄全集‧讀書續錄》卷2，頁1343。

〔註208〕《薛瑄全集‧讀書續錄》卷5，頁1429。

〔註209〕《薛瑄全集‧讀書續錄》卷7，頁1449。

〔註210〕《朱文公文集‧續集》卷10，總頁1796。

《讀書續錄》一書蓋成於敬軒晚年，依據〈年譜〉「三年，己卯」條所載：

> 先生七十一歲，在里。先生既返初服，玩心高明，研究天人之奧，
> 闡發性命之微，著爲《讀書續錄》。〔註211〕

由此可見，洞察天人之際的默識工夫，至其晚年已十分精熟透徹。上述各條引文，皆是敬軒摒除一切個人的私我欲執，將其全生命浸潤在活潑流行的造化至理中的實踐心得。他不僅體悟此理之永恆性、普遍性，亦復見其廣大性、豐富性。程朱所說的「洞見道體」，在敬軒身上已確然得到了親切的驗證。

〈年譜〉「八年，甲申」條記載著敬軒臨終時的情景：

> 先生七十六歲。在里。夏六月十五日，先生卒。……是日忽檢舊書
> 及《讀書二錄》、詩文諸集，束置案上，衣冠危坐，爲詩曰：「土坑
> （按：《詩集》作床）羊褥紙屏風，睡覺東窗日影紅。七十六年無一
> 事，此心惟覺性天通。」通字之遶未竟，悠然而逝。〔註212〕

敬軒最後所留的這首詩，是他對自己平生踐履成果的總結，我們可以試著做一番解析。首先，其所謂「七十六年無一事」，指的是順乎造化之理，無有私意勞擾的高度心靈自由；〔註213〕而「此心惟覺性天通」，則可從兩個層次說。其一，性與天，一屬人性、一屬天命，性天相通，即見其天人一貫而不相隔；其二，知性知天，乃所以盡其心，故「此心惟覺性天通」者，即見其心體洞然而無所遺。這是就基本文意上解釋。若進一步引伸之，「七十六年無一事」，代表的是此心之至虛至無；〔註214〕「此心惟覺性天通」，代表的是此心之至實至有。〔註215〕虛而實、無而有，即是「無極而太極」；實而虛、有而無，即是「太極本無極」。平生用心於《太極圖》的敬軒，將此「有無合一」的天道論思想落實於工夫實踐上，終於亦在其自身的生命中，令此境界體現無餘。值

〔註211〕《薛瑄全集·薛文清公年譜》，頁1727。

〔註212〕同上註，頁1729。

〔註213〕敬軒云：「只順理而行，都無一事之勞擾。」（《薛瑄全集·讀書續錄》卷1，頁1301）

〔註214〕高景逸云：「聖人之學，物還其則而我無與焉；萬變在人，實無一事也，無之極也。」（《高子遺書》卷9上，總頁546）正可用以發明敬軒之語。

〔註215〕敬軒云：「太極，即《孟子》所謂性與天也。」（《薛瑄全集·讀書續錄》卷3，頁1374）太極本是實理，故此心通乎太極，即顯示此心至實也。敬軒曾另以「外物不知軒冕貴，此心惟覺性天虛」的詩句形容邵康節，前一句亦有其臨終詩「無一物」的意味；而後一句則僅差一字，蓋康節之學本近老莊，故敬軒下此「虛」字，十分值得玩味。參見〈讀邵康節集壞集二十首〉之五，《薛瑄全集·文集》卷10，頁620。

得一提的是，此詩「睡覺」一句與「無一事」之語，皆本自程明道，〔註216〕
古清美先生曾謂敬軒之「生活見趣」頗似明道，上文已屢屢證明此點，而從
敬軒這首夫子自道之詩看來，又可得一最有力之證明矣！

第六節　小　結

　　薛敬軒的工夫論以朱子的系統爲依據，具有十分細密的次第。首先，在
涵養工夫方面，大抵可用「存心養氣」四字代表之。其中「主靜」、「斂氣」、
「踐形」等工夫偏重在養氣；而「持敬」則偏重在存心。前者是收斂氣欲，
後者是調攝習心，其實一也。涵養工夫的目的是鍛鍊一個人的求道自覺與心
理素質，掃除散漫放逸、渾噩昏雜的心思，因此可以做爲格物致知的重要基
礎。另一方面，涵養工夫也是徹上徹下的，不僅是爲學之初的主要著力處，
即令豁然貫通萬物之理後，此工夫依舊不可須臾離。

　　其次，敬軒延續橫渠、伊川、朱子對窮理工夫的闡發，將之視爲一種融
合物我內外的「開放的體證」，以此照察萬物之理、開顯生命見地。他爲了
矯正朱子後學滯於名言、落於支離的弊端，一再強調理之微妙不可由聞見而
得，並且提出「默識」一詞詮釋窮理工夫，爲知識意涵較強烈的「格物致知」
之說，融入了更多的體驗成分。他將此種工夫落實在日常生活中，不僅默識
書中義理，也默識天地萬物生化之機，其所謂「默識心通，『活潑潑地』，無
物不有，無時不然」〔註217〕、「時時皆道，處處皆道，事事皆道，道不可離」
〔註218〕的實踐心得，皆在在展現出與明道思想極爲相似的風格意趣。

　　而在省察工夫方面，不論是「誠意正心」、「戒懼愼獨」或「省察克治」，
皆屬於念念致察、轉妄歸眞的逆覺體證工夫，敬軒亦頗用力於此。但若從工
夫論的整體觀之，敬軒對省察工夫的討論顯然較涵養與窮理工夫來得少，而
後起的陽明學，其精彩處則恰在於此，這正是朱學與王學在工夫進路上的主
要差異。

〔註216〕明道云：「閒來無事不從容，睡覺東窗日已紅。萬物靜觀皆自得，四時佳興與
　　　　人同。」（〈秋日偶成二首之一〉，《二程集・文集》卷3，頁482）又云：「百
　　　　官萬務，金革百萬之眾，飲水曲肱，樂在其中。萬變皆在人，其實無一事。」
　　　　（《二程集・遺書》卷6，頁83）
〔註217〕《薛瑄全集・讀書續錄》卷1，頁1292。
〔註218〕《薛瑄全集・讀書錄》卷10，頁1266。

統合上述這些工夫，敬軒採取「知先行後」、「知行不離」的知行觀，以及「涵養——窮理——省察」三者相輔相成、依序而進的工夫次第，並以一「性」字總持天道與人道、貫攝內聖與外王，支撐起一個完整且嚴密的工夫體系。明代的程朱理學家中並不乏實踐之儒，但能在工夫系統上通盤承繼朱子之學並加以發揮者，除敬軒以外幾未之見。且敬軒在踐履上也同樣有卓越的表現，他雖厚積薄發、不事張揚，然而隨其工夫之所至，「洞見道體」的喜悅與「內外合一」的悟境，亦往往粲然而不可掩。而所謂「七十六年無一事，此心惟覺性天通」的臨終留詩，更清楚地展現出他無愧無怍的自信與自得。

陳榮捷先生曾說：「瑄之學說範型殊遠離於程朱之範型」，他認為朱子的窮理是德性工夫與知識興趣皆重要，而在敬軒則知識成分成為次要，「理不僅在物，亦在心」。又認為敬軒特別重視敬的工夫，「敬既屬心之一種質性，敬愈重要，則心自亦愈重要」，以此論斷敬軒之學逐漸遠離程朱傳統，而預為明代中期心學的興起鋪路。〔註219〕然而平心而論，朱子之窮理皆指向求道的終極關懷，純知識的興趣甚少，其所謂理也並非只在物、不在心。且依據本章的分析考察，敬軒工夫論的「範型」不僅未「遠離於程朱」，反能全面地發明程朱，是以在進路上與陽明心學有著明顯的區別。由此可知，敬軒與朱子的不同，並不在陳先生所說的「學說範型」上，也不在對持敬工夫的重視上；而應在整體的生命意境上。蓋朱子平生以建立道統為己任，其生命的精彩主要在講學著述的博大細緻中見；而敬軒之志則是對宋代理學的通盤承繼、準確理解與親體力行，故其生命的精彩遂主要展現在實踐的成果中。〔註220〕進一步說，敬軒以其深刻的體驗，為逐漸知識化、平庸化的朱學重新注入了一股源頭活水，其所展現出的生命意境，既有伊川、朱子的嚴謹，又不乏濂溪、明道的灑脫，這正是敬軒工夫論與工夫實踐的獨特性所在。

〔註219〕詳見氏著：〈早期明代之程朱學派〉，《朱學論集》，頁335～338。

〔註220〕清人楊鶴曾讚嘆敬軒之學云：「先生之學，以無極太極為宗，以居敬窮理為訓。深於《易》象，究心《河圖》。凡天地人物之原，游魂精氣之變，野馬游絲，日光鳥背，盡悟其盈虛消息之妙，引伸觸類，性命躍如。」（《薛瑄全集・薛文清公年譜序》，頁 1695）從上文的討論來看，此等讚語並非過譽。而敬軒這種融宋代理學於一爐所展現出的生命意境，亦確與朱子有別。蓋朱子雖集北宋理學之大成，畢竟較致力於理論上的揉合，而敬軒則更用心於實踐上的通透。

第六章　薛敬軒思想在理學史上的定位

　　通過上文對「天道論」、「心性論」與「工夫論」等三大環節的詳細梳理與辨析後，敬軒之學的重要觀念與體系架構，相信獲得較清楚的展示。本章欲在此基礎上，進一步將視野放大到宋明理學史中，給予敬軒之學一個如實恰當的定位。底下分為「觀理與觀心」、「聞見與德性」兩節，分別從工夫論的傳統與思想史的演變兩方面，對敬軒思想在理學史上的定位做出分析。

第一節　觀理與觀心

　　本節將從義理型態的角度切入，綜論宋明理學中兩種不同的工夫傳統，對兩傳統的思維方式與主要人物給予說明，從而看出敬軒之學在這兩大傳統中的位置。

一、綜論宋明理學的兩大傳統

　　對宋明理學義理型態的判分，向來流行的是程朱理學、陸王心學的「二系說」，但由於缺乏深刻的理論解析，往往只流於印象式的判語，因此現代學者乃對此重加檢討。牟宗三先生首先提出「三系說」：「五峰蕺山系」、「象山陽明系」、「伊川朱子系」。牟先生主張前兩者乃「一圓圈之兩來往」，同屬「縱貫系統」，其本體乃「即存有即活動」者；末者則屬於「橫攝系統」，其本體乃「只存有而不活動」者。〔註1〕而勞思光先生則復提出「一系三型（三階段）說」：「周張的天道觀階段」、「程朱的本性論階段」、「陸王的心性論階段」。勞

〔註 1〕參見氏著：《心體與性體》，第一冊，頁 49～54。

先生認為此三階段同屬於一整體之運動，以歸向孔孟本旨為目的，而愈在後者愈能滿足此一要求。〔註2〕這兩種說法皆是以形上學、本體論為著眼點而做出分判，各有其獨到的見地與細密的論證。然而若另以工夫論為著眼點，將可能產生不同的看法。

宋明理學家為學的主要關懷不是探索客觀世界的本質；而是如何承繼天命，讓個人乃至大群的生命能夠得到提升與安頓。因此其思想的產生，也就不是透過純理思辯的方式，各自建構一套形上學、本體論來闡說道德價值與道德實踐的問題；而是在共通的天人信仰與終極關懷底下，由各自的資稟、性情、學脈傳承和人生境遇出發，開展各自的生命實踐工夫，從而道出其體驗、完成其論說。基於這種特殊的學問性格，整個宋明理學發展史，就不應看成是西方意義的哲學史，而應看成是理學家的「求道史」或者「生命實踐史」。既是如此，今人若要對理學家義理型態之差異加以分別，以其工夫實踐的取徑或入路為著眼點，毋寧更能契應於先哲的本懷。基於這樣的視角，筆者嘗試提出有別於前賢的「一系二路說」。一系者，即宋明理學家共通的天人信仰與終極關懷；二路者，即其求道過程中所開出的兩大工夫路向：「觀理」與「觀心」。以下詳細加以解釋。

中國傳統生命之學，不論其價值取向是儒家、道家或佛家，皆具備一種「返本意識」。此所謂「本」，即是生命的本然狀態。思想家們皆真實地自覺到個人乃至大群之現前生命狀態（包含身、心、靈等層面）的不圓滿，力圖透過一連串的修行工夫，逐步卸除這些束縛，回歸生命本然的圓滿與自由。對宋明理學家而言，「生命之返本」是其共通的關懷，他們無不承認生命的本性光明而至善，然而絕多數人實然的生命狀態，卻總不圓滿、有束縛而充斥著種種過與不及，二程子曾說：「理與心一，而人不能會之為一。」〔註3〕即點出本然與實然的落差。於是如何「會之為一」，如何超克這些不必要的束縛而回歸其本然，遂成為理學家著力的關鍵所在，這就屬於工夫論的問題。

宋明理學工夫傳統的主要精神，大抵可用「觀照生命」四字表述之。所謂「觀照」，即是超越小我私欲、耳目聞見，而能對生命的真實狀態做一番更澄澈深刻的審視。道佛二家對此問題皆極為重視。就老莊思想而言，老子曾說「常無欲以觀其妙，常有欲以觀其徼」（《老子·第一章》）；又言「萬物並

〔註2〕 參見氏著：《中國哲學史》，第三卷上，頁38～60。
〔註3〕 《二程集·遺書》卷5，頁76。

作，吾以觀復」（《老子·第十六章》）；而《莊子》書中更處處充滿了觀照生命的睿智寓言，不待詳舉。此外，老子言「知常曰明」（《老子·第十六章》）、莊子言「欲是其所非而非其所是，莫若以明」（《莊子·齊物論》），其所謂「明」，也同樣指涉著一種朗朗徹徹的觀照智慧。至於以生命解脫為重點的佛家，所發展出來的各種觀法更是不計其數，如：五停心觀、四念處觀、空觀、一心三觀、四法界觀、五重唯識觀……等等，精微細膩的程度較之老莊有過之而無不及。而在儒家方面，先秦儒學亦並不乏生命深刻層次的觀照。如孟子言：「耳目之官不思，而蔽於物。物交物，則引之而已矣。心之官則思；思則得之，不思則不得也。此天之所與我者，先立乎其大者，則其小者不能奪也。」（《孟子·告子上》）其所謂「思」，指的顯然不是一般的思維、思考，而是此心不蔽於物、上應於天的能力，此即含有一觀照的意義。另一方面，大《易》之道主於觀時察變，所謂「仰則觀象於天，俯則觀法於地」（《周易·繫辭下》）、「觀乎天文，以察時變；觀乎人文，以化成天下」（《周易·賁卦·象傳》）等語，在在顯示出一種觀照生命萬象的修養與智慧。漢唐儒家將注意力放在經籍訓釋或政治事功，甚少直接從事此種生命體驗；宋明理學家則透過道佛思想的刺激和啟發，重新注意到先秦儒學典籍中的這一寶貴資源，並將觀照生命的工夫實踐出來，獲得了豐富的成果。

　　在宋明理學數百年的發展過程中，自然開展出各式各樣的工夫，但若加以大致區分，可以分為兩大類型的工夫進路：一路以「窮理盡性」的精神為主，重視觀照天人萬物之「理」；一路以「盡心知性」的精神為主，重視體證本然至善之「心」。同是對生命本然的觀照，而重點有所不同，為了論述上的簡便，不妨將前者稱為「觀理傳統」，後者稱為「觀心傳統」。同樣要達到天人合一的究竟目標，「觀理傳統」的方式是在日用見聞間思維體驗萬事萬物運作的恰好條理，日漸開顯生命見地，使此心能由不誠而復歸於誠；「觀心傳統」的方式則是真誠傾聽本心的聲音，令此心自信自立、自顯自誠，終歸於明白萬事萬物所當行之道。若用《中庸》的話來說，「觀理傳統」的進路是「自明誠」，藉觀理以明心；「觀心傳統」的進路則是「自誠明」，由觀心而明理。進路雖異，卻是「誠則明矣，明則誠矣」，一旦通透，都共同導向了「合內外」的境界。〔註4〕本文上章所說的「開放的體證」，即屬於「觀理傳統」；而「內

〔註4〕橫渠云：「自明誠，由窮理而盡性也；自誠明，由盡性而窮理也。」（《張載集·正蒙·誠明篇第六》，頁21）伊川云：「自其外者學之，而得於內者謂之明；

在的體證」或「超越的體證」，皆屬於「觀心傳統」。若與佛道二家相比較，「觀理傳統」的風格意趣較近於道家；「觀心傳統」則較近於佛家（尤其是明心見性的禪學）。當然，風格意趣的相近，或是話語資源的借用，並不代表價值體系的混濫。理學要強調的價值不離於「元亨利貞」、「仁義禮智」的天人一貫之道，而與道家的「無」、佛法的「空」有所區別。

　　上述兩大工夫傳統在具體實踐上的差異，可舉「孝道」爲例。孝是傳統中國人最重視的德目之一，無人不知對父母當盡孝道，然而「人應當孝順父母」在多數人而言卻只是透過教育所得的知識，這個知識是由外來聞見而得，未必能成爲內心深處的實踐動力，因此雖然「知孝」，卻未必能「行孝」。宋明理學工夫實踐的目的，即不欲以依傍道德教條和禮法制度爲足，而希望從更根本的宇宙人生見地上開顯人性本具的光明。其中一種辦法，是教人放下私欲偏執，直接體驗本心、良知對父母的親厚慕愛之意，如此，「孝順」乃不僅是一個與心分離的概念，而是我本有內具的、可以直接貫徹於事爲的動力，此即「觀心傳統」的進路，較爲今人所熟知。而另一種辦法，則是教人思維「應當孝順父母」的所以然。他們相信天地萬物間都有個生生不息、自然調暢的道理，兒女之於父母，也同樣有個非人力所能安排的應對方式，若不順理而行，則生意阻絕、衝突必生。當一個人能收攝檢束身心來思維此一道理，眞實見到「父之所以慈，子之所以孝，蓋父子本同一氣，只是一人之身，分成兩箇，其恩愛相屬，自有不期然而然者」〔註5〕的時候，必然私意頓消、心地廓然，在理與心融合的當下，同時產生一股「不容已」的實踐動力。〔註6〕這就是「觀理傳統」的路子。綜合言之，不論「觀心傳統」的體證本心，或是「觀理傳統」的體驗物理，最終都能擺脫習心的障蔽，而回歸生命的本然狀態。如此所做出的道德實踐，便不再是依傍外在的道德條目或禮法制度的「他律道德」；而是從本心之理自發自律地直貫而出的「自律道德」。〔註7〕

　　　　自其內者得之，而兼於外者，謂之誠。誠與明一也。」（《二程集・遺書》卷25，頁317）亦可道出此中分別。

〔註5〕《語類》卷17，頁414。

〔註6〕薛敬軒云：「情知物理相關處，心與乾坤一樣寬」（〈魚臺分司〉，《薛瑄全集・文集》卷5，頁277）；高景逸云：「物之格即知之至，而心與理一矣。今人說著物，便以爲外物，不知不窮其理，物是外物；物窮其理，理即是心」（《高子遺書》卷1，總頁333），皆是此意。

〔註7〕牟宗三先生屢屢批評伊川朱子之學爲「橫攝系統」、「他律道德」（如《心體與性體》第1冊，頁44～61，85～87），此種評語出現的原因，除了可能受到康

　　宋明理學兩大工夫傳統的基本意涵既明，即可對幾位重要理學家的思想路向做一初步的釐定。

二、觀理傳統

　　宋代理學開山周濂溪最重要的工夫是「主靜」、「無欲」，但他並未對如何「主靜」細加說明，據《太極圖說》「無欲故靜」之語，濂溪或未將「主靜」做爲獨立的工夫，而是將之視爲「無欲」的效驗。因此《通書・聖學第二十》明言學聖之要在於「無欲」〔註8〕。然而，克除私我欲執以獲得生命的澄靜，本是宋明理學家的共法與通義，不足以決定其工夫型態，所以還必須從其他的方面加以判斷。《通書・思第九》云：

> 無思，本也；思通，用也。幾動於彼，誠動於此，無思而無不通爲聖人。不思則不能通微，不睿則不能無不通，是則無不通生於通微，通微生於思。故思者，聖功之本而吉凶之幾也。《易》曰：「君子見幾而作，不俟終日。」又曰：「知幾其神乎！」〔註9〕

如果說「無思」代表的是主靜無欲的工夫，那麼「思通」將是與此並列的另一個極重要的工夫。佛教天台宗的工夫特重「止觀」，濂溪的「無思」即類似止息妄想的「止」；「思通」即類似觀達照見的「觀」。因此其所謂「通微」之「思」，指的是一種觀照的智慧。如此則可問；觀照的對象是本心或是萬事萬物之理呢？蓋濂溪最重要的思想依據是《易傳》，他所觀照的是天地之間的「吉凶之幾」。換句話說，「思通」的工夫，是從對萬事萬物的思維照察中，通透其幾微之理，乃至於無所不通。當實踐者初用「思」的工夫時，似有物我彼

德哲學思維方式的影響，重視分別道德主體與外在知識；另一方面也是由於順著陸王學派對伊川朱子的理解，將程朱的格物窮理工夫，誤解爲一種攝取存在之理的認知活動所致，此與黃梨洲所謂「全靠外來聞見以塡補其靈明」（《明儒學案》，卷10〈姚江學案〉，頁202）的誤解相去不遠。這種批評，不免受到「觀心傳統」的進路所圈限，未能深入體察程朱格物窮理活動中幽微的生命感受與見地轉變。唐君毅先生則較能細繹此中內涵，故謂程朱「心理合一之心，亦即象山、陽明所謂吾人之本心、良知之心。只須此本心呈現，吾人亦即同時自覺其心爲一心理合一之心。非謂心理本不合一，而自外牽合，使之合一。」唐先生此論更能切合「觀理傳統」的本來面目，應該重新受到今日學界的重視。參見氏著：《中國哲學原論・導論篇》，頁512。

〔註8〕「聖可學乎？曰：可。曰：有要乎？曰：有。請聞焉。曰：一爲要。一者，無欲也。無欲則靜虛動直。靜虛則明，明則通；動直則公，公則溥。明通公溥，庶矣乎！」《周子全書》，頁165。

〔註9〕《周子全書》，頁145。

此之相；然而一旦「通微」以至「無不通」，則物我彼此合一。這種工夫很顯然屬於上文所說的「觀理傳統」。濂溪的《太極圖說》，也正是他觀照天地萬物變化之理的具體成果。

　　周濂溪以外，邵康節與張橫渠也都屬於觀理傳統，且皆重視《易》學。明道曾謂康節「觀於天地之運化，陰陽之消長，以達乎萬物之變。」〔註10〕而康節在其所作《皇極經世書》的〈觀物篇〉中也說道：

> 天所以謂之觀物者，非以目觀之也，非觀之以目而觀之以心也，非觀之以心而觀之以理也。天下之物莫不有理焉，莫不有性焉，莫不有命焉。〔註11〕

觀物的目的即是觀其理，康節的工夫取徑重視觀照天地造化之理，可謂至為顯然。而橫渠之學頗重視窮理，在上一章已曾論及，此處再引他的兩段話來證明；

> 窮理亦當有漸，見物多、窮理多，如此可盡物之性。〔註12〕

> 聞見不足以盡物，然又須要他。耳目不得則是木石，要他便合得內外之道，若不聞見又何驗？〔註13〕

橫渠這種遍窮遍觀萬物之理、透過聞見以「合內外之道」的工夫，正是典型的「開放的體證」。其弟子范育曾如此形容橫渠治學的風格：「以命世之宏才，曠古之絕識，參之以博聞強記之學，質之以稽天窮地之思。」〔註14〕今觀橫渠《正蒙》一書多論宇宙造化之道，則其工夫路向屬於「觀理」一路，亦無可疑。

　　二程早年受學於濂溪，在觀理工夫上受其思想風格的啟發不淺。尤以程明道為然。試看以下兩條資料：

> 周茂叔窗前草不除去，問之，云：「與自家意思一般。」（原注：子厚觀驢鳴，亦謂如此）〔註15〕

> 明道窗前有茂草砌覆，或勸之芟，曰：「不可，欲常見造物生意。」

〔註10〕〈邵堯夫先生墓誌銘〉，《二程集·文集》卷4，頁503。
〔註11〕《皇極經世書》（台北：台灣商務印書館，1983年，景印文淵閣四庫全書，第803冊）卷12，總頁1050。
〔註12〕《張載集·張子語錄·語錄上》，頁312。
〔註13〕同上註，頁313。
〔註14〕《張載集·正蒙·范育序》，頁5。
〔註15〕《二程集·遺書》卷3，頁60。

又置盆池，畜小魚數尾，時時觀之，或問其故，曰：「欲觀萬物自得
　意。」〔註16〕

前一條為明道之語，茂叔即是濂溪，子厚即是橫渠，二人皆喜觀照萬物，由
此又可得證。而濂溪不除窗前草，意在觀天地生生之意，以開大自家心胸。
明道從濂溪處得此觀理之法後，便加以身體力行，第二條資料所說的觀草、
觀魚，皆是此種工夫的落實。明道後來曾說：「吾學雖有所受，天理二字，
却是自家體貼出來。」其所謂「有所受」，正是受自濂溪；而之所以能「自
家體貼出來」，即因他善用觀理工夫而有所自得之故。明道關於觀理工夫之
語極多，諸如：「物理最好玩」〔註17〕、「觀天地生物氣象」、「靜後見天地萬
物自然皆有春意」〔註18〕、「萬物靜觀皆自得，四時佳興與人同」、「天地萬
物之理，無獨必有對，皆自然而然，非有安排也，每中夜思之，不知手之舞
之，足之蹈之也」〔註19〕、「夫人之情易發而難制者，惟怒為甚。第能於怒
時遽忘其怒，而觀理之是非，亦可見外誘之不足惡，而於道亦思過半矣。」
〔註20〕其弟子呂與叔（大臨，約1040-約1092）為他所作的〈哀詞〉中亦曾
如此評價明道：「博文強識，躬行力究，察倫明物，極其所止，渙然心釋，
洞見道體。」〔註21〕這在在顯示出明道於觀理工夫上用力甚深。然而明道之
觀理，與橫渠頗有不同，蓋後者有建立宇宙論知識的意圖，又於自然造化之
奧妙甚有興趣，因此嘔心瀝血、極力窮索；前者則於宇宙論的細節不予深論，
而將重點放在人生境界的提升上，故能悠遊會心於萬化之中。〔註22〕

　　此外，康節曾在伊川面前極論天地萬物之理，甚至及於六合之外，伊川
因而讚歎道：「平生唯見周茂叔論至此。」〔註23〕由此語可見伊川亦曾深受濂
溪觀理工夫的啓迪。康節之子邵子文（伯溫，1057～1134）又記載伊川與康節
之間的交往軼事道：

　　方春時，先君率同遊天門街看花，伊川辭曰：「平生未曾看花。」先

〔註16〕《性理大全》卷39，總頁816。
〔註17〕《二程集‧遺書》卷2上，頁39。
〔註18〕以上兩條分見《二程集‧遺書》卷6，頁83、84。
〔註19〕《二程集‧遺書》卷11，頁121。
〔註20〕〈答橫渠先生定性書〉，《二程集‧文集》卷2，頁461。
〔註21〕參見《二程集‧遺書‧附錄》，頁337。
〔註22〕朱子云：「明道之學，從容涵泳之味洽；橫渠之學，苦心力索之功深。」（《語
　　　類》卷93，頁2363）即準確地道出兩人的分別。
〔註23〕《二程集‧文集‧遺文》，頁674。

君曰:「庸何傷乎?物物皆有至理,吾儕看花,異於常人,自可以觀
造化之妙。」伊川曰:「如是則願從先生遊。」〔註24〕

這段文字中的「先君」指的即是康節。康節邀請伊川看花,伊川個性嚴肅而
不好嬉遊,本來想要拒絕,但當康節說出看花的目的是要「觀造化之妙」時,
他便欣然同意,此因伊川亦深深認同「物物皆有至理」之故。〔註25〕他平生
所著《周易程氏傳》,發揮天地萬物動靜變化之理甚為周詳,而「體用一源,
顯微無間」之說,也正可看出其觀理工夫的精密周匝。伊川雖因重視人生義
理過於宇宙造化,且在易學路數上與康節有著「義理易」與「象數易」的不
同,但兩人對觀理工夫的重視實無二致。另一方面,伊川之學最為人所熟知
的一大特色,即是提倡《大學》的「格物致知」,其所謂「今日格一件,明日
又格一件,積習既多,然後脫然自有貫通處」〔註26〕的遍窮漸悟之法,與上
引橫渠之語亦復相合。綜合上述所說可以看出,北宋五子的思想雖各具特色,
但異中有同、脈絡相通,皆在「觀理傳統」之內。若非如此,後出的朱子即
便才智氣魄如何過人,也很難將這些龐雜的思想資源一一融會吸收,建立起
集大成的理學知識體系。

朱子之學既由融會北宋五子思想而來,則其「觀理傳統」的立場就十分
確定了。他不僅明白地主張「即物窮理」、「即事觀理」〔註27〕,並且對「觀
心」之說抱持著批判的態度。〔註28〕於是「觀理傳統」到了朱子,一方面在
工夫系統的完整性、次第性上都達到了前所未有的高峰;另一方面卻也展現
出較強的排他性,開啟了其後數百年朱陸異同、朱王異同的紛紜聚訟。關於
朱子的觀理工夫,上一章已有論述,茲再舉數例以說明之。朱子云:

人之所以為人,其理則天地之理,其氣則天地之氣。理無跡,不可
見,故於氣觀之。要識仁之意思,是一箇渾然溫和之氣,其氣則天

〔註24〕 同上註。
〔註25〕 伊川云:「凡眼前無非是物,物皆有理,如火之所以熱,水之所以寒,至於君
臣父子間皆是理。」(《二程集·遺書》卷19,頁247)
〔註26〕 《二程集·遺書》卷18,頁188。
〔註27〕 朱子云:「致知之道,在乎即事觀理,以格夫物。」(《四書或問·大學或問上》,
頁8)
〔註28〕 楊儒賓先生在〈論「觀喜怒哀樂未發前氣象」〉一文中,對此問題有較詳細的
分析討論,他認為朱子之所以對觀心之說持有戒心,是因為觀心乃禪門的宗
旨,由於批判禪學,也就連帶批判了思想帶有禪風的儒者。這確是恰當的論
斷。詳見《中國文哲研究通訊》第15卷第3期 (2005年9月),頁57~64。

地陽春之氣，其理則天地生物之心。〔註29〕

　　若曉得此理，便見得「克已復禮」，私欲盡去，便純是溫和沖粹之氣，
乃天地生物之心。其餘人所以未仁者，只是心中未有此氣象。〔註30〕

朱子的世界觀是理氣不離不雜的世界觀，理是氣運作變化的依據與節律，因此觀理須於氣之恰好處觀之。譬如觀「仁」，要在萬物之中體察「天地陽春之氣」，氣之「溫和沖粹」的狀態即是陽春之氣，由此陽春之氣即可看出「仁」之理流行在其中，而此「仁」理，亦正是「天地生物之心」。這是一種融入自然的生命體驗，也即對溫煦遍潤的天地生生之意的實感。在觀理的過程中，原先晦暗拘蔽的胸懷得以舒張開展，進而切實地了悟到自家身心本來亦與天地同具此理此氣，於是在此了悟的當下，生命見地同時獲得了跳躍與提升。這種以觀照天地氣象來開大自身氣象的工夫，正是所謂「開放的體證」。

　　綜合言之，從五子到朱子，就其所展現出的氣象而言，濂溪、康節、明道較爲灑落和樂；橫渠、伊川、朱子較爲謹嚴剛毅。北宋五子彼此之間互有來往、交相影響，朱子則私淑諸人而集其大成，皆可歸在「觀理傳統」之內。

　　我們若由此來看薛敬軒之學，則其思想淵源亦洞然明白。他曾說：

　　人只於身內求道，殊不知身外皆道，渾合無間，初無內外也。〔註31〕

　　性命之理，散見於聖賢之書、天地之間，反之吾心至精至密之地，
無不可見也。〔註32〕

對敬軒而言，道理遍於天地萬物之間，而人性本諸天命，此心本然順適的條理與流行於萬物的天道相通無二。本於此種觀念，他特重「默識」的工夫，認爲若能於萬事萬物上一一默識其理，則此心固有之理亦能同時洞徹無遺。敬軒有一段闡釋《論語》中曾點「言志」的文字，亦可傳達此意。其文云：

　　蓋曾點當春氣和煦之時，「浴乎沂，風乎舞雩」，見夫天地上下同流
不息，飛潛動植萬物各得其所，此時曾點之心，即「對時育物」之
心，乃聖人「物各付物」之妙。〔註33〕

這與上文朱子所言，觀天地陽春之氣與生物之心，以開顯此心之仁的工夫，同屬於「開放的體證」之思路。蓋敬軒立說本於朱子而上溯北宋理學，既推

〔註29〕　《語類》卷6，頁111。
〔註30〕　同上，頁112。
〔註31〕　《薛瑄全集・讀書錄》卷6，頁1163。
〔註32〕　《薛瑄全集・讀書續錄》卷5，頁1425。
〔註33〕　《薛瑄全集・讀書續錄》卷1，頁1308。

崇濂溪所傳的《太極圖》，以之爲畢生學問的核心，又在天道論、工夫論上廣泛吸納康節、橫渠與二程的思想，故其學屬於「觀理傳統」，確無可疑矣。

三、觀心傳統

宋明理學的「觀心傳統」，實始於明道。在北宋理學家中，明道思想的境界最爲圓融渾全，細觀其學，既有上文所說的觀理工夫，也不乏對心之本體的觀照。後儒不論學派宗主爲何，對其皆無間言，〔註34〕這應是最重要的原因。以他對「仁」的體認爲例，明道云：

> 觀雞雛（原註：此可觀仁）。〔註35〕

> 萬物之生意最可觀，此「元者，善之長也。」斯所謂仁也。〔註36〕

此種體仁的工夫是從萬物生意上觀，屬於上文所說的「觀理傳統」一路。然而明道於著名的〈識仁篇〉中又說道：

> 學者須先識仁，仁者渾然與物同體，義禮知信皆仁也。識得此理，
> 以誠敬存之而已。不須防檢，不須窮索。……蓋良知良能元不喪失，
> 以昔日習心未除，卻須存習此心，久則可奪舊習。此理至約，惟患
> 不能守，既能體之而樂，亦不患不能守也。〔註37〕

此處所言，便是察識、體證自心本具的良知良能，所謂「識得此理」實即是「識得此心」，具有《孟子》學的風格，屬於「觀心」的工夫。明道又說：

> 只心便是天，盡之便知性，知性便知天，當處便認取，更不可外求。
> 〔註38〕

> 言體天地之化，已剩一體字，只此便是天地之化，不可對此個別有
> 天地。〔註39〕

「當處便認取」、「只此便是天地之化」，將工夫的著力處從對天地萬物之理的觀照收歸於對本心的識察，這些話語屬於「逆覺體證」的觀心工夫，可謂至爲顯然。而明道這種「當下即是」的圓頓說，風格上與禪學相似，純走觀理

〔註34〕 全謝山（祖望，1705～1755）云：「大程子之學，先儒謂其近於顏子，蓋天生之完器。然哉！然哉！故世有疑小程子之言若傷我者，而獨無所加于大程子。」（《宋元學案》，卷13〈明道學案上〉，頁649）
〔註35〕 《二程集・遺書》卷3，頁59。
〔註36〕 《二程集・遺書》卷11，頁120。
〔註37〕 《二程集・遺書》卷2上，頁16～17。
〔註38〕 《二程集・遺書》卷2上，頁15。
〔註39〕 《二程集・遺書》卷2上，頁18。

傳統路線的朱子對此頗不相契，〔註40〕也就不難理解了。

　　程門弟子中造詣最高、影響力也最大的，當屬謝上蔡（良佐，1050～1103）和楊龜山，二人之學，實皆偏向「觀心」一路。上蔡之學最有名者，即是以「知覺」言仁，其所謂「知覺」，並非朱子「虛靈知覺」之意，而是良心的感動能力，就此良心的惻然發動處而當下認取，即能識仁。此意實得自明道的啓發：

> 明道見謝子記問甚博，曰：「賢卻記得許多！」謝子不覺面赤身汗，
> 先生曰：「只此便是惻隱之心！」〔註41〕

明道就上蔡一念良心發動處而指點之，令其逆覺反觀，察識仁體，此種教法確實上接孟子，下開陸王心學。南宋湖湘學派的胡五峰（宏，1102～1161）、張南軒（栻，1133～1180）等人言工夫，重視先察識良心，亦與明道、上蔡的學脈相通。〔註42〕此外，上蔡亦承繼二程而講窮理工夫，他說：

> 有我不能窮理，人誰識眞我？何者爲我？理便是我，窮理之至，自
> 然不勉而中，不思而得，從容中道。曰：「理必物物而窮之乎？」曰：
> 「必窮其大者。理一而已，一處理窮，觸處皆通，恕其窮理之本歟。」
>
> 〔註43〕

上蔡的窮理，重在克除私我、體證無私之「眞我」。他以「恕」爲窮理之本，正原自孟子「強恕而行，求仁莫近焉」（《孟子・盡心上》）的思路，這種窮理工夫，在內涵上同於明道的「識仁」，皆以一心之轉化爲著力點，而非體究萬物的變化節律，與「觀理傳統」中的窮理工夫有著明顯的不同。而其所謂「一處理窮，觸處皆通」的說法，也與橫渠、伊川等人廣窮遍觀的進路有異。

　　至於龜山的工夫，最著名者即是前文已曾提及的「體驗未發氣象」。龜山與弟子羅豫章有如下的問答：

> 仲素（羅豫章）問：「『盡其心者，知其性。』如何？」曰：「未言盡
> 心，須先理會心是何物。」又問。曰：「心之爲物，明白洞達，廣大
> 靜一。若體會得了然分明，然後可以言盡。未理會得心，盡箇甚？
> 能盡其心，自然知性，不用問人。大抵須先理會仁之爲道，知仁則

〔註40〕朱子云：「明道說話渾淪，煞高，學者難看。」（《語類》卷93，2358）
〔註41〕《宋元學案》，卷14〈明道學案下〉，頁694。
〔註42〕參見郭曉東：《識仁與定性》（上海：復旦大學出版社，2006年10月），頁153～159。
〔註43〕宋・謝良佐撰：朱熹編：《上蔡語錄》（台北：廣文書局，1972年，和刻影印近世漢籍叢刊第8冊）卷中，頁47。

知心，知心則知性。」〔註44〕

龜山認為，工夫的入手處應先體會「明白洞達，廣大靜一」之心，又以「知仁」為「知心」之本，這與明道的「學者須先識仁，仁者渾然與物同體」的主張，正是一脈相承。而他「體驗未發氣象」之說的用意，也即是教人在靜定之中照見仁體、本心。〔註45〕如果說上蔡當下認取良心的工夫是「內在的體證」，那麼龜山體認未發氣象的工夫則屬「超越的體證」，兩者皆屬於「觀心傳統」無疑。朱子不喜觀心一路，故對於上蔡、龜山之學皆不甚滿意，常以雜於禪學批評之，〔註46〕且不論這樣的批評是否公允，至少突顯出雙方工夫型態的顯著差別。

在宋代，「觀心傳統」最為典型的人物當屬陸象山，其學跳過北宋理學「觀理傳統」的脈絡而直接《孟子》，〔註47〕於北宋五子之中亦僅較欣賞明道，此與朱子集北宋理學大成的學脈迥異，故象山之說亦最與朱子相水火。象山云：「宇宙便是吾心，吾心即是宇宙。」〔註48〕又說：「萬物森然於方寸間，滿心而發，充塞宇宙，無非此理。」〔註49〕象山認為，在私我的限隔中，方有人心與宇宙的內外主客之對立；將此限隔徹底破除，則充塞宇宙、具足萬理的本心，自然開顯無遺。因此其工夫重點，在於釋放小我利欲的私心，以回歸充塞宇宙的本心，著力處全在一心之上。而既然「宇宙不曾限隔人，人自限隔宇宙」〔註50〕，那麼要回歸本心，也就只能自信、自立、自悟，不待他求。故象山總是告訴學者說：

> 女耳自聰、目自明、事父自能孝、事兄自能悌，本無欠闕，不必他求，在自立而已。〔註51〕

〔註44〕宋・楊時：《龜山先生語錄》（台北：台灣商務印書館，1981年，《四部叢刊廣編》，第25冊）卷3，頁42～43。

〔註45〕楊儒賓先生認為龜山觀喜怒哀樂未發之中的工夫，與明道的「定性」工夫無異，其說頗為有據。參見〈論「觀喜怒哀樂未發前氣象」〉，頁33～74。

〔註46〕如朱子云：「程門高弟如謝上蔡、游定夫、楊龜山輩，下梢皆入禪學去。」又云：「游楊謝三君子初皆學禪。後來餘習猶在，故學之者多流於禪。」（《語類》卷101，頁2556）

〔註47〕象山門人詹阜民記載：「某嘗問先生之學亦有所受乎？曰：因讀《孟子》而自得之。」見《象山全集》卷35，頁29。

〔註48〕《象山全集》卷36，頁4。

〔註49〕同上註，卷34，頁21。

〔註50〕同上註，頁6。

〔註51〕同上註，卷34，頁4。

收拾精神，自作主宰，萬物皆備於我，有何欠闕？〔註52〕

此外，象山即使論及格物，也不似「觀理傳統」諸儒教人體驗萬物之理，而仍是主張格此一心，故說：「格物者，格此者也。伏羲仰象俯法，亦先於此盡力焉耳。」〔註53〕其所謂「格此」，指的正是發明本心。而「伏羲仰象俯法」之說原出《易傳》，其意分明教人觀理；但在象山的詮釋中，反須先發明本心，方能通曉萬物之理，足見其「觀心」立場的堅定與明確。朱陸之論終不能相合，殊非無因。

象山之學於其歿後漸爲朱學所掩，至王陽明起而提倡「良知教」，「觀心傳統」才又大彰於世。陽明云：

良知之虛便是天之太虛，良知之無便是太虛之無形。……天地萬物俱在我良知之發用流行中，何嘗又有一物超於良知之外能作得障礙？〔註54〕

良知是天理之昭明覺處，故良知即是天理。〔註55〕

由於陽明將天理皆攝入一念良知之中，因此工夫遂全在致良知之上，而不需博觀萬理。陽明又說：

知是心之本體，心自然會知，見父自然知孝、見兄自然知弟，見孺子入井自然知惻隱，此便是良知，不假外求。〔註56〕

良知既不假外求，則工夫之要，便只在自信自立，使本體自然朗現即可，這與上引象山之語，幾乎如出一人之口。然而與象山的直承孟子不同，陽明的成學過程，是從對朱子的學習開始，學而無所得，方激發出自己的一套學問。進一步說，陽明平生最關心的問題是如何改正朱子《大學》的解釋系統，使當時讀書人能夠知行合一，不再汨沒於支離功利之學（詳下節）；至於朱子所承接的北宋理學的「觀理傳統」，陽明並不曾眞正深入體驗。他雖認爲濂溪、明道能接孟子之傳，〔註57〕卻只是欣賞其人之學問風範與心性修養，並不曾提及二人的觀理工夫。又如伊川曾教人觀聖賢氣象，〔註58〕此與觀天地萬物

〔註52〕同上註，頁4。

〔註53〕同上註，卷35，頁18。

〔註54〕《王陽明全集》卷3，頁106。

〔註55〕同上註，卷2，頁72。

〔註56〕《王陽明全集》卷1，頁6。

〔註57〕陽明：〈朱子晚年定論序〉言：「洙泗之傳至孟子而息。千百五餘年，濂溪明道始復追尋其緒。」《王陽明全集》卷3，頁127。

〔註58〕伊川云：「凡看文字，非只要理會語言，要識聖賢氣象。」（《遺書》卷22上）

氣象相同，都屬於「開放的體證」之進路，就北宋理學家而言本是極重要的工夫；陽明卻說「聖人氣象，何由認得？自己良知，原與聖人一般。若體認得良知明白，即聖人氣象不在聖人，而在我矣！」〔註59〕這段話顯示出陽明並不契於「開放的體證」，而是專走「內在的體證」之路。因此當弟子問陽明：「先儒謂一草一木皆有理，不可不察，如何？」陽明僅回答：「夫我則不暇！」〔註60〕此種對觀理工夫的排斥態度，一方面代表了陽明矯正朱學流弊的苦心；一方面卻也可以看出觀理工夫在王學系統中並未眞正被理解。

陽明之後，心學風靡天下，王門後學對良知的看法雖然眾說紛紜，卻毫無例外地走上「觀心傳統」的工夫進路。宋明理學的殿軍劉蕺山，雖較陽明更強調天理、性體的地位，以防止單提一心的虛玄、狂蕩之弊。然蕺山「誠意」、「愼獨」之教，本是爲繼承並修正王學而提出，與陽明的良知教有著密不可分的關係。〔註61〕因此蕺山在工夫進路上，依舊不離「觀心傳統」，如他說：「天即吾心，天之託命處即吾心之獨體也」〔註62〕、「聖賢千言萬語說本體、說工夫，總不離愼獨二字。獨即天命之性所藏精處，而愼獨即盡性之學。」〔註63〕對蕺山而言，工夫乃是開顯、保任此心之獨體，而不是去感受天地萬物的條理節律，其「觀心傳統」的立場，終究是很明確的。

四、綜合評述

根據上文的討論可知，北宋理學以「觀理傳統」最爲大宗，至南宋朱子集其成；「觀心傳統」則肇端自明道，至象山大顯此學，朱陸之爭始啓，而至明代中葉王學大興以後，「觀心傳統」終成學界主流。在這數百年的學術遞嬗中，踵繼朱學之緒的敬軒思想，無疑屬於「觀理傳統」，此下將對其特殊地位做進一步的評述。

北宋五子的觀理，是一種將個人生命投入天地萬物之中進行思維體驗的工夫，橫渠、伊川的思想固然較具知識分析性，實踐性卻也毫不遜色。而朱子雖集五子之大成，風格卻已稍有轉變。蓋朱子是一求知慾極強的學者，自

〔註59〕《王陽明全集》卷2，頁59。

〔註60〕《王陽明全集》卷1，頁34。

〔註61〕詳參古清美：〈劉蕺山對陽明致良知說之繼承與發展〉，《明代理學論文集》，頁209～249。

〔註62〕〈宋儒五子合刻序〉，《劉宗周全集》（台北：中研院文哲所，1996～1997）第3冊下，卷21，頁723。

〔註63〕〈聖學宗要〉，《劉宗周全集》第2冊，卷5，頁301～302。

少就有相當廣泛的學問興趣，〔註64〕再加上他氣魄雄大，以和會諸家精華、確立道學體系爲己志，故平生於編書、著述、講論上投入了大量心力。〔註65〕這麼一來，窮理工夫到了朱子，生命體驗的實踐性格較爲削減，泛觀博覽的知識興趣反轉趨濃厚。當然，朱子自身並未忘卻窮理的眞義，他深知讀書雖然重要，但最終的目的是爲了更全面且透徹地觀照天地萬物之理，〔註66〕以達成生命見地的轉化，讀書本身終非爲學第一義。〔註67〕他也曾不只一次覺察到自己在講說著述上耗卻太多心力，不免有流於支離的偏失，而力求改進。〔註68〕然而朱門後學卻未必有此自覺，尤其當朱子之學在宋末成爲官方學術，乃至在元明成爲科舉教本以後，「窮理以盡性」的求道目標，遂逐漸爲「務博以干祿」的功利欲求所掩覆（詳下節）。後來陽明痛切地提出「拔本塞源論」〔註69〕，欲拔功利之本、塞功利之源，正是有見於此弊之不可不救，乃至陽明畢生思想理論的建立，也都是在朱學此一時代積弊的刺激中逐步塑成。然而陽明對朱子窮理之說的理解與批判，畢竟只是宋儒「觀理傳統」下的「歧出義」，而非其「本來義」。陽明以下，「觀心傳統」蔚爲大宗，一方面雖另開思想之新局，一方面卻也因延續陽明對朱子之學的批判立場，而不復能深明「觀理傳統」的眞精神。今若欲於明儒思想中尋得「觀理傳統」的「本來義」，則薛敬軒實爲首選。蓋敬軒「手抄《性理大全》」，不僅以數十年之功實踐朱子之學，更同時博攝北宋五子的理學，其思維方式實爲「觀理傳統」的正脈；

〔註64〕 朱子云：「某舊時亦要無所不學。禪、道、文章、《楚辭》、詩、兵法，事事要學。出入時無數文字，事事有兩冊。」（《語類》卷104，頁2620）

〔註65〕 讀書本只是格物窮理的一端，然朱子對讀書明義理最爲重視，在其與呂東萊合編的《近思錄》中，「格物窮理」一節所選錄的先儒語，幾乎都偏重在讀書的要領上。

〔註66〕 朱子云：「讀書以觀聖賢之意；因聖賢之意，以觀自然之理。」（《語類》卷10，頁162）

〔註67〕 朱子云：「學問，就自家身己上切要處理會方是，那讀書底已是第二義。」（《語類》卷10，頁161）

〔註68〕 如〈答呂子約〉：「年來覺得日前爲學不得要領，自做身主不起，反爲文字奪卻精神，不是小病。每一念之，惕然自懼，且爲朋友憂之。」（《朱文公文集》卷48，總頁762）；〈答潘恭叔〉：「學問根本，在日用間持敬集義工夫，直是要得念念省察。讀書求義，乃其間之一事耳。舊來雖知此意，然於緩急先後之間，終是不覺有倒置處，誤人不少，今方自悔耳！」（《朱文公文集》卷50，總頁802～803）又如〈答周叔謹〉：「熹近日亦覺向來說話有太支離處，反身以求，正坐自己用功亦未切耳！因此減去文字功夫，覺得閒中氣象甚適。」（卷54，總頁901）

〔註69〕 詳見〈答顧東橋書〉，《王陽明全集》卷2，頁53～57。

此外，敬軒亦無須如朱子一般，擔負建立道學規模體統的龐大任務，在文字訓釋等知識工作上殫精勞神，儘可以將其全副心力用在承接、實證前賢的理論成果上。這就使得窮理、致知等工夫，在敬軒思想中更能彰顯出原有的體驗性格，「觀理傳統」的真精神，也因敬軒之學而得以默默挺立住，其在明代的影響力，正可與陽明的「觀心傳統」分庭抗禮。《四庫提要》云：

> 明河東一派沿朱之波，姚江一派噓陸之燄，其餘千變萬化，總出入於二者之間。脈絡相傳，一一可案。〔註70〕
>
> 朱、陸二派，在元則金、吳分承，在明則薛、王異尚。四百年中，出此入彼，淵源有自，脈絡不誣。〔註71〕

這都是將敬軒、陽明擬爲明代的朱、陸。高景逸更特就工夫論云：

> 除卻聖人全知，一徹俱徹，以下便分兩路：一者在人倫庶物，日知日踐去；一者在靈明知覺，默識默成去。此兩者之分，孟子於夫子微見朕兆，陸子於朱子遂成異同。本朝文清、文成，便是兩樣。宇內之學，百年前是前一路；百年來是後一路，兩者遞傳之後，各有所弊。〔註72〕

其實敬軒之「日知日踐」，並不離「默識默成」；陽明之「默識默成」，亦不離「日知日踐」。只是前者偏重在「人倫庶物」上做「開放的體證」；而後者專主於「靈明知覺」處做「內在的體證」而已。梨洲的《明儒學案》認爲「有明之學，至白沙始入精微……至陽明而後大。」又頗疑敬軒爲學本領之未當，顯然是單持「觀心傳統」的立場所做出的評斷，不如景逸此言兩面兼顧。然而梨洲謂敬軒「恪守宋儒矩矱」，卻也等同於說明了敬軒能紹述宋代「觀理傳統」的事實。

若我們進一步考察元代以降的朱學發展，將更可發現敬軒對「觀理傳統」的弘護之功。根據陳榮捷先生的研究，元代的朱學門人雖皆信從朱子道統之說，頗尊濂溪與其《太極圖說》，但二程、橫渠、康節皆不甚見重。且整體而言，元儒較傾向下學篤行、經世實務，而不好尚形上玄思、精微性理，除主張朱陸調和論的吳草廬吸收象山心學而將「太極」與「心」合一之外，無極太極之論未有任何發展。譬如在元代影響力極大的許魯齋，

〔註70〕 《四庫全書總目・子部・儒家類四》，卷94，頁799～800。
〔註71〕 《四庫全書總目・史部・傳記類二》，卷58，頁528。
〔註72〕 〈講義・知及之章〉，《高子遺書》卷4，頁397。

其學特重德行教養與人倫關係，尤重《小學》、《四書》，卻未嘗語及《近思錄》，遂使朱子在元儒心目中的地位，凌駕於北宋諸儒之上。而關於朱子最重要的「居敬窮理」工夫論，元儒的發揮竟也不甚多，陳先生謂魯齋於朱子「居敬」的思想「默然未予闡論」，其「格物」之意，則偏重在道德抉擇；草廬則重視「居敬」，又將「窮理」解爲「愼獨」，較富心學的色彩。〔註73〕與元代儒者相較，敬軒不僅全面吸納北宋諸儒之學，在天道論的各個面向上做詳盡的闡述，且對程朱「居敬窮理」之說亦屢加發明，甚至提出「默識」之義，重新詮釋了「觀理傳統」的工夫精神。因此，如果說魯齋的貢獻是傳揚、推廣朱子之學，使此學術在異族統治下得以大興；草廬的貢獻是嘗試會通朱陸，弭平兩家的門戶之見；那麼敬軒的貢獻則是循朱子之學脈上溯北宋理學，透過生命實踐將「觀理傳統」的眞精神顯發出來，使此學術在大行其道卻日趨庸俗卑淺之時，還能夠有一股挺拔的力量，帶著原初的光輝面貌延續下去。正因如此，敬軒歿後一年（1465）即被提議從祀孔廟，雖屢因著述太少的理由而使此事延宕不決，但在眾多學者前仆後繼的爭取下，終於在穆宗隆慶五年（1571）獲准入祀，成爲明代首位人格典範受到朝野一致肯定的大儒。〔註74〕

　　與敬軒約略同時的吳康齋、胡敬齋師徒，亦爲明初朱學巨擘。然而康齋之學雖極尊朱子，〔註75〕爲學規模卻較朱子小得多，大概只是取用朱子的思想資源，作爲自己涵養省察的工夫依據而已，其重點放在個人的生命實踐，而對朱子龐大體系的鑽研與承繼則未之見。〔註76〕故敬軒「凡國家禮文制度、法律條例之類，皆能熟觀而深考之，則有以酬應世務而不戾乎時宜」〔註77〕的博學傾向，在康齋思想中是看不到的。如果說敬軒之學能上繼宋代理學內外兼盡的體統，那麼康齋則是下啓明代心學反身向內的風格。〔註78〕明代心

〔註73〕參見陳榮捷著、萬先法譯：〈元代之朱子學〉，收入《朱學論集》，頁 299～329。

〔註74〕關於敬軒從祀孔廟的詳細經過及其意義，可參考史甄陶《薛瑄之復性說及其影響》與許齊雄《跨越黃河之東──薛瑄及河東學派研究》二本論文。

〔註75〕參見錢穆：〈明初朱子學流衍考〉，《中國學術思想史論叢》第七卷，頁 1～5。

〔註76〕可參考祝平次：《朱子學與明初理學的發展》，頁 140～148。

〔註77〕《薛瑄全集·讀書錄》卷1，頁 1021。

〔註78〕古清美先生評價康齋道：「其性格與爲學主張明顯的偏向心性的省察克治工夫，於博學致知的一面終不免較疏。」至於敬軒，則「極爲忠實地承襲了朱子整個理論架構和內容。」此說甚爲準確。參見氏著：〈明代朱子理學的演變〉，《慧菴論學集》，頁 48。

學的先驅陳白沙出自康齋的門下,殆非偶然。至於胡敬齋,較之康齋更能篤守程朱之教,故陳文衡〈居業錄跋〉言:「國朝理學,若河東薛氏、餘干胡氏兩先生者,剗志聖賢之道,粹然一出於正,學問宗旨,大較符合。」〔註79〕然而今觀敬齋論學之作《居業錄》,其重點特別落在首卷的〈心性〉與次卷的〈學問〉,以發揮持敬存養、省察克制的心地工夫為主,對於格物窮理的思想,較少深入的論述,大抵重在讀書講明義理而已。且敬齋對天道論毫無興趣,朱子綜合北宋五子所建立的「理氣論」,在《居業錄》中討論得極少,且多半皆為朱子看法的重述。雖有與自然造化有關的〈天地〉一卷,篇幅也不多。這與宋儒重視觀照天地萬物之理的「觀理傳統」,在學風上已然有別。錢穆先生曾言:「康齋、敬齋似是從朱子上窺二程,近似於所謂程朱之正傳。而月川、敬軒則從朱子上窺濂溪、康節、橫渠,應與程朱正傳有不同。故康齋、敬齋喜言心,而月川、敬軒更喜言天。」〔註80〕對此,本文的看法略有不同。蓋二程雖較濂溪、康節、橫渠重視心性修養、人道倫常而較少討論宇宙造化的細節,但對天理、物理的觀照體悟,仍然是其日用工夫的重點。而康齋、敬齋雖師法程朱,卻專重涵養、省察等心性工夫,於觀理工夫上頗有欠闕。反之,敬軒則能對朱子的天道論、心性論、工夫論有較為完整的繼承和開展。就此而言,敬軒之學毋寧更近於宋儒「觀理傳統」的正脈。明代中葉闡揚程朱之學以質疑王學的羅整菴,明代末年重揭程朱之學以修正王學的高景逸,皆繼敬軒此風而出,成為當時程朱學派的龍象。足見敬軒河東學派對「觀理傳統」的承先啟後之功,實不可沒。〔註81〕清儒沈佳云:「朱子之學,真西山得其正,許魯齋得其大,薛敬軒得其純」〔註82〕,此一評價對敬軒而言,應當不是過譽。

〔註79〕 參見胡居仁:《居業錄》(台北:台灣商務印書館,1983年,景印文淵閣四庫全書,第714冊),總頁108。

〔註80〕 錢穆:〈明初朱子學流衍考〉,《中國學術思想史論叢》第七卷,頁19。

〔註81〕 古清美先生對敬軒之學有如下的評語:「在性、理的藩籬之內,書冊、經訓及宇宙和歷史的道德法則的窮究絕不被輕視,這種學風近在河東弟子,下及於羅整菴,都發揮了相當大的影響;直至明末東林學院論學重提『性』之宗旨,更是敬軒的遺轍。」參見氏著:〈明代朱子理學的演變〉,《慧菴論學集》,頁56～57。

〔註82〕 《明儒言行錄》卷2,頁134。

第二節　聞見與德性

　　上節所述，主要是從工夫型態的角度來定位敬軒思想。本節將進一步帶入思想史的視野，檢視朱學成為官方學術後流傳發展的實際情況，藉以突顯敬軒之學所擔負的時代任務以及思想史上的意義。

一、朱子學的俗化與「述朱」

　　自朱子以罕可比擬的氣魄對宋代理學做了「致廣大而盡精微」的系統建構與義理注析之後，性理之學的理論活力已達到了前所未有的高峰，但天道總是循環往復的，思想能量的極度飽和，往往同時是衰退萎縮的肇端。在朱子之後，眾弟子確實皆難逾其師之閫而有所創新，即使在守成上也大多僅能各得朱學之一體，如蔡季通（元定，1135～1198）專攻律呂象數、陳北溪（淳，1159～1223）重視性理字義、黃勉齋承繼道統之說與居敬窮理的工夫等。〔註83〕因此何俊先生認為，晚宋朱學的發展方向，不是在思想上繼續開創，而是「思想向文化轉型」，朱子門人發揚朱學的努力要項包括：向世俗生活中落實、向現實政治的基礎理論作轉化，以及向學術作延伸。透過這些努力，確實使得朱學掩蓋了江西陸學、永嘉之學而成為傳播最廣、影響力最大的學術，並為宋代朝廷之所表彰。〔註84〕在這個過程中，朱學一方面普及化了，但一方面也無可避免地逐漸喪失了原有的活力，甚至為不肖之徒所利用。〔註85〕於是，南宋末年的朱學開始出現「知識文本化」、「思想平庸化」〔註86〕的現象，爰及元仁宗延祐年間（1314～1320），朱子的《四書集注》被欽定為科舉考試的教材，與政治權力開始結合，而逐漸成為官方的意識型態。降至明代，朝廷依舊維持推尊程朱之學的一貫立場，明太祖沿用元代的科舉條例，取《四書》、《五經》命題試士，傳註多採程朱。〔註87〕永樂年間（1403～1424）更編成《五經大

〔註83〕關於朱子門徒之特色，陳榮捷先生有專文討論，見〈朱門之特色及其意義〉，《朱學論集》，頁271～297。

〔註84〕詳見何俊：《南宋儒學建構》（上海：上海人民出版社，2004年5月），頁283～385。

〔註85〕梨洲云：「蓋自嘉定以來，黨禁既開，人各以朱子之學為進取之具，天樂淺而世好深，所就日下，而剽掠見聞以欺世盜名者，尤不足數。」見《宋元學案》，卷82〈北山四先生學案〉，頁217。

〔註86〕此為葛兆光先生之語。見氏著：《中國思想史》第二卷（上海：復旦大學出版社，2003年6月），頁281。

〔註87〕據《明史》記載：「《四書》主朱子《集注》；《易》主程《傳》、朱子《本義》；《書》主蔡沈《傳》及古註疏；《詩》主朱子《集傳》；《春秋》主《左氏》、《公

全》、《四書大全》、《性理大全》諸書，頒行天下，廢其餘注疏不用，程朱思想的僵化因此更形嚴重。蓋上位者提倡程朱思想本是美事，但若只在形式上抬高此學術之地位、擴大此學術之影響，而不能就內涵上顯發此學術之精神、推進此學術之發展，使其在學子的人格養成上產生實際的化導功能，則絕大多數人必然是「幼而讀之，老而不知一言爲可用」〔註 88〕。如此之理學，亦只是一架空的理學而已。薛敬軒曾言：「宋理宗雖崇理學而不能行理學，安得有致治之效？」〔註 89〕元明以來官方之尊朱，也同樣蹈此覆轍。於是，程朱理學成爲朝廷統治上的方便手段，也成爲士子圖取功名的方便憑藉，在此上下交相賊的情況下，理學日漸淪爲桎梏思想的元兇、貪名逐利之人的保護傘，似乎也就不足爲奇了！

由上可知，宋末以降程朱理學看似成爲學術主流而頗爲發達，卻只是一表面現象；眞能發自內心好樂理學、深刻認識理學的意義、並以理學做爲生命價值之依歸者，實如鳳毛麟角。因此就內涵上而言，朱子歿後的「後朱子時期」，理學正在不斷地走下坡。敬軒云：「程朱傳註，少有用心於其間者。」「程朱之書，得其門者鮮矣！」〔註 90〕這都非無的放矢之言，而是深有所感才發出的慨嘆。就敬軒自身來說，雖然出生在書香門第（父親是德學兼具的教諭），年少時畢竟也僅以詞章之學爲務；〔註91〕又如陽明，雖亦出身官宦之家（父親乃進士出身，官至吏部尚書），然而至十八歲謁見吳康齋的弟子婁一齋（諒，1422～1491）後，始聞程朱之學，其初亦氾濫詞章而已。《明儒學案》中這樣的例子頗爲不少。留名史冊的大儒尚且如此，一般庸碌士子更不必論矣！由此可知，明代朝廷雖以《四書大全》、《性理大全》等書頒行天下，程朱理學在一般讀書人的眼中，仍不過是準備舉業的教科書或進入官場的敲門磚，〔註 92〕若非有幾分逆俗的骨氣、高騫的志趣，在這樣的世俗風氣下，恆

羊》、《穀梁》三傳及胡安國、張洽《傳》；《禮記》主古注疏。」（《明史》，卷70〈志第四十六〉，頁 1693）

〔註88〕 高攀龍：〈崇正學辟異說疏〉，《高子遺書》卷 7，總頁 441。

〔註89〕 《薛瑄全集‧讀書續錄》卷 7，頁 1452。

〔註90〕 《薛瑄全集‧讀書續錄》卷 2，頁 1342。

〔註91〕 敬軒曾自述云：「瑄七八歲時，侍先君子左右，聞其稱古之人某爲大儒，今之人某爲偉士，因竊自私記扵心，曰：『彼亦人耳，人而學人，蓋無不可及之理也。』其時瑄雖有志於是，顧方屬對偶、習聲詩，而尚未知所以爲學也。」見〈與楊秀才書〉，《薛瑄全集‧文集》，頁 651。

〔註92〕 敬軒云：「人聞道學之名，不駭以爲高，則笑以爲迂。」（《薛瑄全集‧讀書續錄》卷 11，頁 1480）由此語可知，看似程朱之學遍天下的明初，一般讀書人

難對理學與詞章之學的差異有所自覺。所謂的「學爲聖人」，更似乎成爲一個不切實際的目標。〔註93〕

瞭解此一背景之後，再來看黃梨洲對敬軒的評論，於其中似是而非之處便可曉然。梨洲言：

> 有明學術，從前習熟先儒之成說，未嘗反身理會，推見至隱，所謂「此亦一述朱，彼亦一述朱」耳。高忠憲云：「薛敬軒、呂涇野《語錄》中，皆無甚透悟。」亦爲是也。

其所謂「習熟先儒之成說」、「未嘗反身理會，推見至隱」，乃是宋末以來朱子之學成爲官方學術後的普遍現象，以此評論明初一般攻讀舉業的讀書人則可，評論敬軒則未見其當。因爲敬軒所採取的爲學態度是「面向生命本身」的爲學態度，教人體之於身心、莫滯於文字，正是能以先儒之學「反身理會、推見至隱」者。其次，梨洲「此亦一述朱，彼亦一述朱」的描述，容易使人認爲「述朱」是明初的普遍現象，不足爲奇。其實情況亦恰恰相反，在程朱之學因官方化而庸俗化的當時，「述朱」實爲一種將陷溺於泥淖的學問重新拯救清洗的艱難任務。一般讀書人以最斥世俗功利的朱學做爲利祿之階，只能說是「辱朱」〔註94〕，連「識朱」尚且談不上，更何「述朱」之有？孔子「述而不作」，乃因其「信而好古」（《論語・述而》）；而堪當「述朱」之任者，亦必於朱學深信篤好。這樣的「述」，絕非口耳之述，而是以自家生命上追古人，善繼其志、善述其事。能堪此任者，在當時又有幾人？唐荊川（順之，1506～1560）曾言：

> 我朝理學彬彬乎盛矣，然自瑄以前，儒者猶汩於辭章事功之習，而未有能卓然於性命道德之歸也，而瑄實倡之矣……是則瑄其我朝理學之一闢也。比之濂洛倡道於宋，雖其所自得或有深淺，而功則並之。〔註95〕

對道學或理學的體認仍極膚淺。

〔註93〕陽明年幼時曾問天下第一等人爲何？塾師告以「甲科高第」。陽明卻以爲聖賢方是第一。其父聞之，卻笑其孺子之志太奢。參見鍾彩鈞：《王陽明思想之進展》（臺北：文史哲出版社，1983 年 10 月），頁 2。從塾師與陽明之父的態度，亦可窺見當時一般讀書人對理學家成聖成賢的終極關懷，並沒有眞正的嚮往。

〔註94〕敬軒言：「習舉業者，借經書之文以徼利達，而不知一言之可用，誠所謂侮聖人之言也。」（《薛瑄全集・讀書錄》卷 2，頁 1049）

〔註95〕唐順之：〈故禮部左侍郎薛瑄從祀議〉，《荊川先生文集・新刊外集》（台北：台灣商務印書館，1980 年，四部叢刊，第 76 冊）卷 1，總頁 367。

王學力斥朱學之支離是眾所周知的事實，而荊川身爲南中王門弟子，仍如此推尊敬軒之學風，並以此文請求讓敬軒從祀孔廟，尤可見敬軒「述朱」之典範不同一般。〔註96〕而梨洲以「述朱」一詞，接續其所謂「習熟先儒之成說，未嘗反身理會」的評語，將一般士子與敬軒一類有求道自覺的程朱學者混爲一談，〔註97〕讀者若稍不察，很容易因此看輕敬軒「述朱」的意義，而無法正確評估其思想的眞正價值。此外，梨洲又引高景逸所謂「無甚透悟」之言，證明述朱學者所造不精。然景逸之原文爲：

> 薛文清、呂涇野《語錄》中，無甚透悟語，後人或淺視之，豈知其大正在此。他自幼未嘗一毫有染，只平平常常，腳踏實地做去，徹始徹終，無一差錯，既不迷，何必言悟？所謂悟者，乃爲迷者而言也。〔註98〕

這不僅沒有任何貶意，更是對敬軒、涇野的高度揄揚。蓋梨洲之意本在推尊陽明心學的價值，不免有此斷章取義之舉。讀者能明辨於此，始能還敬軒以應有的學術地位。

二、「聞見」與「德性」的斷層

朱子學的官方化與庸俗化，從另一個角度來說，也就是「聞見」與「德性」產生了斷層，導致前者無法通往後者。本來，朱子「格物致知」的修學進路，乃是教人在「道問學」的過程中「尊德性」，也即不廢多聞多見，藉由聖賢之言、萬物之理的思維體認，來開顯自心固有之理、提升生命的見地。而「聞見」之所以能開顯「德性」，其關鍵處在於學者必須秉持求道的自覺來

〔註96〕史甄陶在研究敬軒的從祀問題時指出：「在官學與科舉的影響下，讀書人爲求得功名，只注重章句訓詁而喪失對程朱之學的實踐精神，在從祀爭議的一百年間，某些學者前仆後繼地努力，就是要反抗官學對學術所造成的惡劣影響，積極主張從祀薛瑄，以他爲『立德』的典範。」由此可以看出敬軒篤行實踐的學風在明代具有超越學派的典範性意義，爲排斥俗學、有志聖學者所推尊。引文參見氏著：《薛瑄之復性說及其影響》，頁 96。

〔註97〕梨洲此意，在其〈餘姚縣重修儒學記〉中講得更直接。他說：「元末明初，經生學人，習熟先儒之成說，不異童子之述朱、書家之臨帖，天下泊沒於支離章句之中。吳康齋、陳白沙稍見端倪，而未臻美大聖神之域，學脈幾乎絕矣！高忠憲云：『薛文清、呂涇野無甚透悟，亦爲是也。』」見《南雷詩文集·論類》（杭州：浙江古籍出版社，2005 年，《黃宗羲全集》第 10 冊），頁 133。在這裡，包括敬軒在內的明初程朱學者的思想，皆成了童子背經、書家臨帖，述朱者，全然是知識的複製、學問的泊沒，而毫無光輝可言矣！

〔註98〕《高子遺書》卷 5〈會語〉，總頁 420。

從事「開放的體證」，否則將僅止於耳目上的泛泛認知而已。求道的自覺，在程朱系統中則本之於「持敬」的工夫。〔註99〕「持敬」與「窮理」，正如車之兩輪、鳥之雙翼，缺一不可。〔註100〕如果只停滯於對外在知識的吸收，而未抱有求道情懷，則必流於支離氾濫而無所歸。很不幸地，當朱子思想成爲官方意識型態而染上功利目的以後，「格物致知」已經很難保持其求道的純粹性。程朱理學也漸漸成爲一種教條、一種故套，學者於是不再能「徹上徹下」地持敬，不復有「反身理會」的求道自覺。在此情況下，「聞見」遂亦無助於「德性」，而僅成爲口耳之學而已。〔註101〕敬軒正因有識於此，故特別標舉出尊信朱子、篤實踐履的許魯齋，上接宋儒之道統，以做爲學者的楷模。他常言：

> 人果能誠心求道，雖五經四書正文中，亦自有入處；若無誠心向此，雖經書一章，反復以數萬言釋之，人亦不能有得也。〔註102〕

> 竊謂因經以求道，乃進學之至要。蓋凡聖人之書皆經也，道則實理之所在。苟徒誦習紙上之經，而不求實理之所在，則經乃糟粕。〔註103〕

其所謂「誠心求道」，即是欲爲學者指點出綰合「聞見」與「德性」的求道自覺；而所謂「因經以求道」，則是依循朱子藉由窮理以豁顯生命見地的路子，力圖重振宋儒的眞精神，以救正時俗之弊。這在在可以看出敬軒彌縫「聞見」與「德性」之斷層的苦心。

敬軒生前講學，徒眾已甚多，河東學派的後續影響力亦甚廣。後學之中尤以呂涇野的影響力最大。《明儒學案》載涇野其人「所至講學」，自未及第起，即與崔後渠（銑，1478～1541）講學於寶邛寺；後於家鄉（陝地高陵）築東郭別墅、東林書屋，會聚四方學者；又於解州建解梁書院，選民間俊秀，歌詩習禮。其後更於南都與湛甘泉（若水，1466～1560）、鄒東廓（守益，1491

〔註99〕伊川云：「入道莫如敬，未有致知而不在敬者。」（《二程集・遺書》卷3，頁66）

〔註100〕朱子云：「涵養、窮索，二者不可廢一，如車兩輪，如鳥兩翼。」（《語類》卷9，頁150）

〔註101〕敬軒曾云：「文士學做聖賢文詞，如中國人學外國人言語。學得雖是，自身卻只是中國人；做得雖是，自身卻只是庸眾人。」（《薛瑄全集・讀書錄》卷2，頁1065）正道出此一情況。

〔註102〕《薛瑄全集・讀書錄》卷4，頁1126。

〔註103〕〈答閻禹錫書〉，《薛瑄全集・文集》卷12，頁669。

～1562）等當世知名學者共主講席，所謂「東南學者，盡出其門」，「朝鮮國
聞先生名，奏謂其文爲式國中。」〔註104〕劉蕺山亦推尊涇野云：「異時陽明先
生講良知之學，本以重躬行，而學者誤之，反遺行而言知。得先生尙行之旨
以救之，可謂一髮千鈞。時先生講席，幾與陽明氏中分其盛，一時篤行自好
之士，多出先生之門。」〔註105〕足知河東學派到了明代中期，其影響力仍不
容忽視。涇野論格物云：

> 所謂格，在隨時隨處格。凡念慮所起、身之所動、事之所接皆是，
> 皆要窮究其理。然鳥獸草木，元初與我也是一氣生的，怎麼不要格？
> 如伏羲亦嘗觀鳥獸之文，但遠取諸物必須要近取諸身纔是，若離卻
> 己身，馳心鳥獸草木上，格做甚？〔註106〕

涇野一方面不廢知識聞見，教人遍觀萬物之理（「遠取諸物」）；一方面又必以
開顯自身德性（「近取諸身」）爲要義，這種內外兼盡的學風，正是敬軒所傳
程朱一脈的「觀理傳統」。

　　在朱學俗化的時代現象中，河東學派雖欲力振朱學、還其原貌，但也有
不契於朱學而另謀出路者。同爲解決「聞見」與「德性」的斷層問題，明代
心學的代表——白沙與陽明所採取的方式，便與敬軒不同。白沙與陽明皆是
有志於聖學的豪傑之士，與汨沒於辭章、功利的士子迥異，然而他們在求道
之路上依然遇到了「聞見」與「德性」不相連屬、「物理」與「吾心」終判
爲二的困境。對他們而言，問題的關鍵不在於沒有求道自覺，而在於朱子學
的「格物致知」工夫與他們的生命不能相應。後來白沙從默坐澄心中見心體，
〔註107〕陽明則在顛沛困阨中悟心體，〔註108〕兩人的悟道經驗，使其認爲「德

〔註104〕見《明儒學案》，卷 8〈河東學案下〉，頁 151。
〔註105〕《明儒學案・師說》，頁 19。
〔註106〕呂枏：《涇野子內篇》（北京：中華書局，1992）卷 15，頁 145。
〔註107〕白沙於〈復趙提學僉憲〉一書中自述其成學過程云：「僕年二十七，始發憤從
　　　　吳聘君學，其於古聖賢垂訓之書，蓋無所不講，然未知入處。比歸白沙，杜
　　　　門不出，專求所以用力之方，既無師友指引，日靠書冊尋之，忘寐忘食，如
　　　　是者累年，而卒未有得。所謂未得，謂吾此心與此理未有湊泊吻合處也。於
　　　　是舍彼之繁，求吾之約，惟在靜坐。久之，然後見吾此心之體，隱然呈露，
　　　　常若有物，日用間種種應酬，隨吾所欲，如馬之御銜勒也；體認物理，稽諸
　　　　聖訓，各有頭緒來歷，如水之有源委也。於是渙然自信曰：『作聖之功，其在
　　　　茲乎！』見明・陳獻章撰；孫通海點校：《陳獻章集》（北京：中華書局，
　　　　1987 年）卷 2，頁 145。
〔註108〕黃梨洲述陽明之成學過程云：「先生之學，始泛濫於詞章，繼而遍讀考亭之書，

性」具足於心，非由「聞見」湊泊而得，人之求道，當以證入心體爲本，攝取知識爲末；反觀當時的讀書人，卻多半徒務於「聞見」而遺落了「德性」，在白沙與陽明看來，這種捨本逐末的現象，皆因朱學提倡窮理而有以致知。爲了擺脫無謂的知識障，兩人遂皆主張反求此心。白沙尚只是教人「於靜坐中養出個端倪」〔註109〕，得此學問把柄之後，還需「隨處體認天理」〔註110〕，這仍有「觀理傳統」的意味在；〔註111〕陽明則更加明白地批判：「知識之多，適以行其惡也」〔註112〕，因而高倡「知行合一」之說，將「知」的內涵從知識聞見轉化爲心體自覺，以避免與道德踐履分離。其後更專以「致良知」爲宗旨，教人從一念發動處做工夫。至此，便已全然擺脫「觀理傳統」的工夫進路，而契入「觀心傳統」矣！陽明弟子歐陽南野（德，1495～1554）曾針對「聞見」與「德性」的問題求教於陽明，他說：

> 師云：「德性之良知，非由於聞見，若曰『多聞，擇其善者而從之，多見而識之』，則是專求之見聞之末，而已落在第二義。」竊意良知雖不由見聞而有，然學者之知，未常不由見聞而發。滯於見聞固非，而見聞亦良知之用也。今曰：「落在第二義」，恐爲專以見聞爲學者而言，若致其良知而求之見聞，似亦知行合一之功矣。如何？〔註113〕

南野之意在於，良知雖是不假見聞、本自具足，但良知的觸發畢竟亦有待於見聞，學者若能以致良知爲前提，則實無礙於多聞多見。南野此問，似乎擔心單講「致良知」會有排斥聞見的危險。陽明回答道：

> 良知不由見聞而有，而見聞莫非良知之用；故良知不滯於見聞，而亦不離於見聞。……良知之外，別無知矣……大抵學問功夫只要主意頭腦是當：若主意頭腦專以「致良知」爲事，則凡多聞、多見，

循序格物，顧物理吾心終判爲二，無所得入。於是出入於佛、老者久之。及至居夷處困，動心忍性，因念聖人處此更有何道？忽悟格物致知之旨，聖人之道，吾性自足，不假外求。」《明儒學案》，卷10〈姚江學案〉，頁201。

〔註109〕〈與賀克恭黃門〉，《陳獻章集》卷2，頁133。

〔註110〕白沙云：「日用間隨處體認天理，著此一鞭，何患不到古人佳處也。」見〈與湛民澤〉之十一，《陳獻章集》卷2，頁193。

〔註111〕後來白沙的門人湛甘泉，即特別著力於「隨處體認天理」之教，故張君勱先生曾云：「湛若水雖爲明儒，雖爲白沙門人，走的卻是朱熹的路子。」見氏著：《新儒家思想史》（台北：弘文出版社，1986年2月）用本文的話說，甘泉之學又更近「觀理傳統」矣。

〔註112〕《王陽明全集》卷2，頁56。

〔註113〕〈答歐陽崇一〉，《王陽明全集》卷2，頁71。

莫非致良知之功……若曰致其良知而求之見聞，則語意之間，未免
爲二。此與專求之見聞之末者雖稍不同，其爲未得精一之旨，則一
而已。「多聞，擇其善者而從之，多見而識之。」既云擇，又云識，
其真知亦未嘗不行於其間。但其用意乃專在多聞多見上去擇識，則
已失卻頭腦矣。〔註114〕

陽明此處強調，良知非由見聞所得，並不表示「致良知」的工夫要離開一切
聞見知識來做。然而他仍認爲「良知之外，別無知矣」，換句話說，要開顯「德
性」唯有反求良知，而非從外在「聞見」入手。只要學者能不忘以「致良知」
爲主意頭腦，博學廣識亦將成爲致良知的過程與助緣，這自然無害；反之，
若仍以爲「德性」的來源在外在知識的「聞見」上，可由多聞多見而得，則
失卻了爲學的頭腦。陽明這一見解很顯然立足於「觀心傳統」之上，在此進
路中，體認此心是工夫的著力點，一切的讀書見聞都是拿來印證此心的，如
此就可以將精神收歸一處，成就簡易的工夫。其實持平來看，朱子學的「即
物窮理」當然也非「失卻頭腦」或「專求之聞見之末」，這在上文已屢加辨明。
但由於朱子學屬「觀理傳統」，生命見地的開顯倚重於對萬事萬物的思維體
認，與知識聞見的關係相對緊密許多，當學者的求道自覺不夠或是錯解「格
物致知」的真義時，很容易就墮入了知識聞見的瑣碎之中。偏偏程朱著述做
爲明代科考必備的知識，背負著官方學術的包袱，與世俗名利難以徹底切割，
在此情況下，要避免「聞見」與「德性」的斷層便更加困難。陽明心學的最
大貢獻，就在於可以直接越過受到利祿之途、口耳之習所綑縛的程朱之學，
提供另外一條成聖成賢的進路，徹底解決「觀理傳統」所遇到的困境（也即
所謂「物理與吾心判而爲二」的困難）。蓋陽明之立說，本是爲了解決朱子學
在當時的流弊而發，與象山之學無直接關連；但是從學說的成果來看，又恰
與象山同在「觀心傳統」之中，遙相輝映。

　　然而有一得必有一失，陽明越過知識聞見的夾雜而直接朗照本心的進
路，對學者而言誠然直捷易行，但亦必須是求道意識強烈、資稟高華且不廢
踐履者，方能確保無偏。否則所謂本心、良知，依舊可能成爲口耳故套，其
弊所及，或流爲玄虛高邈而不可測、或流爲認欲爲理而不自知，空疏與狂蕩
之徒將因此大行於世。劉蕺山即曾痛切地說：「今天下爭言良知矣。及其弊也，
猖狂者參之以情識，而一是皆良；超潔者蕩之以玄虛，而夷良於賊，亦用知

〔註114〕同上註，頁71～72。

者之過也。」〔註115〕此種風氣對世道人心的禍害，較之原來朱學之弊，可謂有過之而無不及。因此，明末又有復重窮理的傾向。黃梨洲嘗言：「讀書不多，無以證斯理之變化；多而不求於心，則為俗學。」〔註116〕蓋梨洲並未說「斯理」要從「讀書」而來，理仍在吾心，但必須以「讀書」來印證「斯理」。這一方面顯示出梨洲的王學立場，一方面也可看出他對讀書博學轉為重視。這是梨洲在王學「觀心傳統」中所做的補救工作。此外，顧涇陽（憲成，1550～1612）、高景逸等東林學者，則力圖和會朱王、甚至以朱救王，重新返回朱子學「觀理傳統」的路子。〔註117〕於是，敬軒河東之學內外兼盡的學問體統，又重新受到了重視。高景逸曾云：

> 我朝文清先生與陽明先生俱是大儒，第文清之學嚴密無流弊，陽明
> 未免有放鬆處。〔註118〕

清人亦比較白沙、陽明與敬軒之學云：

> 譬之醫焉，二子（白沙、陽明）之學，其伐病之劑也；先生則且攻
> 且補，而斟酌於標本緩急之間者也。長於攻者，病去而元氣已傷；
> 攻補相需、從容涵育，日計不足，而月計有餘，故雖渙然以解，而
> 病者不知。〔註119〕

這些文字，無疑皆是在檢討心學流弊後所做出的結論。

　　總而言之，從明初以迄明末，理學家本著求道的問題意識，為「聞見——德性」發生斷層的學術與時代弊端，做出了不同的貢獻。敬軒是立身於朱學系統內闡明朱學，以正時俗之偏者；白沙、陽明則是越出朱學畛域、另開新路以糾朱學之弊者；梨洲是不離王門宗旨而欲救末流之失者；涇陽、景逸則是重揭朱學之旨，力挽王學所致之患者。在通往成聖之路的共同目標之下，他們面對著各自的生命課題，也相繼完成了各自的時代使命。在程朱陸王之爭已成過去的今日，他們各自的學術地位與學術價值，也遂應在此一視野下，得到同等的尊重。

〔註115〕《明儒學案》卷62〈蕺山學案〉，頁961。

〔註116〕見清・全祖望撰；朱鑄禹彙校集注：〈梨洲先生神道碑文〉，《全祖望集彙校集注》（上海：上海古籍出版社，2000年12月）卷11，頁219。

〔註117〕顧、高二人的思想宗旨及其對王學的批評，詳參古清美：《顧涇陽、高景逸思想之比較研究》（台北：大安出版社，2004年7月）一書。

〔註118〕《高子遺書》（光緒二年無錫刻本）卷5，頁20。轉引自容肇祖《明代思想史》，頁303。

〔註119〕清・聶敐：〈薛文清公年譜序〉，收入《薛瑄全集》，頁1694。

第三節　小　結

宋明理學家之思想，從工夫型態上論之，大抵不出「觀理傳統」與「觀心傳統」二路。「觀理傳統」思維體驗天地萬物之理的工夫，最爲北宋理學家所重視，亦最近於《易傳》「窮理盡性」、「仰觀俯察」之教。然而此種工夫需要博觀泛覽、漸次體認，在心性修養上不若照察本心的「觀心傳統」簡切易行，故至南宋，程門弟子、湖湘學派皆傾向後者，象山之學高倡「發明本心」，更是大張此學。然而「觀理傳統」因有朱子集其成，聲勢爲之大振，並以廣博的學問體系與細緻的理論建構壓倒各家，甚至成爲朝廷所推尊的正統學術。朱子之學的知識性格本較北宋理學強烈，在官方化、定本化以後，更日漸成爲膚淺僵固的口耳之學，與開顯生命見地的原初目的相背離；而其所倡導的「即物窮理」工夫，也逐漸異化爲講貫誦繹的支離學問，喪失了「觀理傳統」的本旨。薛敬軒思想的最大貢獻，正在於其能透過篤實無欺的生命實踐，力探朱學的本來面目，並依循朱子所確立的道統，上溯北宋理學，將「觀理傳統」在天道論、心性論與工夫論上的思想資源，較爲全面地加以吸收並繼承，而終能保住此學術的眞血脈。

蓋明代前半期較重要的程朱學者，敬軒之前有曹月川，同時期有吳康齋、胡敬齋，之後則有羅整庵。月川之學後繼乏人；康齋、敬齋雖講學，所傳實不若敬軒之廣；〔註120〕整庵則更是潛居默修、獨學無朋。故相較而言，敬軒不僅在學問體統上最能承繼「觀理傳統」之全，其在散播程朱思想、匡正世道人心的影響力上，亦實居上述諸儒之冠。〔註121〕雖然就客觀形勢而言，程朱理學因官方化而始終背負著難以擺脫的俗學包袱；河東門人又重視篤踐、不事張揚而顯得較爲保守。致使明代中期以後，河東之學終未能與講學之徒遍天下的陽明學相抗。〔註122〕但是當明末王學發生空疏狂蕩的流弊時，顧涇

〔註120〕清人轟微云：「吳（康齋）、胡（敬齋）諸子醇謹步趨，具體而微，於名世當讓未遑也。唯（敬軒）先生與陳白沙、王伯安後先奮興，爲學者宗仰。」見《薛瑄全集‧薛文清公年譜序》，頁 1693。

〔註121〕錢穆先生曾說：「余於後儒闡述朱子學者，於元取黃震東發，於明取羅欽順整庵。」但卻又承認整庵「於程朱相異處，往往一遵明道，於朱子、伊川皆有不滿。」依據本文的討論，若要於明儒之中取一最忠實於朱子學，又最能廣泛傳播朱子學的儒者，其人恐非羅整庵，而是薛敬軒。錢先生之說參見氏著：〈羅整庵學述〉，《中國學術思想史論叢》第七卷，頁 45。

〔註122〕《明史》記載：「（王學）門徒遍天下，流傳逾百年，其教大行，其弊滋甚。嘉（靖）、隆（慶）而後，篤信程、朱，不遷異說者，無復幾人矣。」（《明史》

陽、高景逸等大儒之所以能起而以朱學救正王學，亦實有賴敬軒樹立純篤謹厚之光輝典範於先。故清儒張孝先（伯行，1651～1725）曾讚歎敬軒云：「眞足以繼考亭，爲前明三百年理學之冠。」〔註123〕《四庫提要》亦云：「明代醇儒，瑄爲第一。」〔註124〕此在敬軒，固可當之無愧矣。

卷 282〈列傳第一百七十〉，頁 7223）
〔註123〕〈薛文清公文集序〉，收入《薛瑄全集・文集附錄之一・序跋提要》，頁 963。
〔註124〕《四庫全書總目・集部・別集類二三》，卷 170，頁 1486。

第七章　結　論

　　薛敬軒是有明程朱學派極具代表性的人物，然而歷來有關明代理學的研究，關注點多集中在理論較具突破性的陽明學，對於程朱學派在明代的演變與影響，相對地較為忽視。尤其《明儒學案》中「此亦一述朱，彼亦一述朱」的貶抑性評價，使得薛敬軒思想的理論內涵及其在理學史上的貢獻，都被輕描淡寫地一筆帶過，甚為可惜。過去雖已有一些研究曾對此主題做過探討，但整體而言，關於敬軒理學思想的辨析與定位，都還存在著一些不足。因此本論文企圖透過「生命型態的追尋」、「思維理路的探索」、「哲學體系的開展」、「思想史脈絡的梳理」等方法，嘗試對敬軒的理學思想做一番更為全面且深入的研究。本論文的首章，即對論文的撰作緣起與構成要項做出扼要說明。

　　在第二章中，嘗試對敬軒的為人與為學做一番宏觀的鳥瞰。敬軒的一生，承繼醇厚樸實的家風庭訓，服膺孔孟程朱的人生智慧，一方面矻矻自修，一方面致力教化，處鄉里則為溫厚之長者，立於朝則為無畏之諍臣，用之則行、舍之則藏，從不夤緣權貴、攀附上位，而總是努力地將聖賢之言落實為親切的生活、真實的生命。他以師法朱子而綜羅北宋理學為己任，故讀書範圍廣博，為學規模開闊，保有宋儒治學的風格；而另一方面，他又特別推崇元儒許魯齋，希望以其務敦實行的典範，來矯正當時學者口耳相襲、支離瑣碎、急功近利等惡習。在敬軒看來，周、張、程、朱已將聖學的義蘊做了精切且系統性的闡發，因此其為學重點，不在於大量著書或另立新說，而在於把握宋儒的根本信仰、思維方式和終極關懷，以「面向生命本身」的為學態度，對宋代理學加以貫徹力行。敬軒所謂「知性」、「復性」之說，其背後之深意即在於此，而其《讀書錄》與《讀書續錄》，正是他從事於生命實踐的真實紀錄。

從第三章到第五章，本文將敬軒思想分為「天道論」、「天人思想與心性論」、「工夫論與工夫實踐」三大範疇做細部的分析。首先闡述的是敬軒的天道論。朱子曾揉合周濂溪以來的天道思想，以理氣並提的方式建構出嚴密的系統，此一「理氣論」在朱子細密複雜的理學思想中，佔據著有如一身之骨架的重要地位，舉凡其心性論、工夫論上的主張，都與理氣論有著密不可分的關係。然而元明以降的程朱理學家，對於理氣論真正重視且深入討論者卻不多，敬軒思想則在此處著力甚深，對朱子「理氣不離不雜」之義有全面且恰當的理解，並能於朱子語意不圓處提出補充。如在「理氣分合」的問題上，他反覆闡述理氣一貫、渾融無間之旨，以避免離氣言理之偏；在「理氣先後」的問題上，他再三申明理氣無須與之相離，不可於時序上分先後的宗旨，並從宇宙論的角度上詳細說明「氣無間斷」之義，以消除朱子言論所可能造成的誤會；而對於頗具爭議的「理之動靜」問題，他也指出朱子所謂理，實有「能為動靜」的主宰功能，恆常流行在萬物之中，絕非一僵固的死理。另在「理一分殊」的思想上，敬軒不僅掌握「統體之理」與「萬殊之理」間一多相涵的關係，也能貫徹理氣不離之義，不乏「統體之氣」與「萬殊之氣」的觀念。其著名的「日光飛鳥」之喻，是自覺地在「統體之理」與「萬殊之氣」相對比的脈絡中，突顯前者不隨人事代謝而顛仆的超越價值；而非如黃梨洲所質疑的一般，視理氣為二物。此外，敬軒又廣泛吸收北宋理學家的重要思想，包括周濂溪的「無極而太極，太極本無極」；程伊川的「體用一源，顯微無間」、「沖漠無朕，萬象森然」；以及邵康節的「畫前之易」等等，將之貫通為一體圓融的生命觀。綜合來說，敬軒的天道論雖大體承自朱子，但由於他特重實際體驗、反對離氣言理，因此相較於朱子重視分析形上形下的思路，敬軒之說顯然更具有相似於程明道的融貫傾向，而可以補朱學之不足。

第四章所討論的是敬軒的天人思想和心性論。敬軒祖述先秦儒家、憲章宋代理學，認為人的生命秩序（仁義禮智）與天地宇宙的生命秩序（元亨利貞）是息息相關、渾然無間的。他特就太極、性、心等角度發明天人一貫之理，又於天人感應、天人分殊之說有所論述，呈現出較為完備的天人思想。而在人性論方面，敬軒對宋儒所提出的「性氣關係」、「理欲之辨」皆做了恰當的闡述。依據其說可知，性雖即是理，氣質卻不等於人欲，陸王重視對治人欲，卻在氣稟限制的轉化上缺乏自覺，是其不足；而後世批評宋儒否定氣質，則更是對「變化氣質」之義的誤解。其次，人欲亦不等於人的基本欲求，

宋儒之嚴分理欲，猶如孔孟之詳辨義利，未曾要人絕欲、禁欲。而在心論方面，敬軒承繼朱子，既言「心性分離」之心，亦言「心性合一」之心，皆隨立論脈絡而有或分或合的不同，而敬軒較之朱子，則大體更偏向強調心性的相即不離，這與其討論理氣關係時的融貫傾向一致。

　　第五章的工夫論與工夫實踐是敬軒思想中最重要的環節，因此本文花費較大的篇幅處理之。首先，在「存心養氣的涵養工夫」方面，敬軒特重「主靜」、「斂氣」、「踐形」、「持敬」，藉以收斂氣欲、調攝習心，並以之做為窮理工夫的重要基礎。其次，在「默識心通的窮理工夫」方面，敬軒不僅延續橫渠、伊川、朱子對窮理工夫的闡發，將之視為一種融合物我內外的「開放的體證」；並且特別以「默識」一詞詮釋窮理工夫，為知識意涵較強烈而可能落於泛泛認知的「格物致知」之說，融入了更多的體驗成分。蓋從「太極」、「理」、「氣」等概念在敬軒思想中佔有的高比重來看，即可知他對窮理工夫的重視，而其體驗所得的生機流行之趣，實與明道思想有異曲同工之妙。其三，在「反躬實踐的省察工夫」方面，敬軒所論較少，但不論是「誠意正心」、「戒懼愼獨」或「省察克治」，都可看出其性質屬於念念致察、轉妄歸真的「逆覺體證」工夫。統合上述這三大工夫，敬軒採取「知先行後」、「知行不離」的知行觀，以及「涵養──窮理──省察」三者相輔相成、依序而進的工夫次第，並以一「性」字總持天道與人道、貫攝內聖與外王，支撐起一個條理完整的工夫體系。就工夫論的理論本身而言，明代的程朱理學家中，罕有如敬軒一般如此全面地發揮朱子之工夫系統者；而就工夫論的體證境界而言，他也確實屢屢流露出「洞見道體」的喜悅與「內外合一」的悟境，其所謂「七十六年無一事，此心惟覺性天通」的臨終留詩，更證明了朱子理論的可實證性，非僅是單純的「道問學」而已。總而言之，在工夫理論的架構上，敬軒雖未離於朱子而獨立；但在生命意境的呈現上，敬軒又不混於朱子而無別。蓋朱子雖集北宋理學之大成，畢竟較致力於理論上的揉合；而敬軒則專力於實踐上的通透，加強了朱學在境界體驗層面的豐富性，因此能在生命意境上，同時將濂溪、明道的灑脫與伊川、朱子的嚴謹展現出來。

　　最後，第六章所探討的是敬軒在理學史上的定位。在本章中，筆者嘗試提出「觀理傳統」與「觀心傳統」二詞語，對宋明理學的兩大工夫型態做出分析。前者以「窮理盡性」的精神為主，重視觀照天人萬物之「理」；後者以「盡心知性」的精神為主，重視觀照本然至善之「心」。就宋代理學而言，北

宋五子的主要工夫進路屬「觀理傳統」，至朱子集其大成；然而工夫圓熟的明道又兼有「觀心」的內涵，程門弟子如上蔡、龜山，以及湖湘學派的學者，皆傾向於「觀心傳統」，陸象山更以此名家，而與朱子相水火。元明以降，朱子學因成爲科考教本，雖使其學在很長的時間裡一枝獨秀，但是「即物窮理」的工夫，也逐漸異化爲羼雜功名利祿的記誦之學，喪失了「觀理傳統」的眞精神。敬軒思想的重要性，在於他既不似一般俗儒以朱學爲求利之具，也不似後起的王學淺視了窮理工夫的眞義；反能循朱子而上溯北宋理學，將「觀理傳統」的思維理路如實地傳承下來。他所開創的河東學派，不僅在明代中葉以前發揮著最大的影響力，其人格學問的典範也對中晚明的程朱學者有所啓發，因此「觀理傳統」在明代的傳續與發展，敬軒的「述朱」之功，最不可沒。後人常將敬軒、陽明比擬爲明代的朱、陸，固其宜也。而從另一個方面來說，爲彌縫朱學在明代庸俗化所導致的「聞見」與「德性」的斷層，敬軒與陽明皆做出了各自的貢獻。敬軒不離朱子學藉「聞見」以開顯「德性」的爲學方式，時時提點學者的求道自覺，使讀書窮理不流於泛泛的求知，而同時是一種融合物我內外的體驗過程；陽明則躍出朱學藩籬，不務知識之「聞見」，專求之此心本體具足無缺的「德性」（即「良知」），以達成徹底的「知行合一」。此兩種方式本各有對機，毋須妄論高下，然而時至晚明，良知之說成爲學者講學辯論的話柄，反而成爲另一種外在知識，偏離了時時反觀自照的本旨，於是有玩弄光景而入於虛玄者，亦有橫行無忌而墮於情識者，前者是「空知」、後者是「妄行」，相較於當初「眞知」、「篤行」的河東學派，反更遠離於「知行合一」之旨矣。綜觀明代理學，始既雜於世俗功利，後又流於空疏虛玄，這兩點恰皆是朱子反對最力者。而敬軒講明宋儒之精、力行宋儒之正，其躬行力踐的爲學精神既不雜於俗，內外兼盡的爲學規模復不墮於虛，故敬軒之所以能成爲明代第一位從祀孔廟的儒者，殆非倖致，高景逸謂其學「嚴密無流弊」，亦確爲的評。因此平心而論，就理論的創發而言，敬軒誠然遜色於陽明；但從內蘊的廣厚上來說，卻實有以過之。

通過以上諸章的論述，相信能將薛敬軒理學思想在理論上的特殊性、系統上的完整性以及思想史上的重要性，較爲清楚地展示出來。而本文以「默識天人之際」爲題，既涵蓋了敬軒的天道論（天）、心性論（人）與工夫論（默識），表明了他做爲「觀理傳統」之繼承者的學問型態；又能相應於其「此心唯覺性天通」的夫子自道，體現出其畢生的修養境界。因此大抵可以做爲敬

軒學問之總體精神的簡要註腳。

明儒唐荊川曾云：

> 自濂洛倡道之後，羣儒連茹而出，耳目薰染，親相授受，故其興起
> 爲易；而瑄獨崛起絕學之後，故其樹立爲難。〔註1〕

錢穆先生也曾描述明代初期的學術環境道：

> 那一時期，只是經歷過蒙古百年統治之後，一種嚴霜大雪掩蓋下底
> 生機萌芽，卻不像初期宋學般元氣淋漓，規模闊大。〔註2〕

蓋二程之時有濂溪爲師，有康節、橫渠等人爲學侶；朱子之時則有湖湘、永嘉、江西等地之學者與之往來辯論。諸賢之間相切劘、相激盪，乃至出入佛老、吸取資源，乃能開創出宋代理學的洋洋大觀。而薛敬軒處於程朱理學僵化的明代初年，身邊雖不乏道德之士，卻罕有精深於理學的良師益友可相提撕，全賴個人經年累月、堅苦卓絕地親體實踐，而終於私淑有得。他雖受到大時代的侷限，未能在理論創造上將宋儒之學往前推進；但畢竟爲兩宋理學的廣大精微，在明代擎起了傳續的火炬。後人果能設身處地思之，則不會對其學說的限制過於苛求，反能對其守先待後之功，抱以高度的敬意。

〔註 1〕〈故禮部左侍郎薛瑄從祀奏議〉，《荊川先生文集·新刊外集》卷 1，頁 368。
〔註 2〕氏著：《宋明理學概述》，頁 160。

參考書目

一、古籍原典

（一）薛瑄著作

1. 明·薛瑄：《薛瑄全集》（太原：山西人民出版社，孫玄長等點校本，1990 年 8 月）

2.《薛文清公讀書錄、讀書續錄》，收入鍾肇鵬編：《讀書記四種》（北京：北京圖書館，1998 年），第 18 冊

3.《薛文清公讀書全錄類編》（國圖善本書庫館藏明萬曆侯氏重校刊本）

4.《薛文清公文集》（台北：台灣商務印書館，1973 年 12 月，據明刊本影印岫廬現藏罕傳善本叢刊）

5.《薛子道論》：（台北：藝文印書館，1967 年，百部叢書集成影印百陵學山，第 37 冊）

6.《薛子道論》：（台北：藝文印書館，1967 年，百部叢書集成影印學海類編，第 186 冊）

7.《薛文清公從政錄》（台北：藝文印書館，1965 年，百部叢書集成影印寶顏堂秘笈，第 133 冊）

8.《薛敬軒先生文集》（台北：藝文印書館，1968 年，百部叢書集成影印正誼堂全書，第 228 冊）

9.《薛文清公讀書錄》（台北：藝文印書館，1968 年，百部叢書集成影印正誼堂全書，第 238 冊）

（二）其他專書（按時代先後排序）

1. 宋·周敦頤撰、清·董榕輯：《周子全書》（台北：廣學社，1975 年）

2. 宋·邵雍：《皇極經世書》（台北：台灣商務印書館，1983 年，景印文淵

閣四庫全書,第 803 冊)

3. 宋·張載:《張載集》(台北:漢京文化,1983 年 9 月)

4. 宋·程顥、程頤:《二程集》上下二冊(北京:中華書局,2004 年 2 月)

5. 宋·謝良佐撰;朱熹編:《上蔡語錄》(台北:廣文書局,1972 年,和刻影印近世漢籍叢刊,第 8 冊)

6. 宋·楊時:《龜山先生語錄》(台北:台灣商務印書館,1981 年,《四部叢刊廣編》,第 25 冊)

7. 宋·朱熹、呂祖謙編,古清美註譯:《近思錄今註今譯》(台北:台灣商務印書館,2000 年 5 月)

8. 宋·朱熹撰;朱傑人等主編:《朱子全書》(上海:上海古籍出版社;合肥:安徽教育出版社,2002 年)

9. 宋·朱熹:《伊洛淵源錄》(濟南:山東友誼書社,1990 年,孔子文化大全叢書,第 18 冊)

10. 《四書章句集注》(北京:中華書局,2005 年 9 月)

11. 《四書或問》(上海:上海古籍出版社;合肥:安徽教育出版社,2001 年 12 月)

12. 《朱文公文集》(台北:台灣商務印書館,1980 年,據上海涵芬樓影印明嘉靖本影印)

13. 宋·陸九淵:《象山全集》(台北:台灣中華書局,1987 年 2 月,四部備要本)

14. 宋·黃榦:《勉齋集》(台北:台灣商務印書館,1983 年,景印文淵閣四庫全書,第 1168 冊)

15. 宋·黎靖德編:《朱子語類》全八冊(北京:中華書局,1999 年 6 月)

16. 宋·黃震:《黃氏日抄》(臺北:大化書局,據日本立命館大學圖書館藏書影印,1984 年,清·乾隆 33 年刊本)

17. 元·許衡:《魯齋全書》(台北:廣文書局,1975 年,和刻影印近世漢籍叢刊思想續編,第 5 冊)

18. 元·吳澄:《吳文正集》(台北:台灣商務印書館,1983 年,景印文淵閣四庫全書,第 1197 冊)

19. 明·胡廣等纂修:《性理大全書》(台北:台灣商務印書館,1983 年,景印文淵閣四庫全書,第 710～711 冊)

20. 明·曹端:《曹端集》(北京:中華書局,2003 年 10 月)

21. 明·吳與弼:《康齋先生日錄》(台北:廣文書局,1975 年,和刻影印近世漢籍叢刊思想續編,第 9 冊)

22. 明·陳獻章撰;孫通海點校:《陳獻章集》(北京:中華書局,1987 年)

23. 明·胡居仁:《居業錄》(台北:台灣商務印書館,1983 年,景印文淵閣四庫全書,第 714 冊)

24. 明·王守仁:《王陽明全集》全二冊(上海:上海古籍出版社,2006 年 4 月)

25. 明·羅欽順:《困知記》,收入《困知記等三種》(台北:廣學社,1975 年 6 月)

26. 明·呂柟撰:趙瑞民點校:《涇野子內篇》(北京:中華書局,1992)

27. 明·唐順之:《荊川先生文集》(台北:台灣商務印書館,1980 年,四部叢刊,第 76 冊)

28. 明·王鴻輯:《薛文清公行實錄》(台南:莊嚴文化,1996 年,四庫全書存目叢書影印私藏明萬曆十六年吳達可刻崇禎重修本)

29. 明·高攀龍:《高子遺書》(台北:台灣商務印書館,1983 年,景印文淵閣四庫全書,第 1292 冊)

30. 明·劉宗周:《劉宗周全集》(台北:中研院文哲所,1996～1997)

31. 清·黃宗羲、全祖望等:《宋元學案》,(杭州:浙江古籍出版社,1985 年,《黃宗羲全集》第 3～6 冊)

32. 清·黃宗羲:《明儒學案》(杭州:浙江古籍出版社,1985 年,《黃宗羲全集》第 7～8 冊)

33. 《南雷詩文集》(杭州:浙江古籍出版社,2005 年,《黃宗羲全集》第 10 冊)

34. 清·熊賜履:《學統》(台北:廣文書局,1975 年)

35. 清·沈佳:《明儒言行錄》(台北市:明文書局,1991 年,《明代傳記叢刊》第 3 冊)

36. 清·張廷玉:《明史》(北京:中華書局,1974 年)

37. 清·王懋竑撰,何忠禮點校:《朱熹年譜》(北京:中華書局,1998 年 10 月)

38. 清·全祖望撰:朱鑄禹彙校集注:《全祖望集彙校集注》(上海:上海古籍出版社,2000 年 12 月)

39. 清·戴震:《戴震全書》(合肥:黃山書社,1995 年)

40. 清·永瑢等:《四庫全書總目》上下二冊(北京:中華書局,2003 年 8 月)

41. 李心莊:《重編明儒學案》(台北:正中書局,1979 年)

二、近人專著(按著者姓氏筆劃排序)

1. 古清美:《明代理學論文集》(台北:大安出版社,1990 年 5 月)

2. 古清美:《慧菴論學集》 (台北:大安出版社,2004 年 7 月)

3. 古清美：《顧涇陽、高景逸思想之比較研究》（台北：大安出版社，2004年7月）

4. 田浩（Hoyt Cleveland Tillman）編、楊立華等譯：《宋代思想史論》（北京：社會科學出版社，2003年12月）

5. 田浩：《朱熹的思維世界》（西安：陝西師範大學出版社，2002年8月）

6. 成中英：《合內外之道：儒家哲學論》（台北：康德出版社，2005年11月）

7. 朱伯崑：《易學哲學史》（北京：崑崙出版社，2005年4月）

8. 牟宗三：《中國哲學十九講》（台北：台灣學生書局，1999年9月）

9. 牟宗三：《中國哲學的特質》（台北：台灣學生書局，1974年10月）

10. 牟宗三：《心體與性體》（台北：正中書局，2001年3月）

11. 牟宗三：《生命的學問》（台北：三民書局，1986年7月）

12. 牟宗三：《從陸象山到劉蕺山》（台北：台灣學生書局，2000年5月）

13. 呂思勉：《理學綱要》（北京：東方出版社，1996）

14. 呂妙芬：《胡居仁與陳獻章》（台北：文津出版社，1996年）

15. 何俊：《南宋儒學建構》（上海：上海人民出版社，2004年5月）

16. 余英時：《宋明理學與政治文化》（桂林：廣西師範大學出版社，2006，5月，《余英時文集》第10卷）

17. 余英時：《中國思想傳統及其現代變遷》（桂林：廣西師範大學出版社，2004年4月，《余英時文集》第2卷）

18. 余英時：《朱熹的歷史世界》（台北：允晨文化，2003年6月）

19. 吳展良：《朱子研究書目新編》（台北：國立台灣大學出版中心，2005年1月）

20. 束景南：《朱子大傳》（北京：商務印書館，2003年）

21. 束景南：《朱熹年譜長編》（上海：華東師範大學出版社，2001年）

22. 李元慶：《明代理學大師——薛瑄》（太原：山西高校聯合出版社，1993年）

23. 李明輝主編：《儒家經典詮釋方法》（台北：國立台灣大學出版中心，2004年6月）

24. 李書增、岑青、孫玉杰、任金鑒著：《中國明代哲學》（鄭州：河南人民出版社，2002年1月）

25. 杜保瑞：《北宋儒學》（台北：台灣商務印書館，2005年）

26. 杜維明：《人性與自我修養》（台北：聯經出版社，1992年12月）

27. 杜維明：《杜維明文集》（武漢：武漢出版社，2002年）第5卷

28. 孟森：《明史講義》（上海：上海古籍出版社，2002年）

29. 孟淑慧：《朱熹及其門人的教化理念與實踐》（台北：國立台灣大學出版委員會，2003 年 8 月）

30. 林月惠：《良知學的轉折：聶雙江與羅念菴思想之研究》（台北：國立台灣大學出版中心，2005 年 9 月）

31. 侯外廬、丘漢生、張豈之：《宋明理學史》上下二冊（北京：人民出版社，1997 年 10 月）

32. 唐君毅：《中國哲學原論・原性篇》（台北：台灣學生書局，1984 年）

33. 唐君毅：《中國哲學原論・原教篇》（台北：台灣學生書局，1984 年）

34. 唐君毅：《中國哲學原論・導論篇》（台北：台灣學生書局，1986 年）

35. 孫克寬：《元代金華學述》（台中：東海大學，1975 年）

36. 容肇祖：《明代思想史》（台北：開明書局，1982 年）

37. 徐洪興：《思想的轉型—理學發生過程研究》（上海：上海人民出版社，1996 年 12 月）

38. 徐復觀：《中國思想史論集》（上海：上海書店出版社，2004 年 6 月）

39. 徐復觀：《中國思想史論集續編》（上海：上海書店出版社，2004 年 6 月）

40. 祝平次：《朱子學與明初理學的發展》（台北：台灣學生書局，1994 年 2 月）

41. 張亨：《思文之際論集——儒道思想的現代詮釋》（台北：允晨出版社，1997 年 11 月）

42. 張永儁：《二程學管見》（臺北市：東大圖書，1988 年）

43. 張君勱：《新儒家思想史》（台北：弘文出版社，1986 年 2 月）

44. 張學智：《明代哲學史》（北京：北京大學出版社，2000 年 11 月）

45. 郭曉東：《識仁與定性》（上海：復旦大學出版社，2006 年 10 月）

46. 陳來：《有無之境—王陽明的哲學精神》（北京：人民出版社，1997 年 2 月）

47. 陳來：《朱子哲學研究》（上海：華東師範大學，2000 年 9 月）

48. 陳來：《宋明理學第二版》（上海：華東師範大學，2004 年 3 月）

49. 陳來：《詮釋與重建》（北京：北京大學出版社，2004 年 11 月）

50. 陳植鍔：《北宋文化史述論》（北京：中國社會科學出版社，1992 年）

51. 陳榮捷：《朱學論集》（台北：台灣學生書局，1988 年 4 月）

52. 麥仲貴：《宋元理學家著述生卒年表》（香港：新亞研究所，1968 年 9 月）

53. 麥仲貴：《明清儒學家著述生卒年表》上下二冊（台北：台灣學生書局，1977 年 9 月）

54. 傅偉勳：《從創造的詮釋學到大乘佛學》（台北：東大圖書公司，1999 年 5 月）

55. 傅偉勳：《學問的生命與生命的學問》（台北：正中書局，1994 年 1 月）

56. 景海峰：《中國哲學的現代詮釋》（北京：人民出版社，2004 年 8 月）

57. 馮友蘭：《中國哲學史》（台北：台灣商務印書館，1993 年）

58. 馮耀明：《中國哲學的方法論問題》（台北：允晨出版社，1989 年 9 月）

59. 葛兆光：《中國思想史》（上海：復旦大學出版社，2003 年 6 月）

60. 葛瑞漢著；程德祥譯：《中國的兩位哲學家：二程兄弟的新儒學》（鄭州：大象出版社，2004 年）

61. 蒙培元：《理學的演變--從朱熹到王夫之戴震》（福州：福建人民出版社，1998 年 4 月）

62. 趙峰：《朱熹的終極關懷》（上海：華東師範大學，2004 年 10 月）

63. 趙北耀主編：《薛瑄學術思想研究論文集》（太原：山西古籍出版社，1997 年）

64. 劉述先：《朱子哲學思想的發展與完成》增訂本（台北：台灣學生書局，1995 年 8 月）

65. 諸橋轍次：《儒學之目的與宋儒之活動》（南京：首都女子學術振興會，1937）

66. 錢穆：《中國近三百年學術史》（台北：台灣商務印書館，1980 年 1 月）

67. 錢穆：《中國學術思想史論叢》（台北：聯經出版社，1995 年）

68. 錢穆：《朱子新學案》（台北市：聯經出版社，1995 年）

69. 錢穆：《宋明理學概述》（台北市：聯經出版社，1995 年）

70. 錢穆：《國史大綱》（台北：台灣商務印書館，1979 年 10 月）

71. 戴君仁：《梅園論學集》（台北：台灣開明書店，1970 年 9 月）

72. 戴景賢：《北宋周張二程思想之分析》（台北：國立台灣大學出版委員會，1979 年 6 月）

73. 薛廣才編著：《薛瑄旅游詩傳評注》（西安：陝西旅遊出版社，1993 年 4 月）

74. 鍾彩鈞：《王陽明思想之進展》（臺北：文史哲出版社，1983 年 10 月）

三、單篇論文（按著者姓氏筆劃排序）

（一）期刊論文

1. 王心竹：〈二十世紀中國大陸程朱理學研究綜述〉，《哲學動態》（2001 年第 11 期），頁 32～35

2. 王汎森：〈清初思想中形上玄遠之學的沒落〉，《中研院史語所集刊》第 69 本，第 3 分（1998 年 9 月），頁 557～587

3. 王基西：〈理學家小傳（三十三）──敬軒先生薛瑄〉，《中國語文》第 552 期（2003 年 6 月），頁 16～25

4. 吳展良：〈合符於聖人之心：朱子以生命解經的中心目標〉，《新宋學》第
   2 期（2003 年）

5. 吳展良：〈聖人之書與天理的恆常性：朱子的經典詮釋之前提假設〉，《台
   大歷史學報》第 33 期（2004 年 6 月），頁 71～95

6. 吳孟謙：〈從「盡精微」回向「致廣大」──論黃東發思想的特色與定位〉，
   《中國文學研究》第 21 期（2005 年 12 月），頁 1～38

7. 林繼平：〈明代理學之前驅──曹月川、薛敬軒、吳康齋哲學詣境的探索〉，
   《中華文化復興月刊》第 18 卷第 5 期（1987 年 5 月）

8. 楊儒賓：〈宋儒的靜坐說〉，《台灣哲學研究》第 4 輯（2004 年 3 月），頁
   39～86

9. 楊儒賓：〈論「觀喜怒哀樂未發前氣象」〉，《中國文哲研究通訊》第 15 卷
   第 3 期 （2005 年 9 月），頁 33～74

10. 劉建明：〈明代中後期程朱理學影響減弱及其思想史意義〉，《西南師範大
    學學報》第 32 卷第 2 期（2006 年 3 月），頁 51～56

11. 鍾彩鈞：〈二程心性說析論〉，《中央研究院中國文哲研究集刊》創刊號（1991
    年 3 月），頁 413～450

12. 鍾彩鈞：〈二程本體論要旨探究──從自然論向目的論的展開〉，《中國文
    哲研究集刊》第 2 期（1992 年 3 月），頁 385～422

13. 鍾彩鈞：〈二程道德論與工夫論述要〉，《中央研究院中國文哲研究集刊》
    第 4 期（1994 年 3 月），頁 441～476

14. 鍾彩鈞：〈呂涇野思想研究〉，《中山人文學報》第 18 卷 （2004 年 4 月），
    頁 1～28

15. 鍾彩鈞：〈羅整菴的理氣論〉，《中央研究院中國文哲研究集刊》第 6 期（1995
    年 3 月），頁 199～220

16. 魏宗禹：〈薛瑄思想與明代理學的發展〉，《孔子研究》第 2 期（1988 年 12
    月），頁 79～86

17. 羅光：〈明朝初葉哲學思想家──薛瑄〉，《哲學與文化》第 7 卷第 12 期（1980
    年 12 月），頁 795～802

（二）專書與論文集論文

1. 吳展良：〈朱子的認識方式及其現代詮釋〉，收入劉笑敢主編：《中國哲學
   與文化》第一輯（桂林：廣西師範大學出版社，2007 年 5 月），頁 161～
   194。

2. 林永勝：〈中文學界有關理學工夫論之研究現況〉，收入楊儒賓、祝平次編：
   《儒學的氣論與工夫論》（台北：國立台灣大學出版中心，2005），頁 337
   ～383。

3. 黃俊傑：〈從儒家經典詮釋史觀點論解經者的「歷史性」及其相關問題〉，收入《中國經典詮釋傳統（一）：通論篇》（台北：國立台灣大學出版中心，2004 年 6 月），頁 337～366。

4. 楊儒賓：〈格物與豁然貫通——朱子〈格物補傳〉的詮釋問題〉，收入鍾彩鈞主編：《朱子學的開展——學術篇》（台北：漢學研究中心，2002 年 6 月），頁 216～246。

5. 鍾彩鈞：〈朱子尊德性與道問學問題研究〉，收入《國際朱子學會議論文集》（台北：中央研究院中國文哲研究所籌備處，1993 年 5 月），頁 1271～1300。

6. 藤井倫明：〈日本研究理學工夫論之概況〉，收入楊儒賓、祝平次編：《儒學的氣論與工夫論》（台北：國立台灣大學出版中心，2005），頁 301～336。

（三）學位論文

1. 史甄陶：《薛瑄之復性說及其影響》（新竹：國立清華大學中國文學研究所碩士論文，林聰舜先生指導，1997 年）

2. 侯羽種：《明儒學案中『河東』與『三原』學派對程朱理學之承繼與演變》（台北：台灣師範大學國文研究所博士論文，何淑貞、蔡忠陽先生指導，2005 年）

3. 侯婉如：《薛瑄復性思想研究》（高雄：國立高雄師範大學國文研究所碩士論文，何淑貞先生指導，1996 年）

4. 孫蓮玲：《薛瑄理學思想之研究》（台北：中國文化大學中國文學研究所碩士論文，王俊彥先生指導，1995 年）

5. 鄭自誠：《明代前期理學思潮研究》（台北：國立台灣大學中國文學研究所碩士論文，古清美先生指導，1996 年）

6. Koh, Khee Heong. East of the River and Beyond: A Study of Xue Xuan（1389～1464）and the Hedong School. Ph.D. diss., New York: Columbia University, 2006.

後　記

　　歲月如流，轉眼間距離碩士畢業已近五年，不久前接獲花木蘭文化出版
社來函，表明願將我的碩士論文收入《中國學術思想輯刊》之中。於是懷著
戒慎、感恩的心情，對舊作重加校訂。

　　我之關注宋明理學，緣起於對理學家精神感發力量的嚮往，而義理上的
辨析與體系上的建構，反在其次。理學家對天地萬物有一種深情、對聖賢心
志有一種共感，總在日用實踐中體貼、探尋生命的意義。他們對工夫體驗或
生命境界的描述，往往帶有文學性或宗教感，要領悟箇中眞味，似乎不是單
賴邏輯思辯所能成辦。帶著這樣的體認，我在寫作這本碩論期間，即試著透
過工夫的踐行，讓理學的世界走進自己的生活，感受先哲的靈魂脈動，期望
達成一定程度的視域融合。固然，與所謂的深造有得、眞積力久相去尚遙，
但在此過程中，始終保存著的，至少是一份誠摯與懇切。

　　今值碩論將付梨棗，僅在行文與局部觀點上略做增刪潤飾，其餘則大體
保留論文的原貌，以作爲碩士班期間學問與生命的印記。需特別說明的是，
學界關於薛敬軒的研究，近幾年仍續有進展，如新加坡的許齊雄教授即陸續
發表相關論文，更於今年將其博論出版爲專書；〔註1〕而大陸學界兩年前亦有
博士論文以敬軒哲學思想爲題進行研究，對拙作頗加參考及引用。〔註2〕這些
較新的研究成果，因保留原稿格局之故，並未列入本論文的參考資料之中，
讀者幸諒察之。

〔註1〕 Koh, Khee Heong. *A Northern Alternative: Xue Xuan* （1389～1464） *and the Hedong School.* Cambridge: Harvard University Asia Center, 2011.
〔註2〕 高瓊：《生命踐履與「性天通」——薛瑄哲學思想研究》（西安：陝西師範大學博士論文，丁爲祥先生指導，2010 年）

　　猶思昔時年少氣盛，對涵泳有得的觀點不免敝帚自珍，多賴指導教授鍾彩鈞先生，以及論文口考老師杜保瑞、祝平次兩位先生的提點，讓我照見自身的限制，面對學術的態度也更為謹慎。如今憶及，感荷實多，諄諄之意，未敢或忘。

　　感謝讓此書誕生的一切增上緣！

壬辰暮春　吳孟謙於覺塵軒